Kunsten å drepe et demokrati: Historien om Bolsonaros Brasil

Esta tradução foi publicada com o apoio financeiro de NORLA.

NORLA
Norwegian
Literature Abroad

Edição: Leonardo Garzaro e Felipe Damorim
Tradução: Leonardo Pinto Silva
Arte: Vinicius Oliveira e Silvia Andrade
Revisão: Diogo Santiago e Ana Helena Oliveira
Preparação: Diogo Santiago e Lígia Garzaro

Dados Internacionais de Catalogação na Publicação (CIP)
(Câmara Brasileira do Livro, SP, Brasil)

L531a

Leira, Torkjell

A arte de matar uma democracia / Torkjell Leira; Tradução de Leonardo Pinto Silva. – Santo André - SP: Rua do Sabão, 2023.

320 p.; 14 x 21 cm

ISBN 978-65-81462-28-4

1. Democracia - Brasil. 2. Ciências sociais. I. Leira, Torkjell. II. Silva, Leonardo Pinto (Tradução). III. Título.

CDD 321.8

Índice para catálogo sistemático
I. Democracia - Brasil
Elaborada por Bibliotecária Janaina Ramos – CRB-8/9166

Editora Rua do Sabão
Rua da Fonte, 275 sala 62B - 09040-270 - Santo André, SP.

www.editoraruadosabao.com.br
facebook.com/editoraruadosabao
instagram.com/editoraruadosabao
twitter.com/edit_ruadosabao
youtube.com/editoraruadosabao
pinterest.com/editorarua
tiktok.com/@editoraruadosabao

A ARTE DE MATAR UMA DEMOCRACIA

A História do Brasil de Bolsonaro

TORKJELL LEIRA

Traduzido do norueguês por Leonardo Pinto Silva

ÍNDICE

PREFÁCIO:

Um convite do presidente

O palácio da Alvorada é uma das obras-primas do célebre arquiteto brasileiro Oscar Niemeyer. É uma construção baixa e elegante, de mármore branco e grandes fachadas de vidro. O telhado é sustentado por colunas curvas em forma de diamante que parecem flutuar sobre um espelho d'água. Está localizado num promontório no lago artificial da capital Brasília, cercado por gramados bem cuidados e um belíssimo jardim de inspiração japonesa. O conjunto resulta numa mistura distinta entre o clássico e o futurista, a fábula e a realidade. É aqui a residência de todos os presidentes do Brasil desde a década de 1960 – tanto os democraticamente eleitos quanto os ditadores militares.

Hoje, o inquilino do palácio chama-se Jair Bolsonaro. Foi eleito pelo povo, mas nunca escondeu sua admiração pela ditadura militar e seu desejo de restabelecê-la.

Além das fronteiras do País, Bolsonaro é mais conhecido pelo desmatamento recorde na Amazônia e pela catastrófica condução da pandemia de coronavírus. Já foi chamado de "Trump dos trópicos" e comparado a outros líderes populistas de extrema direita, como o húngaro Viktor Orbán, o filipino Rodrigo Duterte e o norte-americano Donald Trump.

No século XX, o embate brasileiro se deu entre as forças democráticas e as Forças Armadas. Por diversas vezes, mais recentemente de 1964 a 1985, o País foi governado por ditaduras militares. Hoje, a batalha é entre um presidente populista de direita com traços francamente autoritários, Jair Bolsonaro, e um herói da esquerda, condenado por corrupção e posteriormente absolvido, o ex-presidente Luiz Inácio Lula da Silva. É provável que um desses dois passe a ocupar o Alvorada a partir de 2023. O resultado da eleição presidencial de outubro de 2022 será crucial para o futuro do Brasil.

Depois de termos atravessado dois postos de controle armados, um detector de metais, uma inspeção de mochilas e muitas horas de espera, paramos em frente ao palácio, meu amigo Jorge e eu. Estávamos no pequeno recinto que no Brasil é chamado de *cercadinho*. Parecia um cenário de filme. Entre vinte e trinta entusiastas estavam confinados numa cerca de metal pintada de branco, debaixo de uma tenda branca iluminada por quatro potentes holofotes. Do lado de fora da cerca havia alguns seguranças, em uniformes pretos ou ternos escuros, alguns com fones auriculares e revólver no coldre. Então, vislumbramos, surgindo pela estrada, um pequeno cortejo de carros com giroscópios azuis e vermelhos piscando no teto. Os carros blindados, todos Ford Fusion pretos e luxuosamente equipados, idênticos para que ninguém saiba em qual deles está o presidente, desviaram das barricadas e estacionaram em frente ao cercadinho. Outros seguranças saíram dos carros e se espalharam em volta. Alguns se aproximaram e se misturaram à multidão.

As pessoas tremiam de expectativa. Todos tinham celulares ou câmeras a postos. O burburinho silenciou. Era possível até ouvir o crocitar dos grilos, o chilrear dos pássaros no alto das árvores e o chiado de um walkie-talkie ao longe. Depois de três longos minutos, a porta do carro do meio foi aberta, e lá veio ele, irradiando confiança e com um sorriso largo no rosto, o presidente do quinto maior país do mundo, Jair Bolsonaro.

Avançamos até a primeira fila e, de repente, Bolsonaro estava ali, bem na nossa frente, a apenas meio metro de distância. As pessoas urravam, pulavam e filmavam tudo. Batiam palmas, riam e gritavam seu nome. Até eu senti o coração acelerar. Fiquei completamente deslumbrado e não conseguia dizer coisa alguma.

Como isso é possível? Chegar tão próximo do presidente, sem hora marcada, sem checagem de antecedentes, sem nada exceto umas poucas horas de espera, um cartão bancário à guisa de identidade e uma rápida inspeção na mochila?

E o pior: não consegui pensar numa só pergunta para lhe fazer durante o tempo que esperamos. Meu cérebro simplesmente parou de funcionar.

"Presidente, ele veio lá da Noruega para escrever um livro sobre o senhor."

Foi meu amigo Jorge ao meu lado quem falou. Jorge é meu irmão anfitrião do ano em que vivi em Brasília como estudante de intercâmbio, e foi graças à sua sagacidade e também à sua formação militar que agora estávamos cara a cara com Jair Bolsonaro.

Simplesmente isso, era só dizer que eu vinha da Noruega? Claro! Para que complicar? Repeti cada palavra que Jorge disse, mudando apenas a primeira pessoa.

"Senhor presidente, vim da Noruega para escrever um livro sobre o senhor."

O presidente me olhou nos olhos e disse, meio para mim, meio para a plateia:

"Da Noruega? Ai, eles metem muito pau na gente".[1]

Ele obviamente se referia às críticas da Noruega à política ambiental do Brasil. E então continuou, um pouco para mim, mas sobretudo para a plateia:

"Mas a Noruega, não é lá que eles ficam matando baleias, não?"

Alguns apoiadores riram, outros esboçaram um sorriso. O clima ficou um pouco tenso, e o presidente seguiu margeando e cumprimentando as pessoas. Jorge e eu acabamos espremidos na última fila, atrás de uma multidão empunhando câmeras e celulares.

Pronto. Era só *isso*?

*

Durante muito tempo, Jair Bolsonaro foi um político insignificante no Brasil, um homem que ninguém levava muito a sério. Figurava como uma caricatura típica do folclore político brasileiro. Ex-capitão do Exército, ele ocupou o vácuo à extrema direita do espectro político e decidiu tornar-se um porta-voz

1 Conversa com Jair Bolsonaro, Brasília, 22/nov/2021.

da polícia e dos militares. Passou uma eternidade no Congresso sem conseguir arregimentar apoio ou encabeçar algo digno de nota. Notabilizou-se com declarações estapafúrdias e depreciativas sobre mulheres, negros, indígenas e gays, ou seja, a grande maioria dos 215 milhões de habitantes do Brasil. No entanto, foi eleito presidente, democraticamente, com ampla maioria. Como isso foi possível?

De que maneira um homem como Bolsonaro pôde vencer a eleição presidencial na quarta maior democracia do mundo – um país com uma esquerda forte, uma população diversa e uma sociedade civil ativa –, uma geração depois de uma ditadura militar violenta ter deixado o poder? O que o período de Bolsonaro na presidência significa para a maioria dos brasileiros e para a democracia brasileira, e de que forma esses desdobramentos no Brasil coincidem com as tendências internacionais? Como é possível agora criar uma sociedade mais justa e menos polarizada?

Para encontrar respostas a essas perguntas, tenho acompanhado de perto a trajetória de Bolsonaro. Perambulei pelas ruas onde ele cresceu no interior de São Paulo e onde fez carreira política no Rio de Janeiro e em Brasília. Entrevistei vizinhos, amigos, pesquisadores, empregadas domésticas, jornalistas, advogados, financistas, padres, porteiros, políticos e militares. Li o máximo que pude de documentos, livros, biografias e pesquisas. Mas talvez o mais importante: conversei com o maior número possível de pessoas, tanto partidários quanto opositores do presidente.

"Não é deprimente demais?", já me perguntaram, referindo-se implicitamente à ideologia nefasta e brutal que Bolsonaro professa, à maneira destrutiva com que faz a política. Sim, perceber os retrocessos na sociedade e a frustração das pessoas é deprimente. Ao mesmo tempo, não posso deixar que isso atrapalhe o amor que sinto pelo Brasil. Morei muitos anos no Brasil, estudando e trabalhando, percorri o território de norte a sul. O que começou como um ano de estudos num intercâmbio em 1990 se transformou numa paixão para toda a vida. Para mim, portanto, é um privilégio poder mergulhar fundo no Brasil e tentar compreender melhor o País, as pessoas e o mundo. Este livro é uma tentativa de registrar e transmitir o que há de mais relevante nos ataques à democracia no Brasil de Bolsonaro.

Não se trata apenas da pessoa de Jair Bolsonaro. O presidente é um sintoma de algo muito maior. Ao mesmo tempo, durante anos ele protagonizou os fenômenos que estão em curso no País, e hoje encarna tanto o resultado quanto a força-motriz de uma mudança radical. Assim sendo, este livro examinará dois aspectos: não apenas Bolsonaro e sua trajetória até o topo, mas também as grandes transformações pelas quais passa a sociedade brasileira.

Ao falar em mudanças, não me refiro apenas ao Brasil. Muitas das razões para o crescimento de Bolsonaro são tributárias de fenômenos globais e relacionados, entre outros fatores, às novas mídias sociais e ao emergente populismo de direita no mundo inteiro. Neste caso, também examinarei o papel da conjuntura global no estado de coisas do Brasil.

*

Jair Bolsonaro odeia jornalistas e não faz questão de disfarçar esse sentimento. Nunca perde a oportunidade de criticar jornais, emissoras de TV e os profissionais que lá trabalham. Como raramente dá entrevistas, minha esperança de falar com ele era quase nenhuma.

Mas, como presidente, Jair Bolsonaro introduziu um novo hábito na agenda política nacional. Em vez de conversar com jornalistas, ele fica cara a cara com seus apoiadores. Pouco antes de entrarmos no cercadinho, um segurança do Alvorada nos preveniu: "Ninguém sabe quanto tempo ele vai ficar aqui. Depende de vocês. Se fizerem alguma pergunta que ele não queira responder, pode ser que ele vá embora na mesma hora."

Mas o presidente permaneceu uma boa meia hora ali. Pelo visto, ninguém lhe dirigiu perguntas inconvenientes naquele dia. Em vez disso, tivemos uma aula prática de corpo a corpo com os eleitores. O presidente conversou pessoalmente com todos que estavam dentro da cerca. Sempre de sorriso no rosto, contando piadas e posando para fotos. As pessoas lhe mandavam lembranças da família, da cidade natal, do clube de motocicletas e da igreja. Alguns falavam com filhos ou cônjuges ao vivo pelo celular. Outros lhe questionaram sobre política, e o presidente se dispôs a responder. Se precisasse saber de mais detalhes, pedia a um assessor que telefonasse para o respectivo ministro. Então pegava o telefone, ligava o viva-voz e se atualizava sobre aquele assunto específico.

Havia um clima messiânico no ar. Uma menina de seis a sete anos chorou alto, sua mãe a fez calar, gritando tão alto quanto a filha. Alguns faziam vídeos de si mesmos dizendo que tinham realizado um grande sonho, outros agradeciam a Deus por estarem ali. Um repentista nordestino homenageou o presidente cantando uma música, sob os aplausos da multidão. Os seguranças, vestidos de preto, estavam atentos a cada gesto. Do lado de fora da cerca, profissionais de uma produtora de vídeo, também vestidos inteiramente de preto, registravam tudo.

Passados os trinta minutos, Bolsonaro perguntou:

"Ok, pessoal, posso ir embora?"

As pessoas assentiram e responderam que sim, tinham desfrutado de meia hora com o presidente. Aquele encontro rendeu milhares de fotos e horas de imagens de vídeo. Uma relação que já era forte tornou-se ainda mais intensa. E tudo foi transmitido ao vivo pelas redes sociais, para o Brasil e o mundo.

Fiquei verdadeiramente fascinado. Em que outro país um chefe de Estado interrompe sua agenda para se encontrar cara a cara com apoiadores, todas as manhãs e todas as tardes, com tão pouca segurança, correndo um risco tão alto? Que outro presidente passa tanto tempo conversando com as pessoas? É absolutamente impensável que algo parecido possa ocorrer em outros grandes países, como Estados Unidos, China, Rússia e Alemanha. Tampouco seria assim na Noruega. É uma conduta que revela uma subversão de prioridades, emprego do tempo e tratamento de questões administrativas, mas, uma vez que o objetivo é falar aos eleitores do núcleo duro, encontros assim não têm preço.

Vi com meus próprios olhos, senti com meu próprio corpo, vivenciei com todo o meu ser a proximidade do político charmoso e carismático que conquistou tantos brasileiros. Ele é um homem do povo. Ele é um deles.

Mas será que eu conseguiria trocar mais algumas palavras com ele?

Jorge e eu nos posicionamos estrategicamente junto à cerca quando o presidente retornou ao carro. Assim que ele passou e ficou entre nós e o Palácio da Alvorada discretamente iluminado ao fundo, perguntei: "Senhor presidente, como posso fazer para marcar uma conversa com o senhor?"

A resposta foi rápida: "Quanto tempo você precisa?"

Um pouco surpreso, hesitei por um segundo ou dois antes de responder: "Bem, que tal dez minutos? Dez minutos está ótimo."

Ele olhou por cima do meu ombro esquerdo e indagou a um assessor qual seria a agenda do dia seguinte. Não consegui ouvir a resposta, mas logo depois Jair Bolsonaro me encarou e disse:

"Você quer tomar café de manhã comigo amanhã?"

CAPÍTULO 1:

Uma farsa judicial e uma tentativa de assassinato

A vitória de Jair Bolsonaro nas eleições presidenciais em 2018 estava longe de ser uma obviedade. Ele começou a campanha eleitoral como um candidato de nicho de um micropartido, sem apoiadores fortes e com um orçamento de campanha mínimo. O ex-oficial do Exército estava no Congresso havia 27 anos, sempre intimidando eleitores e aliados em potencial com retórica belicista e visões extremistas. É certo que sua escalada nas pesquisas foi consistente; um ano antes da eleição, ele já ocupava o segundo lugar. Mas as pesquisas também mostravam que ele perderia para a maioria dos outros candidatos num eventual segundo turno.

O franco favorito era Lula. Seus oito anos na presidência lhe renderam uma popularidade recorde depois que deixou o poder, em 2010. Mas então ele precisou esperar dois mandatos sem concorrer a cargos eletivos. Oriundo de uma família miserável do interior do Nordeste, Lula se firmou como a liderança sindical que ousou desafiar o regime militar. Desde a primeira sondagem, ele era o líder isolado. As projeções para o segundo turno mostravam que ele derrotaria todos os outros candidatos.

Porém a eleição acabaria sendo decidida por dois eventos dramáticos: uma farsa judicial e uma tentativa de assassinato.

Desde a década de 1990, as eleições presidenciais no Brasil são um confronto direto entre dois partidos: o Partido dos Trabalhadores (PT) e o Partido da Social Democracia Brasileira (PSDB). O PT deixou de ser um pequeno partido trabalhista para se tornar o maior partido de centro-esquerda do País. O PSDB também se moveu, para a direita, e hoje tem um perfil mais liberal se comparado aos social-democratas da Noruega, por exemplo. No contexto norueguês, o PT corresponde ao *Arbeiderpartiet* (Partido Trabalhista) enquanto o PSDB corresponde ao *Høyre* (Partido da Direita), cada uma dessas agremiações liderando coligações respectivamente mais à esquerda ou à direita do espectro político. Desde as eleições de 1994, o Brasil é governado alternadamente por presidentes oriundos desses dois partidos: Fernando Henrique Cardoso (PSDB), nos anos 1995-2002, Lula (PT), de 2003 a 2010, e Dilma Rousseff (PT), no período 2011-2016.

O Brasil carece de um centro ideológico. Em vez disso, há uma miríade de partidos que atendem pelo nome de *Centrão* e estão mais aglutinados em torno de verbas e cargos do que de alguma ideologia. O maior partido dessa família é há muito o Movimento Democrático Brasileiro (MDB), que integrou todos os governos desde o restabelecimento da democracia, na década de 1980. O presidente que governou de 2016 a 2018 veio do MDB. Seu nome é Michel Temer, e ele foi vice-presidente de Dilma Rousseff até ela ser deposta, por um impeachment do qual o próprio MDB foi o principal articulador.

A eleição presidencial de 2018 rompeu radicalmente com o modelo das últimas décadas. A direita tradicional, liderada pelo PSDB e seu candidato, Geraldo Alckmin, tropeçou logo na largada. Apesar da coalizão mais ampla, do orçamento mais polpudo e de ter tido com folga o maior tempo nos programas eleitorais na TV e no rádio, o candidato do PSDB transformou-se num parêntese na campanha eleitoral, muito disso por causa da personalidade de Alckmin, um candidato tão insalubre e sem graça que deixava um vácuo de empatia por onde passava. Mas o fator mais importante certamente foi introduzido em 2018: pela primeira vez, uma campanha eleitoral no Brasil foi dominada pelas redes sociais.

A mídia social induz à polarização e promove o exotismo. Nesse sentido, Lula e Bolsonaro eram candidatos perfeitos para uma campanha eleitoral com essas características. Eram também adversários dos sonhos um do outro. De cada lado, poderiam atacar-se à vontade e tentar crescer atraindo eleitores do centro. Ambos são homens do povo, mas cada um com seu quinhão. Lula era o candidato dos eleitores mais pobres e de menos escolaridade, especialmente do Nordeste, mas ao mesmo tempo tinha a simpatia dos intelectuais das grandes cidades. Bolsonaro era o mais querido pelos ricos e de mais escolaridade, especialmente nos prósperos Sul e Sudeste do Brasil. E tinha as igrejas evangélicas maciçamente a seu lado.

Por muito tempo o cenário parecia favorável a Lula. Só houve um problema. Ele foi preso, condenado por corrupção.

Em abril de 2018, seis meses antes das eleições, os meios político, jurídico e militar do Brasil entraram em ebulição. O clima era tão tenso que a então presidente do Supremo Tribunal Federal (STF), Carmen Lúcia, sentiu-se obrigada a ir a público pedir reflexão e moderação a fim de evitar uma "desordem social". A polêmica envolvia o próprio STF no caso de corrupção contra Lula. Os juízes não chegaram num acordo unânime, e tinham então que tomar uma decisão.

Lula já havia sido condenado por um tribunal do Paraná, portanto a promotoria local argumentava que ele deveria ser preso. A defesa de Lula, no entanto, acreditava que para isso era preciso que todos os recursos de apelação fossem esgotados, e ainda não era o caso. O Supremo Tribunal Federal deveria dirimir a questão.

Tecnicamente, tratava-se de uma filigrana jurídica. Politicamente, era uma bomba atômica. Se o STF chegasse à conclusão de que Lula podia ser preso, o líder das pesquisas estaria fora da eleição presidencial.

O caso de corrupção em si era sobre um apartamento de veraneio na praia do Guarujá, no litoral paulista. Investigado por corrupção pela célebre *Operação Lava Jato*, Lula já havia ganho destaque em 2015. A polícia suspeitava que a empreiteira OAS havia reformado seu apartamento em troca da obtenção de contratos vantajosos com a Petrobras. Os advogados da defesa sustentavam que o apartamento nunca tinha pertencido a Lula e não havia provas das acusações. Alegavam também que a acusação era baseada em indícios aleatórios e testemunhos de outros suspeitos de corrupção, obtidos em forma de delação em troca de redução de uma eventual pena. Mesmo assim, em 2017, Lula foi condenado pela Corte Paranaense a nove anos e meio de prisão. O nome do juiz que o condenou é Sergio Moro.

Nessa época, Moro era um verdadeiro super-herói brasileiro. Foi ele quem presidiu os inquéritos da maioria dos casos que surgiram após a famigerada Lava Jato. Ganhou destaque como servidor público destemido, íntegro e justo que não se deixava intimidar por políticos ou empresários poderosos. Passou a personificar a insatisfação geral contra o velho e corrupto conluio entre políticos e empresários. Recebido como astro em universidades e conferências ao redor do mundo, Moro parecia bom demais para ser real.

O primeiro veredito era controverso. Para a direita, foi motivo de júbilo. Enfim um político influente era condenado por corrupção, e logo um presidente eleito legitimamente após a ditadura. A esquerda protestou, afirmando que se tratava de uma condenação orquestrada politicamente com o objetivo de tirar Lula da campanha eleitoral. No ambiente jurídico, os especialistas estavam divididos. Para alguns, as provas não se sustentavam. Outros achavam que a cadeia de evidências e os testemunhos bastavam.

Lula recorreu e, em janeiro de 2018, foi conhecido o veredito da apelação em segunda instância. A sentença foi não apenas confirmada, mas também aumentada para doze anos de prisão.

Paralelamente à acusação de corrupção, Lula estava em campanha como se nada tivesse acontecido. Aparentemente, ele estava convencido de que não seria condenado e de que, caso o fosse, não seria preso. Tudo estava então nas mãos do Supremo.

Um dia depois de acenar com a bandeira branca, a ministra Carmen Lúcia obteve como resposta exatamente o contrário. Um general reformado declarou ao jornal *O Estado de São Paulo* que, caso o STF não condenasse Lula, haveria uma "reação armada". As Forças Armadas teriam então o dever de restabelecer a paz e a ordem. Embora a declaração tenha partido de um oficial da reserva, não deixava de ser uma ameaça direta ao STF e à democracia. No dia seguinte as coisas ficaram ainda piores. O comandante do Exército brasileiro, general Eduardo Villas Bôas, afirmou numa postagem no Twitter que o Exército compartilhava o "desprezo pela impunidade" e que as Forças Armadas estavam cientes de suas "missões institucionais".[2]

O País estava dividido. Muitos viram nesse movimento uma tentativa de intimidar o STF, um alerta de que a corte, caso não votasse contra Lula, enfrentaria sérias consequências. Outros o interpretaram como uma confirmação de neutralidade, de que o Exército estava ciente dos desafios de punir os poderosos e compartilhava da indignação popular. Considerando que o Brasil proíbe militares da ativa de se manifestar politicamente, a declaração do general parecia fora de contexto. Somente com muita boa vontade poderia ser considerada neutra. A maioria dos órgãos de mídia, dos atores políticos e do próprio Supremo Tribunal Federal a percebeu como uma ameaça.[3]

No dia seguinte, o Supremo se manifestou oficialmente. Após uma discussão de mais de onze horas, o resultado foi de seis votos a cinco contra Lula. O voto de Minerva de Carmen Lúcia foi determinante.

2 https://twitter.com/gen_villasboas/status/981315180226318336?lang=pt

3 https://politica.estadao.com.br/noticias/geral,fachin-reage-a-tuite-de-general-villas-boas-sobre-o-stf-intoleravel-e-inaceitavel,70003617259

A partir de então, as coisas evoluíram na velocidade da luz. Depois que a decisão oficial foi enviada ao Paraná, o juiz Sergio Moro levou exatamente 17 minutos e 50 segundos para expedir um mandado de prisão contra Lula. O ex-presidente teve 24 horas para comparecer à sede da Polícia Federal em Curitiba para cumprir a sentença.

Lula ganhou tempo buscando refúgio na sede do Sindicato dos Metalúrgicos de São Paulo, à frente do qual esteve, liderando grandes ondas grevistas no início dos anos 1980. Milhares de apoiadores cercaram o prédio, exigindo que Lula se recusasse a se entregar. O prazo de 24 horas expirou. Poucos dias mais tarde, após intensas negociações sobre a prisão e as condições de reclusão, Lula foi conduzido a uma cela especial em Curitiba. Ninguém achou que ele fosse permanecer ali por muito tempo, muitos ainda acreditavam que ele ainda podia ganhar a eleição.

Lula só seria libertado um ano e meio mais tarde.

O último prego no caixão do sonho eleitoral de Lula veio em 31 de agosto de 2018, quando o Tribunal Superior Eleitoral decidiu que ele não poderia mais concorrer por ter sido condenado em segunda instância. Ironicamente, a base legal para o veredito foi uma lei que vedava candidaturas de políticos que não tivessem ficha limpa, lei esta aprovada durante a presidência do próprio Lula.

Sete dias após a decisão do TSE, as ruas da cidade de Juiz de Fora, em Minas Gerais, estavam em festa. A cidade, que tem o tamanho de Oslo, capital da Noruega, receberia então o candidato à presidência Jair Bolsonaro em campanha eleitoral. Ele concorria por um partido nanico e pertencente ao *Centrão*, o Partido Social Liberal (PSL). Correligionários eufóricos cercaram o restaurante onde ele almoçou. Milhares de outros já lotavam as ruas da cidade e também o parque onde discursaria. Dias antes disso, pela primeira vez as pesquisas eleitorais traziam o candidato em primeiro lugar na intenção de voto. Então, a apenas quatro semanas da eleição, Bolsonaro e seus apoiadores sentiam que a possibilidade de vitória era real.

Dentro do restaurante, os seguranças estavam alvoroçados. A preocupação era que os opositores pudessem atirar ovos no candidato. Por isso, sugeriram que Bolsonaro fizesse o percurso até o palanque de carro.[4] Bolsonaro foi saudado com aplausos pela multidão ao surgir na rua e entrar no Ford blindado.

Depois de um tempo, o ex-capitão decidiu descer do carro para estar mais perto de seus eleitores. No carro havia um colete à prova de balas, que Bolsonaro jamais deixava de usar em grandes aglomerações. Nesse dia, o colete foi esquecido no banco de trás.

Pouco tempo depois, Bolsonaro foi erguido nos ombros de um apoiador. Vestindo uma camiseta amarela com os dizeres "Meu partido é o Brasil" em verde, ele foi carregado por correligionários entusiasmados pela movimentada rua Halfeld como uma estrela do rock. Os seguranças nervosos tentavam acompanhá-lo da melhor maneira que podiam. Alguns tentavam manobrar o carro até o cruzamento seguinte para que Bolsonaro pudesse retornar a um local seguro, outros

[4] Oyama, Thaís (2019, p. 78).

tentavam abrir caminho pela multidão e se manter próximos do candidato presidencial.

Bolsonaro parecia flutuar sobre a massa em êxtase. Na gravação mais famosa do incidente, feita com um celular a partir do nível da rua e agora reproduzida milhares de vezes *online*, ouve-se uma voz gritando *"Mito!"* e vários outros repetindo o bordão. Bolsonaro acena e sorri para os fãs, primeiro para a direita, depois para a esquerda, e em seguida vira o rosto de repente, esboça um esgar de dor, leva as mãos à barriga e cai para trás, parcialmente fora do alcance da câmera. No primeiro plano da imagem, o caos se instala e um grupo de pessoas cercam um homem de jaqueta de couro preta. Em seguida, a câmera começa a tremer e a gravação é interrompida.[5]

Tudo transcorreu num piscar de olhos. Somente quando o vídeo é reproduzido em câmera lenta é possível perceber bem o que de fato aconteceu. Bolsonaro levanta o braço esquerdo e acena. Ao mesmo tempo, tentando manter o equilíbrio, ele se apoia com a mão direita sobre as pessoas que o carregam, deixando a parte superior do corpo desprotegida. Em seguida, um vulto na frente do candidato chama a atenção: um braço vestido de preto se aproxima de seu abdômen e rapidamente se recolhe. No mesmo instante, Bolsonaro faz o esgar de dor. Congelando-se o vídeo nesse trecho, vê-se uma mão que se estende em direção a Bolsonaro, e, ampliando-se a imagem, é possível inferir que a mão está segurando algo que reluz sob o sol.

5 https://g1.globo.com/politica/video/veja-o-momento-em-que-jair-bolsonaro-leva-facada-7002955.ghtml

Vinte minutos depois disso, Jair Bolsonaro deu entrada às pressas no hospital em Juiz de Fora. O boletim da unidade de terapia intensiva, manuscrito, informava, que o paciente tinha sofrido "trauma abdominal após ferimento por arma branca" e se encontrava em estado de "choque hipovolêmico". Em linguagem vernacular, significa que o corpo perdeu tanto sangue que o bombeamento do coração foi afetado.[6] Bolsonaro foi carregado de maca para uma cirurgia de emergência.

O brilho que reluziu no vídeo vinha de uma faca de 20 centímetros de comprimento. A lâmina perfurou a pele, a gordura subcutânea e os músculos abdominais, depois o cólon e o intestino delgado, e por fim seccionou a artéria principal da região abdominal. Quando chegou ao hospital, Bolsonaro havia perdido dois litros de sangue, que vazaram dentro da cavidade abdominal e se misturaram às fezes dos intestinos perfurados. Dois litros são cerca de 40% do volume de sangue de um adulto. Se não tivesse recebido uma transfusão de sangue imediatamente, ele teria morrido em decorrência da hemorragia.

Então começou a cirurgia. Os médicos estancaram o sangramento, costuraram o intestino delgado e tiveram que retirar dez centímetros do intestino grosso. Para proteger as partes recém-operadas, inseriram no paciente uma bolsa de colostomia, isto é, conectaram o intestino restante a uma bolsa na parte externa do estômago, por onde as fezes poderiam passar. No entanto, o maior perigo durante a operação e nos dias que se seguiram não foram esses procedimentos, mas

6 Nordseth, Trond (2022).

a contaminação do conteúdo intestinal na cavidade abdominal, que poderia resultar numa infecção com risco de vida.

De cenho franzido, a diretora médica do hospital que atendeu Bolsonaro declarou: "Foi muito grave. Ele poderia ter morrido."[7]

Assim que Bolsonaro foi esfaqueado, as redes sociais ficaram em polvorosa. Em seguida, também a imprensa. A internet foi inundada com fotos e vídeos do momento do crime. A audiência dos canais de TV disparou. As hashtags *#facada* e *#bolsonaro* foram imediatamente parar nos *trending topics*. Também na mídia internacional, o atentado passou a ocupar o espaço das principais notícias do dia.

Muito se especulou sobre a identidade do autor e qual teria sido sua motivação. Os opositores políticos de Bolsonaro fizeram breves declarações condenando o ataque ao candidato presidencial e à democracia. Notícias falsas e teorias conspiratórias se multiplicaram. Uma das primeiras – e mais desavergonhadas – partiu de Silas Malafaia, influente pastor evangélico e líder da igreja que casou Bolsonaro com sua terceira esposa, Michelle. Sem que a polícia ou qualquer outra autoridade se tenha manifestado sobre a autoria do atentado, Malafaia postou na mesma noite a seguinte mensagem no Twitter:

"ATENÇÃO POVO ABENÇOADO DE MINAS GERAIS! O criminoso que tentou matar Bolsonaro é

[7] https://brasil.elpais.com/brasil/2018/09/08/politica/1536358

militante do PT e assessor da campanha de Dilma ao Senado em Minas. Diga não a ela. FORA DILMA!"[8]

Sem qualquer fundamento, Malafaia associou a facada ao PT e à ex-presidente Dilma Rousseff, aproveitando-se do atentado, e do caos que se seguiu, para atacar abertamente os opositores de Bolsonaro. O tuíte foi reproduzido milhares de vezes nos dias subsequentes.

Um ano depois, Malafaia admitiu que cometera um erro e apagou a mensagem que havia postado. Mas ela cumpriu seu papel: contribuiu para que Dilma Rousseff, que até então liderava as pesquisas para o Senado, perdesse a eleição.

A pessoa de jaqueta de couro preta no vídeo se chama Adélio Bispo de Oliveira. Ele foi imediatamente contido pelos seguranças de Bolsonaro e por policiais federais que estavam no local. Já no primeiro interrogatório, na mesma tarde, admitiu ter esfaqueado o candidato à presidência "a mando de Deus".[9] A alegação não ajudou a conter as especulações: teria ele agido em conluio com alguém? Alguém o teria instrumentalizado para um atentado com fins políticos?

Adélio Bispo de Oliveira nasceu em 1978, justamente em Minas Gerais. Trabalhava como garçom e era extremamente religioso. Logo no primeiro interrogatório parecia "perturbado", segundo a Polícia Federal. Essa foi a impressão que permaneceu nos interro-

---

8 https://piaui.folha.uol.com.br/lupa/2018/09/06/atentado-bolsonaro-tempo-real/

9 https://g1.globo.com/mg/minas-gerais/noticia/2018/09/06/suspeito-disse-que-atentado-contra-bolsonaro-foi-a-mando-de-deus-segundo-boletim-de-ocorrencia.ghtml

gatórios pelas semanas que se seguiram, corroborada pela avaliação de psicólogos e psiquiatras forenses. Tanto nos inquéritos policiais como nos laudos psicológicos e na ação criminal, ele repetiu que Deus o havia comandado a agir. Ele pretendia matar Bolsonaro e o então presidente Michel Temer porque ambos eram "ligados à maçonaria".

Em audiências posteriores, Adélio disse que se tratava de uma questão política e religiosa. Um dos motivos para o ataque foi que Bolsonaro fingia ser evangélico quando na verdade era católico. No vídeo de um interrogatório, ele acusa Bolsonaro de ser um farsante que tenta aproveitar-se dos votos de cerca de 50 milhões de protestantes brasileiros. Também justifica o ato dizendo que Bolsonaro havia feito ameaças ao Movimento dos Sem Terra (MST), maior movimento social da América Latina e ferrenho opositor do então candidato.[10]

As investigações avançaram rapidamente, e a Polícia foi taxativa: Adélio Bispo de Adélio agiu sozinho e por conta própria. A conclusão foi conhecida em setembro, mesmo mês em que o ataque ocorreu, e antes do primeiro turno da votação.

No ano seguinte, em junho, a Justiça afirmou que o acusado era inimputável. Segundo os peritos, ele padecia de "transtorno obsessivo crônico, alucinações, delírio persecutório e alteração de percepção da realidade"[11], e foi condenado à detenção, por tempo inde-

---

10 https://veja.abril.com.br/brasil/em-video-as-confissoes-de-adelio-o-homem-que-tentou-matar-bolsonaro/

11 https://g1.globo.com/mg/minas-gerais/noticia/2019/03/07/laudo-aponta-que-agressor-de-bolsonaro-tem-doenca-mental.ghtml

terminado, num presídio de segurança máxima. Adélio diz que não está acometido de enfermidade alguma e se recusa a receber qualquer tipo de tratamento.[12]

Mesmo depois da condenação, as teorias conspiratórias sobre a facada continuaram a se proliferar e, embora apontem para tudo e para todos, podem ser divididas em duas categorias. Tanto Jair Bolsonaro como seus correligionários e parte da direita brasileira afirmam que o atentado foi planejado por esquerdistas. O objetivo seria tirar Bolsonaro do caminho, eliminá-lo da corrida eleitoral de uma vez por todas. Em meados de 2021, o advogado da família Bolsonaro, Frederick Wassef, emitiu a seguinte nota: "Há fortes indícios e uma robusta coleção de evidências de que a esquerda brasileira ordenou a morte do presidente."[13]

Uma das tais evidências que sustentariam essa teoria conspiratória é que Adélio de Oliveira foi por muitos anos filiado ao Partido Socialismo e Liberdade (PSOL). Essa ilação é refutada pelo PSOL, que assegura que ele nunca foi um militante ativo e que sua ficha estava cancelada desde 2014. Ninguém conseguiu estabelecer qualquer relação entre o agressor do presidente e militantes esquerdistas.

Segundo a outra categoria de teorias conspiratórias, a facada foi organizada pelos próprios bolsonaristas. Essa teoria, sustentada sobretudo por membros da esquerda, diz que dessa forma Bolsonaro dispara-

---

12 https://www.dw.com/pt-br/esfaqueador-de-bolsonaro-é-absolvido/a-49214234

13 https://brasil.elpais.com/opiniao/2021-11-08/a-misteriosa-facada-em-bolsonaro-volta-ao-jogo-em-clima-eleitoral.html

ria na campanha eleitoral. O indício seria uma visita que o agressor Adélio de Oliveira fez ao mesmo clube de tiro em que estava Eduardo, filho de Bolsonaro, em Florianópolis, alguns meses antes. O candidato também estava sem o colete à prova de balas, o que facilitava o trabalho de quem quisesse feri-lo.

Ficou provado que Adélio e o filho de Bolsonaro realmente estiveram no clube de tiro no mesmo dia, mas não há evidências que atestem que eles se tenham encontrado ou tenham conversado. O colete à prova de balas ficou no carro, diz-se, porque Bolsonaro planejava passar pouco tempo no meio da multidão.

Uma terceira teoria, derivada dessa última, é que não houve esfaqueamento, foi tudo uma grande orquestração de bolsonaristas para encenar uma tentativa de assassinato. A suposta prova disso é que não havia sangue na camiseta de Bolsonaro após a perfuração do abdômen, nem no pedaço de pano branco com o qual alguém cobriu sua barriga nos caóticos minutos após o ataque. Até o ex-presidente Lula se manifestou nesse sentido: "Tem algo de estranho nesse esfaqueamento. Uma facada que não tem sangue e o agressor ainda é protegido pelos próprios seguranças do Bolsonaro..."[14]

Os médicos explicam a ausência de sangue porque o corte tinha apenas três centímetros de largura, e os músculos abdominais se contraíram e bloquearam o sangramento da cavidade abdominal. Também é altamente improvável que os bolsonaristas tenham persuadido os melhores profissionais e hospitais do País

14 https://www.dn.pt/mundo/facada-em-bolsonaro-dois-anos-de-teorias-da-conspiracao-12606587.html

a mentir em público e falsificar boletins médicos, ou tenham conseguido enganar ou subornar todos os seguranças, policiais, médicos e enfermeiros envolvidos sem que nada transpirasse.

Não há indícios de que a conclusão a que chegaram a Polícia Federal e o Judiciário brasileiro esteja errada. Não havia ninguém por trás do ataque. Não existia uma agenda oculta. Mas a tentativa de assassinato continua a projetar sombras sobre a política brasileira. Ainda no segundo semestre de 2021, os advogados de Bolsonaro conseguiram reabrir o processo contra Adélio Bispo de Oliveira, e o presidente frequentemente insinua que foi a esquerda que tentou matá-lo.

Bolsonaro teria vencido a eleição se não tivesse sido esfaqueado? Essa é uma das questões mais debatidas no Brasil nos últimos anos. Algo com que todos concordam é que a agressão obviamente trouxe grandes transtornos pessoais a Jair Bolsonaro: dores, problemas de saúde e repetidas e demoradas internações. Além disso, o incidente provavelmente levou a problemas de saúde, tais como dificuldade de concentração, medo e ansiedade, dos quais ele não fala em público e sobre os quais só podemos fazer suposições ou especulações.

São muitos também os que acreditam que a facada beneficiou Bolsonaro na campanha eleitoral. Primeiro, ele conseguiu um protagonismo que ainda não tinha. Candidato de um partido nanico, dispunha de pouco tempo e pouco dinheiro para a propaganda eleitoral no rádio e na TV. Após o atentado, ele monopolizou a atenção dos meios de comunicação, bem na reta final da campanha eleitoral. Além disso, ele conseguiu desviar grande parte da campanha eleitoral da mídia tradicional para as mídias sociais. Bolsonaro pôde controlar as últimas quatro semanas da campanha eleitoral como bem quis. Também se ausentou de todos os debates restantes na TV, o que se revelou de grande vantagem, uma vez que ele se tinha saído muito mal dos primeiros. Em vez disso, sua campanha continuou sendo feita a partir do leito do hospital, quase exclusivamente nas mídias sociais, sem que as afirmações do candidato pudessem ser contestadas. Era um formato que ele dominava melhor que todos os outros candidatos. Um exemplo de sucesso: após o ataque, Bolsonaro saltou de 10 para 12,5 milhões de seguidores no Facebook.[15] Antes mesmo da facada, Bolsonaro já havia decidido abandonar os debates na TV.[16] Agora, poderia fazer isso sem que ninguém protestasse.

Em segundo lugar, ele angariou muita solidariedade, tanto de eleitores quanto de candidatos rivais, que tomaram cuidado extra ao criticá-lo e ao criticar suas propostas. Isso teve consequências em especial para outros candidatos de direita, que tinham muito tempo de TV e mais recursos.

Uma terceira vantagem foi que ganharam força as acusações de bolsonaristas de que a esquerda, e especialmente o PT, estariam por trás de uma "tentativa de assassinato". Apesar da conclusão da polícia, pulularam denúncias *online* de que os verdadeiros culpados eram militantes ou grupos de esquerda, que

15 Oyama, Thaís (2020, p. 82).

16 https://noticias.uol.com.br/politica/eleicoes/2018/noticias/2018/08/22/bolsonaro-decide-nao-participar-de-novos-debates-com-adversarios.htm

estariam diretamente ou indiretamente envolvidos no caso como facilitadores ou mentores intelectuais.

Por último, ele agora posava como mártir. O próprio Bolsonaro e seu círculo íntimo repetiam que era um "milagre" ele ter sobrevivido.

Examinando-se as pesquisas de opinião, Bolsonaro estava bem colocado antes mesmo do incidente. Na virada de agosto para setembro de 2018, tinha cerca de 20% das intenções de voto e, portanto, rumava em velocidade de cruzeiro para um segundo turno das eleições. Mas o favorito ainda era o ex-presidente Lula. Apesar de estar preso desde abril daquele ano, condenado por corrupção pelo juiz Sergio Moro, ele liderava todas as pesquisas. As projeções também indicavam que ele venceria todos os adversários em um possível segundo turno. Tudo se inverteu com a facada e Lula definitivamente fora do páreo.

Apenas quatro semanas após o ataque em Juiz de Fora, foi realizado o primeiro turno da eleição presidencial. Jair Bolsonaro foi com folga o candidato mais votado. Poucas semanas depois, venceu o segundo turno contra Fernando Haddad, que substituíra Lula como candidato do Partido dos Trabalhadores: 58 milhões de brasileiros votaram em Bolsonaro, 47 milhões em Haddad. O ex-militar venceu com a plataforma mais conservadora e autoritária de um candidato presidencial brasileiro desde a restauração da democracia, em 1985.

O número de eleitores que votaram em branco ou anularam ou abstiveram-se de votar foi de 42 milhões.

Poucas semanas após a eleição, o presidente Jair Bolsonaro escolheu o juiz Sergio Moro para ocupar o Ministério da Justiça, e muitos interpretaram isso como uma retribuição por Moro ter tirado Lula do páreo. Em março de 2021, o STF anulou todos os casos de corrupção contra Lula e criticou duramente Moro. Com isso, o petista estava de volta à arena política de pleno direito.

Para os seguidores de Lula, a justiça prevaleceu. Para eles, a anulação da condenação só confirmava que tudo havia sido orquestrado para eliminar o candidato do PT da campanha eleitoral de 2018. Assim que foi inocentado, Lula se tornou o franco favorito para a corrida presidencial de 2022.

Para os opositores de Lula, no entanto, sua absolvição era uma desmoralização do Estado de Direito e uma submissão do Judiciário às pressões políticas. Para os bolsonaristas, o argumento passou a ser o de que o STF estava refém da esquerda e fazia de tudo para solapar o mandato do presidente.

Resta então a pergunta: Lula teria vencido em 2018 se pudesse ter concorrido? A resposta depende de quem é indagado. Os bolsonaristas dizem que ele jamais teria ganho. O campo majoritário da esquerda está convencido de que o teria.

Nunca saberemos a resposta, mas em 2022 haverá novamente uma eleição presidencial e então poderemos assistir à disputa que não ocorreu quatro anos antes: Bolsonaro contra Lula. Quando este livro foi escrito, a média das pesquisas mostrava que Lula liderava, com 43% da preferência dos eleitores, contra 33% de Bolsonaro.[17]

---

17 Almeida, Carlos Alberto (2022).

Os dois eventos mais importantes que levaram Jair Bolsonaro a vencer as eleições presidenciais em 2018 ocorreram com sete dias de intervalo: a um candidato foi negado o direito de se candidatar, numa ação que o Supremo posteriormente anulou. E um candidato foi esfaqueado em plena luz do dia.

A primeira coisa que um presidente recém-eleito costuma fazer é dirigir-se ao conjunto da população em rede nacional e agradecer pela confiança. Em seguida, o eleito agradece ao adversário pela disputa e ressalta que governará por todos os cidadãos do País. É uma fala que costuma ser caracterizada por sobriedade e reconciliação. Não é bem o estilo de Jair Bolsonaro.

O primeiro pronunciamento público de Bolsonaro após a vitória eleitoral veio no Facebook.[18] Em transmissão ao vivo desde sua casa na Barra da Tijuca, no Rio de Janeiro, ladeado pela esposa Michelle à direita e a intérprete de Libras Elizângela Castelo Branco à esquerda, ele começou agradecendo a Deus, que, "pelas mãos dos médicos, enfermeiros e outros profissionais", tinha realizado "um verdadeiro milagre" ao lhe ter salvado a vida.

Na maior parte do pronunciamento, Bolsonaro discorreu sobre si próprio e sobre sua trajetória ao palácio presidencial. Uma das mensagens centrais era que a partir de então o Brasil finalmente conheceria a verdade. O presidente recém-eleito citou o Evangelho

18 https://noticias.uol.com.br/politica/eleicoes/2018/noticias/2018/10/28/veja-a-integra-das-primeiras-falas-de-bolsonaro-apos-ser-eleito-presidente.htm

de João, em que Jesus diz: “Então conhecereis a verdade, e a verdade vos libertará.”[19]

Então passou a criticar a esquerda: “Não podemos mais flertar com o socialismo, o comunismo, o populismo e o extremismo de esquerda.” Bolsonaro disse que, em vez disso, seguiria a palavra de Deus, a Constituição brasileira, buscaria inspiração em grandes líderes mundiais e deixaria para trás a habitual política do toma lá, dá cá. Finalmente, adotou um tom de caserna e disse que havia recebido uma missão, e missões “você não escolhe nem discute, você cumpre”.

Sua fala não mencionou nada sobre unidade ou solidariedade. Nada sobre reconciliação após uma campanha eleitoral acalorada. Nenhuma promessa de governar para todo o Brasil e todos os brasileiros. Nenhuma visão para o Brasil que queria construir, exceto platitudes e reiteradas referências a Deus.

Em defesa de Bolsonaro, pode-se dizer que quem se dirigiu ao povo naquele domingo foi um autêntico candidato em campanha eleitoral. E que aquela foi uma primeira, talvez espontânea, saudação aos fãs e simpatizantes via Facebook. Mas o Facebook é o canal favorito de Jair Bolsonaro. É claro que o discurso do presidente recém-eleito não foi impensado.

A exemplo de Donald Trump a milhares de quilômetros ao norte, Bolsonaro não tinha planos de ser mais moderado quando passasse a ocupar o Palácio da Alvorada. As inúmeras menções a Deus, a autorreferência, os ataques à esquerda e o jargão militar apontavam para uma direção muito clara. O eleito para

---

19 https://bibel.no/Nettbibelen?book=JHN&chapter=8&verse=32

governar o Brasil não era nenhum estadista, mas um ex-oficial que queria afirmar-se como homem-forte.[20] Um presidente que se apresentava como um homem do povo, que a esquerda e as elites sempre perseguiram. Que dizia defender a família, a pátria e a liberdade, e queria proteger a Igreja e defender os valores tradicionais. Era um clássico chefe de Estado populista de direita que chegava ao poder no Brasil. Seu projeto de longo prazo era minar toda a democracia brasileira.

20 Rachman, Gideon (2022).

CAPÍTULO 2:

O menino de Eldorado

A caminhoneta estava abarrotada de guerrilheiros. Dentro da cabina, amontoavam-se três homens, lado a lado. Pai e dois filhos, pequenos agricultores do interior do longínquo Vale do Ribeira, no Sudeste do Brasil. O ano era 1970, e os três foram parar bem no centro de uma das operações mais espetaculares do regime militar brasileiro.

Dois dias antes disso, eles haviam recebido uma visita inesperada de oito homens. Surgiram do meio da mata, diziam que eram caçadores, perguntaram se podiam comer algo e pernoitar ali. A dona da casa lhes serviu arroz com mortadela, e eles puderam dormir na casinha anexa. O pai da família já suspeitava então que poderiam ser o lendário Carlos Lamarca e sua quadrilha em pessoa. Em segredo, o fazendeiro despachou um dos filhos para que avisasse ao chefe de polícia local.

Carlos Lamarca era o oficial que havia desertado do Exército e então liderava uma guerrilha armada para combater a ditadura militar brasileira. Em 1964, as Forças Armadas tomaram o poder e obrigaram o presidente João Goulart a se exilar. O pretexto dos generais para o golpe era salvar o Brasil do comunismo, tomando como modelo a revolução cubana de 1959. Igualmente importante, porém, era impedir a reforma agrária defendida pelo presidente eleito Goulart, que ameaçava o poder das tradicionais elites latifundiárias. Um regime militar também era crucial para as empresas industriais nacionais e internacionais, a fim de controlar uma cada vez mais organizada classe trabalhadora.[21]

Com o passar do tempo, o regime militar brasileiro foi-se tornando cada vez mais autoritário e violento. Em 1968, o Congresso foi fechado, todos os partidos políticos livres foram banidos e a liberdade de reunião e expressão foi revogada. A imprensa e todas as manifestações culturais estavam sujeitas à censura.

O golpe militar e a repressão encontraram forte resistência, com manifestações e greves em todo o País. Centenas de milhares de pessoas foram presas, dezenas de milhares foram para o exílio, houve milhares de presos políticos. A tortura foi usada sistematicamente, resultando em centenas de vítimas fatais. Esse era o pano de fundo da passagem de Carlos Lamarca pelo vale do Ribeira.

Lamarca liderava o grupo guerrilheiro Vanguarda Popular Revolucionária (VPR), que lutava contra a ditadura militar e por um governo revolucionário e socialista, e já era uma lenda viva na esquerda brasileira.[22] O grupo guerrilheiro havia realizado vários assaltos a bancos para financiar a compra de armas e equipamentos e o treinamento de seu modesto contingente de guerrilheiros. Em março de 1970, eles sequestraram o cônsul geral do Japão em São Paulo, Nobuo Okuchi, e depois o libertaram em troca da soltura

21 Opsvik, Tor (2022).

22 Gaspari, Elio (2002).

de cinco presos políticos. Em dezembro daquele ano, sequestrariam o embaixador suíço Giovanni Bucher a fim de barganhá-lo por 70 presos políticos.

Carlos Lamarca era o foragido mais procurado do País, profundamente odiado pelo regime. Uma gigantesca operação de busca, chamada *Operação Registro* – do nome da maior cidade da região –, foi posta em marcha. Mais de 3.000 homens do Exército, da Aeronáutica, dos Serviços de Inteligência e as Polícias Rodoviária e Federal foram mobilizados. O regime procurava por Lamarca e seu grupo usando todos os meios de que dispunha. A força-tarefa bloqueou as estradas principais, vasculhou casas, fazendas, armazéns e até poços d'água – qualquer lugar em que os guerrilheiros pudessem esconder-se. Milhares foram interrogados e mais de uma centena foram presos. A Força Aérea varreu a área com helicópteros. Os aviões da ditadura chegaram a despejar bombas de napalm no interior do Brasil, como fizeram os Estados Unidos durante a Guerra do Vietnã, para incendiar áreas de mata e expulsar Lamarca dali. Em várias ocasiões, chegaram a cercar os locais onde ele se escondia, mas Lamarca e seus homens sempre escapavam.

O líder dos caçadores que se abrigou na casa dos pequenos agricultores do Vale do Ribeira disse ao pai de família que tinha gostado do local e da hospitalidade.

"Se tudo correr bem, quero voltar. Se tudo der certo, não gostaria de me vender um pedaço da propriedade?"[23]

Mas então eles tinham que seguir em frente. Quem sabe não iriam abusar se lhe pedissem também

---

[23] Citado por Dinoel Rocha em entrevista, Eldorado, 12/nov/2021.

uma carona até a próxima cidade? O fazendeiro assentiu, e em pouco tempo os oito homens estavam amontoados sobre a colheita da semana, na caçamba de uma picape, seguindo na direção da cidade de Eldorado.

Sobrecarregada, a caminhoneta subiu com dificuldade a colina até chegar à praça central, localizada entre a igreja e o prédio da prefeitura. Na altura da praça, sem que o fazendeiro e os guerrilheiros pudessem perceber, rua estava bloqueada.

O atual prefeito de Eldorado, Dinoel Rocha, agita as mãos animadamente enquanto fala. Estamos sentados em seu gabinete na prefeitura, a menos de cem metros do local onde estava o bloqueio.

"Era meu avô quem estava no volante. Meu pai estava sentado no meio, e meu tio do outro lado. Quando o tiroteio começou, tanto o avô quanto o tio saltaram pela porta, um para cada lado. Meu pai se jogou no chão do carro."[24]

Era o próprio Carlos Lamarca quem estava sentado na caçamba naquela tarde. Na troca de tiros que se seguiu, dois policiais e um civil foram feridos. Um deles teve que amputar uma perna, mas todos sobreviveram. Lamarca e os guerrilheiros conseguiram escapar mais uma vez. Roubaram outro carro e desapareceram por estradinhas de cascalho atravessando bananais até a cidadezinha próxima, Sete Barros.

Enquanto isso, o centro de Eldorado se transformou num cenário de guerra. Um menino de 15 anos veio da escolinha a cem metros de distância espiar o que se passava. Ele, seus colegas e os professores ou-

24 Entrevista, Dinoel Rocha, Eldorado, 12/nov/2021.

viram os tiros e se esconderam, mas depois de um tempo alguns se aventuraram a vir até a praça. O que tinha acabado de acontecer ali ninguém sabia ao certo, mas de acordo com uma das biografias do menino, escrita muitos anos depois por seu próprio filho, ele se ofereceu para ajudar.[25] Conhecia como ninguém as trilhas nas matas ao redor da cidade, e poderia ajudar os soldados a rastrear Lamarca e o grupo guerrilheiro. O nome do menino era Jair Bolsonaro.

Eldorado é hoje uma pequena e aparentemente modorrenta cidadezinha com cerca de 5.000 habitantes. Está localizada numa colina às margens do rio no Vale do Ribeira, a meio caminho entre São Paulo e Curitiba. O centro comercial ainda se resume à pracinha defronte à igreja, cercada por sobrados de tijolos, com lojas, uma casa lotérica, alguns restaurantes e um pequeno hotel. Ao lado da prefeitura há uma arquibancada de concreto e, bem em frente à igreja, há uma estátua da Virgem Maria. Tudo muito parecido com qualquer cidadezinha do interior do Brasil.

Antigamente a cidade se chamava Xiririca, nome que deriva do tupi, a exemplo de tantos topônimos brasileiros, e significa "água corrente". Exemplos como o de Eldorado são testemunhos vivos de que boa parte das cidades antigas do País está localizada em assentamentos, permanentes ou temporários, pertencentes a povos indígenas. Em 1945, Xiririca passou a se chamar Eldorado, nome inspirado na lenda do cacique que cobria seu corpo com pó de ouro, evocando a época em que a região era um centro de mineração.

25 Bolsonaro, Flávio (2017).

Nos séculos XVII e XVIII, eram muitas as jazidas de ouro nas colinas, o que atraía para a região um grande número de pessoas.

Hoje, há 15 mil habitantes em todo o município. A maioria trabalha no cultivo de bananas ou na pecuária. O centro urbano é pequeno, a maioria se concentra em pequenas comunidades na zona rural. Muitos têm que se deslocar da zona rural para trabalhar em lojas, escolas ou na administração municipal. Quase todos são pobres ou vivem modestamente – uma situação longe de ser incomum no interior do Brasil.

Eldorado tem três características peculiares: primeiramente, mais da metade do município é uma reserva natural. No Vale do Ribeira encontra-se a maior área remanescente de Mata Atlântica nativa do Brasil. A grande área de conservação da Serra do Mar se estende por vários municípios e atravessa dois estados a fim de proteger essa floresta tropical da destruição.

Outro traço particular do local são seus vários grupos étnicos tradicionais. Em Eldorado há tanto povos indígenas quanto comunidades quilombolas, descendentes de escravos que conseguiram fugir do cativeiro. No Vale do Ribeira existem dezenas dessas comunidades, que no Brasil chegam aos milhares. Os habitantes dos quilombos têm direito à posse coletiva da terra em que vivem, direito similar garantido aos povos indígenas em relação à área que tradicionalmente habitavam. As origens da maioria dos quilombos de Eldorado derivam de pequenos assentamentos de mineração de ouro que existiram há centenas de anos. Uma minoria dos que ali viviam eram colonizadores portugueses. A força de trabalho, assim como a esmagadora maioria da população, consistia em escravos africanos.

A escravidão é o mais importante de todos os fenômenos que explicam o surgimento da sociedade e da economia brasileiras.[26] O Brasil é formado pela mão de obra de povos indígenas e africanos escravizados, e praticamente toda a população descende de famílias que recorreram a essa mão de obra ou foram, elas mesmas, escravizadas. O racismo contra indígenas e negros remanescente no Brasil é resultado direto da escravidão, que no Brasil perdurou oficialmente até 1888, mais do que em qualquer outro país do Ocidente.

A terceira particularidade de Eldorado é que ali cresceu um presidente.

"Para entender o *mito*, você precisa conhecer as pessoas com quem ele cresceu."

Fui a Eldorado seguir os passos de Bolsonaro e encontrar pessoas que o conheceram. Chegou a vez de entrevistar Erik Moura. Ele é formado em artes dramáticas, mas trabalha como secretário de Desenvolvimento de Negócios e Turismo de Eldorado.[27] O "mito" a que se refere Erik é Jair Bolsonaro. "Mito" é uma das formas mais comuns de se referir ao presidente, um apelido que ele mesmo, sua família e seus apoiadores mais próximos prezam bastante. O título da biografia publicada por seu filho Flávio Bolsonaro em 2017 é justamente *Mito ou Realidade*. Em comícios e manifestações de apoio ao presidente, como no vídeo que

26 Gomes, Laurentino (2019).

27 Entrevista, Erik Moura, Eldorado, 10/nov/2021.

mostra Bolsonaro sendo esfaqueado, seus apoiadores costumam bradar *"Mito!"*

Jair Bolsonaro é filho de Olinda Bonturi e Percy Geraldo Bolsonaro. Nasceu em 21 de março de 1955, em Glicério, outra cidadezinha do interior de São Paulo. A mãe, Olinda, ficava em casa cuidando dos seis filhos. Seu pai era prático em odontologia e chegou a tentar a sorte como garimpeiro. A família era pobre, como a maioria das pessoas do campo na época, mas não miserável. Não passavam fome.

A família morou em vários lugares do Vale do Ribeira até se mudar para Eldorado, em 1966. Jair viveu lá desde os 11 até os 18 anos, período da vida em que boa parte da personalidade e dos valores fundamentais é formada. Eldorado é o lugar que ele chama de lar e onde a maior parte de sua família ainda mora.

Jair frequentou a escola da praça no centro da cidade. Seu desempenho escolar era mediano; destacava-se principalmente em História e Geografia. Suas piores notas eram em Química e em Educação Moral e Cívica, disciplina que o regime militar introduziu para incutir nas novas gerações as boas condutas e o patriotismo.[28]

Pelo visto eu não era o primeiro a visitar a velha escola de Bolsonaro tentando saber mais sobre o presidente. O diretor se fez inacessível. A última mensagem que recebi dele, por meio de um secretário resignado, dizia o seguinte: "Diga que não sei nada sobre Bolsonaro, e que também não quero falar dele."[29]

---

28 https://www.bbc.com/portuguese/brasil-46845753

29 Mensagem de WhatsApp, 10/nov/2021.

A família de Bolsonaro também evita conversar com estranhos. Vários irmãos do presidente ainda moram na cidade e são com frequência assediados por jornalistas, embora não atendam aos pedidos de entrevistas. Aparentemente, a família Bolsonaro se cansou de perguntas críticas e da curiosidade de forasteiros.

Muitos dos antigos amigos de Bolsonaro em Eldorado, porém, apreciam uma boa prosa. Eles o descrevem como um menino inteligente e esportivo, que gostava de pescar no rio com os amigos. A pesca abastecia a cozinha da família, e o excedente era vendido na praça. Eles jogavam futebol e sonhavam fazer parte do time principal. Jair era bem-humorado, característica pela qual é conhecido até hoje. Seu melhor amigo, João Evangelista, conta que recebeu dele um demorado abraço quando o visitou no Rio de Janeiro, após a vitória eleitoral. O presidente ainda estava com a bolsa de estoma na barriga, e disse aos risos: "João, não aperte com tanta força, porque se você apertar vai voar merda para todo lado!"[30]

Um antigo vizinho diz que nem sempre era fácil lidar com o jovem Jair. O menino ganhou fama por ser do contra, e ganhou o apelido de *Invertido*.[31]

Na esquina da rua por onde Lamarca e os guerrilheiros chegaram na praça em 1970 funciona hoje o botequim Piko's. O proprietário, Antônio de Pádua, orgulhosamente me mostra uma foto emoldurada.

30 Retrato Narrado *Bolsonaro* (2020).

31 Retrato Narrado *Bolsonaro* (2020).

"Olha só, Bolsonaro veio aqui comer pastel!"[32]

O pastel é um clássico brasileiro. Massa de farinha quadrada e frita, em geral recheada com carne, queijo ou frango. Pedi o meu de palmito, um dos orgulhos da região, e aproveitei para saber mais sobre o presidente. Quer dizer, não foi preciso nem perguntar. Antônio e seu empregado atrás do balcão desataram a falar por iniciativa própria.

"Ele se sentou exatamente aí onde você está! E comeu pastel de carne!"

Antônio me estende a moldura com as duas fotos. Elas mostram o dono do bar e colegas sorrindo ao lado do presidente. Na margem branca entre ambas as fotografias lê-se em vermelho: "Faça como o presidente, coma um PASTEL aqui!"

Todo mundo o conhece, diz Antônio, e, quando está em Eldorado, Bolsonaro conversa com qualquer um, dá autógrafos e posa para fotos. O homem atrás do balcão e outros frequentadores concordam. A impressão que tenho é de um cidadão simpático, sociável e atencioso.

Na prefeitura, mais pessoas reforçaram essa impressão. O prefeito Rocha chama Bolsonaro de "gente do povo", alguém que conversa com todo mundo – mesmo tendo sido seu adversário político nas eleições municipais anteriores. Erik Moura descreve-o como um homem popular que se lembra dos nomes de velhos amigos e vizinhos, apesar de transcorridos quase 50 anos desde que ele foi embora. Outros na cidade se referem a ele como um *pop star*, uma celebridade,

32 Entrevista, Antonio de Pádua, Eldorado, 10/nov/2021.

e contam com indisfarçável orgulho o inusitado feito de um filho da pequenina Eldorado ter se tornado o homem mais importante do País. Ele é um sujeito que quando está de volta, mesmo na agitação do dia a dia, cumprimenta familiares e amigos, dizem. Alguém que se dispõe de bom grado a tirar selfies com quem pedir. Um homem que é motivo de orgulho, e adorado pela cidade inteira.

Nem todos em Eldorado, entretanto, compartilham dessa visão. Dona Aparecida é uma mulher de cerca de 60 anos. Marcamos de nos encontrar em frente à igreja, mas, como chovia a cântaros, fomos conversar sob o toldo de um botequim ali próximo. Dona Aparecida mora nas cercanias da cidade, num dos muitos quilombos do município, e é uma orgulhosa descendente dos escravos africanos das minas de ouro de Eldorado. Decidi, para sua própria segurança, chamá-la por um pseudônimo.

No botequim, acomodamo-nos em cadeiras de plástico amarelas decoradas com logomarcas de cerveja Skol. O barulho da geladeira era tão alto que era difícil escutar o que dizíamos, e as máscaras cobrindo a boca certamente não facilitavam nossa conversa. Dona Aparecida falou num fio de voz:

“A cidade inteira é deles. Estou com medo.”

Esse medo é algo que ela e vários outros em Eldorado diziam sentir.

“Quem é que manda na cidade, e do que as pessoas têm tanto medo?”, pergunto, inclinando-me sobre a mesa para ouvir a resposta.

“Os Bolsonaro.”

Estamos quase sozinhos no botequim. Dona Aparecida está encostada na quina da parede, rente à porta. É tão apertado que preciso levantar-me cada vez que alguém precisa passar pelo vão.

"Vivo com medo", insiste dona Aparecida. De repente, compreendo porque ela olha rapidamente sobre o ombro toda vez que alguém entra no bar.

Ela se refere a uma cidade que é abertamente racista, onde os pequenos não têm vez diante dos grandes, os negros e pobres até pouco tempo atrás só se atreviam a ocupar os bancos de trás da igreja, para não serem repreendidos ou expulsos pelos brancos e poderosos. Uma cidade onde o legado da escravidão ainda é real e concreto para quem tem pele escura. Ela trabalha como empregada doméstica na cidade e é atuante na paróquia da igreja católica da praça.

Procuro saber o que está por trás desse medo, e ela explica que algumas pessoas simplesmente não podem ser incomodadas. Em seguida, ela me conta da postura ameaçadora do irmão do presidente, principalmente em relação às mulheres, e do sobrinho de Bolsonaro que tentou matar a ex-namorada.

O sobrinho, Orestes Bolsonaro Campos, é réu em duas ações diferentes por ter agredido mulheres com as quais já se relacionou. Ele teria invadido a casa onde viviam a ex-namorada e seu novo companheiro e os teria atacado com um porrete de madeira e um revólver. Nesta ação, Orestes Bolsonaro Campos é acusado de tentativa de homicídio.[33]

---

33 https://www.brasildefato.com.br/2021/09/29/tiro-paulada-e-soco-sobrinho-de-bolsonaro-e-reu-por-tentativa-de-feminicidio-e-lesao-corporal

Dona Aparecida não é a única a sentir medo. Tampouco é a única a sentir na pele o racismo, disseminado tanto em Eldorado como em todo o Brasil. Pretos e pardos, duas categorias que constam nos recenseamentos brasileiros, perfazem 54% da população do País, mas os afro-brasileiros representam quase 80% dos mais pobres e menos de 20% dos brasileiros mais ricos. Negros e mestiços têm menor escolaridade e menor expectativa de vida que os brancos. Enquanto o salário médio dos negros gira em torno de 1.500 reais, os brancos recebem cerca de 2.250 reais. Em profissões de escolaridade superior, como engenharia, medicina e advocacia, nove em cada dez são brancos. Homens negros são oito vezes mais propensos a serem assassinados do que homens brancos.[34] Estes são apenas alguns indicadores de um racismo estrutural bem documentado, um legado de séculos de escravidão e opressão.

Mas qual a origem de tanto temor na Eldorado de hoje? Seriam apenas os familiares rudes e violentos da família Bolsonaro que amedrontam as pessoas?

O prefeito Dinoel Rocha tem cerca de 60 anos e morou em Eldorado quase toda a vida. Ele descreve o município como um dos mais carentes do estado de São Paulo. Durante a ditadura, muitos habitantes da cidade foram monitorados, perseguidos e presos, explica. Alguns, incluindo um funcionário da prefeitura, foram torturados. Outro, suspeito de ter ajudado Lamarca, fora conduzido à sede do Departamento de Ordem Política e Social (Dops), na capital, e torturado. Muitos dos que ajudaram Lamarca e seu grupo não

---

34 Gomes, Laurentino (2019).

sabiam de quem se tratava. Agiram por pura solidariedade e hospitalidade, e vários deles vieram a pagar um preço altíssimo depois.

Além disso, Rocha observa que Eldorado é uma sociedade altamente conservadora e hierarquizada: os pobres estão na base da pirâmide. As famílias tradicionais dão as cartas. Mesmo sendo prefeito, ele se vê tolhido.

"Novas ideias sempre esbarram nos mais velhos, aqueles que detêm o poder. Já aconteceu comigo também. Sempre tenho esse medo. Até onde será que posso ir?"[35]

Se até o prefeito da cidade sente que os mais poderosos limitam sua autonomia, o que dizer dos mais pobres? E de onde vem essa estrutura de poder?

Rocha me conta que certas famílias poderosas sempre governaram a cidade. Não consigo arrancar dele uma resposta direta sobre quem exerce esse papel hoje em dia, mas no início da conversa comentamos sobre a situação do comércio na cidade, e ele então não mediu palavras: "A família Bolsonaro está por trás da maior parte do comércio de Eldorado hoje."

"Eles são uma máfia."[36]

Quem afirma é o vigário de Eldorado, Alessandro da Silva Nascimento. Padre Alessandro é oriundo de uma cidade vizinha do Vale do Ribeira e conhece bem a região.

---

35 Entrevista, Dinoel Rocha, Eldorado, 12/nov/2021.

36 Entrevista, Alessandro da Silva Nascimento, Eldorado, 10/nov/2021.

"A família Bolsonaro é dona de metade da cidade. Eles têm uma loja de eletrodomésticos, uma loja de ferragens e a casa lotérica da praça. E não apenas aqui em Eldorado; eles têm muitas lojas em todo o Vale."

Isso está bem documentado. Jornalistas ansiosamente esmiuçaram registros de imóveis do Vale do Ribeira depois que Bolsonaro foi eleito presidente. Além das lojas mencionadas pelo padre Alessandro, a família possui em Eldorado uma sapataria, uma loja de móveis, um pequeno shopping com entrada pela praça e uma pequena assistência técnica de eletrônicos. No total, a família já registrou mais de 70 empresas na região. Nenhuma delas em nome do presidente, a maioria está no nome de sobrinhos e agregados.[37]

Muitos em Eldorado os consideram "laranjas" do presidente, outros vão além e acusam a família Bolsonaro de lavagem de dinheiro e outras falcatruas. Padre Alessandro é um deles: "Na loja de ferragens paga-se direto no caixa, mas no armazém a coisa é feita por baixo dos panos. Todo mundo sabe."

Depois da conversa com padre Alessandro, dou uma volta pela cidade ao sabor do acaso. São quase seis horas, começou a escurecer e o centro urbano é minúsculo. Talvez cinco ou seis ruas cruzando a praça em direção à colina e ao rio que descreve um arco ao redor da cidade. Avisto um enorme cartaz perto da ponte, provavelmente de uns cinco metros por dois, em homenagem ao presidente. Ele mostra o retrato oficial do presidente com a faixa verde e amarela sobre

37 https://www.cartacapital.com.br/politica/familia-bolsonaro-prospera-de-forma-atipica-em-regiao-pobre-de-sp/

o peito ante um bananal de folhas verde-escuras ao fundo. À esquerda, em letras brancas garrafais, lê-se: "Os Bananicultores e Agricultores apoiam Bolsonaro. Filho da Terra." No canto superior direito, acima da bandeira brasileira, está escrito "Por Deus. Por nossas famílias. Por quem produz." No canto inferior direito está a *hashtag #fechadoscombolsonaro*. A mesma saudação dos bolsonaristas mais aguerridos e a mesma menção a valores fundamentais.

Dei-me conta então que era a primeira foto do presidente que eu via na cidade. Não há nenhum quadro dele pendurado nas paredes da escola, nem na prefeitura, nem em hotéis ou restaurantes. Claro, no Piko's há duas fotos do presidente comendo pastel, mas eram as únicas que eu tinha visto. Será que as pessoas na cidade também não sentem um pouco de vergonha dele? Pelo menos aqui não há a marca registrada de regimes ditatoriais, fotos do chefe de Estado espalhadas por toda parte.

O cartaz à margem da estrada também me fez lembrar algo que ouvi do padre Alessandro: Bolsonaro sempre esteve do lado dos grandes. Nunca dos pequenos. Em Eldorado, ele apoia os grandes produtores comerciais de banana, e eles obviamente estão retribuindo-lhe o favor.

A fim de entender o que dizem os pequenos, vou ao quilombo de Ivaporunduva, a vila mais antiga do município de Eldorado e de todo o Vale do Ribeira,[38] fundada no século XVII, durante a corrida do ouro, séculos antes do surgimento da cidade de Eldorado.

38 https://www.quilombosdoribeira.org.br/ivaporunduva/historico

De acordo com registros da igreja, a fidalga Joanna Maria doou a propriedade aos escravos antes de morrer, em meados do século XVIII, ao mesmo tempo que os alforriava.[39] A área foi oficialmente reconhecida como quilombo em 1998, e hoje cerca de 400 pessoas vivem aqui.

Seu Ditão está esperando-me em frente ao orgulho da vila, uma igreja que data do final do século XVIII e é um verdadeiro tesouro. Em reboco caiado de branco e com molduras azuis nas portas e janelas, situa-se no topo de uma pequena colina, com vista privilegiada para o rio.

Seu Ditão é um dos líderes do quilombo de Ivaporunduva. Com o rosto castigado pelo tempo e vestindo uma jaqueta amarronzada, ele me acompanha descendo a colina atrás da igreja. Depois nós nos sentamos ao lado de um pequeno quiosque, em cadeiras velhas de plástico vermelho, fáceis de encontrar por todo o Brasil. Estas traziam propaganda da cerveja Brahma.

O quilombo é bem administrado e está com as finanças em dia, diz seu Ditão. Os quilombolas produzem bananas orgânicas e as vendem nos mercados locais. Também comercializam parte da produção no estado de São Paulo, no qual uma lei diz que pelo menos 30% dos alimentos das escolas públicas devem provir da agricultura familiar. Do mesmo modo, uma determinada proporção da merenda escolar também deve ser orgânica. Essas regulamentações são recentes, datam da década de 2000, e se destinam a incentivar a produção local e a agricultura orgânica. Como

[39] Frizero, Mariana Gonçalves (2016).

o município de Eldorado não possui nenhuma diretriz nesse sentido, não adquire nada do que Ivaporunduva produz.

"Por que não?", procuro saber.

A resposta é imediata:

"Eldorado é terra dos Bolsonaro."[40]

Além dos mais de setenta negócios, a família Bolsonaro é a proprietária de várias fazendas no Vale do Ribeira, segundo seu Ditão. "Como Jair Bolsonaro conseguiu acumular tudo isso recebendo apenas o soldo como militar?", pergunta ele retoricamente. Ouvi a mesma pergunta de vários outros.

Seu Ditão também teme a família Bolsonaro, e por razões mais concretas: "As milícias estão aqui. Estou com medo."

Muito já se disse sobre os vínculos entre a família Bolsonaro e as milícias armadas, grupos paramilitares à margem lei que controlam grande parte das áreas pobres do Rio de Janeiro. Que tenham chegado aqui, ao interior de São Paulo, foi algo que me surpreendeu. Tento aprofundar-me, mas seu Ditão não quer mais falar sobre o assunto.

O desempenho eleitoral de Jair Bolsonaro em Eldorado é um retrato nítido de uma sociedade dividida. É comum nas eleições presidenciais no Brasil que todos os candidatos obtenham uma vitória esmagadora em seu município de origem. Em Eldorado, Bolsonaro recebeu 55% dos votos; seu oponente Fernando Haddad recebeu 45%.

---

40 Entrevista, Benedito Alves da Silva, Quilombo de Ivaporunduva, 11/nov/2021.

No distrito eleitoral do quilombo de Ivaporunduva, a divisão política é ainda mais evidente. Apenas 2% votaram em Bolsonaro. Indago a seu Ditão o porquê disso. Fico com a impressão de que a pergunta quase foi interpretada como uma provocação, já que a resposta era óbvia, mas seu Ditão mantém a serenidade.

"Ele é contra nós, é contra todos os quilombolas."

Seu Ditão acredita que o racismo não está sozinho nessa situação, mas caminha lado a lado com a disputa pela terra e pelos recursos: os grandes produtores de banana sempre cobiçaram o território quilombola a fim de aumentar sua área de produção. Um dos cunhados de Bolsonaro permite até hoje que seu gado paste ilegalmente numa gleba que pertence a outro quilombo, muitos anos depois de a terra ter sido concedida de direito aos quilombolas. Para seu Ditão, os moradores da cidade temem ser passados para trás. O quilombo de Ivaporunduva controla seu próprio território, as finanças estão equilibradas e as pessoas vivem bem. A proporção de pessoas com ensino superior é maior em Ivaporunduva do que no centro urbano. Essa conjunção de fatores pode ser interpretada como uma ameaça – tanto para a velha elite em Eldorado como para o restante do Brasil.

O presidente Jair Bolsonaro traz uma mágoa indisfarçável contra quilombolas, povos indígenas, parques nacionais e todos os outros tipos de áreas protegidas no Brasil. Chega a ser uma obsessão.

Exemplos não faltam. Em 2017, Bolsonaro afirmou que revogaria todos os territórios indígenas e quilombos se eleito presidente.[41] Talvez a frase mais reveladora da campanha eleitoral seja esta, de uma reunião em fevereiro de 2018 na cidade de Dourados, no Mato Grosso do Sul, estado que mais registrou conflitos violentos entre agricultores e indígenas nos últimos anos: "Se eu for eleito presidente, não haverá um centímetro a mais de território indígena."[42]

O presidente cumpriu sua promessa eleitoral. Até o momento, Bolsonaro é o único presidente desde a ditadura militar (1964-1985) que não reconheceu um único território indígena.[43]

Os motivos que levam a essa obsessão são muitos e complexos. Em parte, trata-se de uma luta por recursos e áreas, como conta seu Ditão. O presidente Bolsonaro acredita que a proteção dessas áreas, seja ela baseada em direitos humanos ou em valores naturais, é um desperdício, um capricho de que o Brasil jamais poderia dar-se o luxo. Ele argumenta que seria melhor destinar esses territórios para fins comerciais, como extração de madeira, mineração, geração de energia e agricultura.

Diante de qualquer ponderação – como, por exemplo, a de que os territórios indígenas protegem as florestas tropicais e evitam as emissões de gases de efeito estufa –, Bolsonaro rapidamente parte para o contra-ataque. Um país que "mata baleias" como a Noruega, como ele mesmo mencionou para mim no

---

41 https://congressoemfoco.uol.com.br/projeto-bula/reportagem/bolsonaro-quilombola-nao-serve-nem-para-procriar/

42 https://deolhonosruralistas.com.br/2018/02/08/nem-um-centimetro-mais-para-terras-indigenas-diz-bolsonaro/

43 https://brasil.elpais.com/brasil/2021-08-20/nem-um-centimetro-a-mais-para-os-indigenas-e-para-a-biodiversidade-no-brasil-de-bolsonaro.html

jardim do palácio da Alvorada, não tem credibilidade em questões ambientais. Líderes internacionais que defendem menos desmatamento na Amazônia estão apenas de olho nas riquezas do Brasil, portanto têm agendas ocultas e não podem ser levados a sério. Organizações não governamentais, brasileiras ou estrangeiras, "comandam o crime ambiental no Brasil"[44], conforme o presidente expressou na Assembleia das Nações Unidas, em 2020. As próprias organizações ambientalistas seriam, portanto, culpadas das ilegalidades que dizem combater.

Essa visão se baseia em numa concepção tacanha do desenvolvimento como crescimento econômico exclusivamente. O projeto de Bolsonaro de esgotar todos os recursos possíveis do País está a pleno vapor, independentemente das consequências para o meio ambiente e os direitos humanos. Ao mesmo tempo, ele é contrário a quaisquer medidas de proteção e preservação.

Mas não é apenas a luta por terras e recursos que está por trás da ira presidencial contra territórios indígenas e quilombolas. Bolsonaro tem uma visão muito antiquada dos vários grupos étnicos autóctones do Brasil. Trata-se, para ele, de cidadãos de segunda classe, que precisam ser assimilados para se tornarem iguais aos demais brasileiros. Seja como for, não deveriam ter "privilégios" diante de outros brasileiros, como cotas em universidades públicas. Mais de uma vez ele deu declarações a respeito disso que são puramente racistas.

---

44 https://www.dw.com/pt-br/na-onu-bolsonaro-ataca-ongs-e-critica-cobiça-estrangeira-pela-amazônia/a-55113089

O episódio mais infame ocorreu em 2017. Bolsonaro foi convidado para dar uma palestra na Hebraica do Rio de Janeiro, após o cancelamento de evento semelhante em São Paulo devido justamente aos polêmicos arroubos do palestrante. Bolsonaro terminou o evento do Rio sendo denunciado por racismo. Ele afirmou o seguinte:

"Fui num quilombo em Eldorado. O afrodescendente mais leve lá pesava umas sete arrobas. Não fazem nada! Eu não acho que nem para procriar eles servem mais."[45]

Possivelmente era a Ivaporunduva, o maior e mais famoso quilombo de Eldorado, que o então candidato à presidência se referia. Jair Bolsonaro nunca pôs os pés lá, assim como nunca visitou nenhum outro quilombo da região, segundo moradores locais. Essa mentira é, no entanto, o fator menos grave na declaração de Bolsonaro. "Sete arrobas" é uma expressão extremamente pejorativa. A arroba é uma antiga medida espanhola e portuguesa de volume, que no Brasil de hoje é usada no abate de suínos e bovinos. Jair Bolsonaro comparou, assim, os quilombolas a animais de corte, chamou-os de gordos e preguiçosos e acabou dizendo que não são nem aptos para a reprodução.

Tanto dona Aparecida quanto seu Ditão ainda se entristecem quando relembram o assunto. Dona Aparecida se sente humilhada, e seu Ditão interpreta a declaração como parte de um algo ainda maior: "Ele quer acabar com nós, pretos. Ele quer o fim dos povos indígenas e da diversidade."

45 https://congressoemfoco.uol.com.br/projeto-bula/reportagem/bolsonaro-quilombola-nao-serve-nem-para-procriar/

Bolsonaro foi condenado por racismo e multado em 50 mil reais, mas apelou e foi posteriormente absolvido por uma instância superior. O tribunal considerou que ele, como parlamentar, estava no gozo uso de sua liberdade de expressão e poderia dizer o que bem quisesse, mesmo que fosse uma ofensa grosseira. Mais tarde, Bolsonaro repetiu a frase das sete arrobas em várias ocasiões em tom de piada.[46]

Pode-se inferir que o conservadorismo, a desconfiança em relação a indígenas e quilombolas e o desprezo pelas áreas protegidas são traços que Bolsonaro adquiriu na juventude em Eldorado. Ali, e em muitos outros lugares do Brasil rural, características assim ainda prevalecem. O *espírito de garimpeiro* provavelmente tem origem na família e na cidade em que cresceu. A admiração pelas Forças Armadas também começou em Eldorado. Para um garoto de 15 anos que cresceu num vilarejo remoto, testemunhar uma operação militar contra Carlos Lamarca, com 3.000 homens, helicópteros, bombas de napalm, bloqueios de estradas e trocas de tiros ao lado da escola, deve ter sido uma experiência avassaladora.

Lamarca e seus sete companheiros conseguiram escapar do bloqueio na praça da cidade. Roubaram um carro e seguiram a leste pelas plantações de banana, mas poucos quilômetros depois depararam com outro bloqueio na estrada. Ali houve nova troca de tiros. Os guerrilheiros tinham armamento mais pesado e renderam os soldados. Fizeram refém o comandante, Alberto Mendes Junior, de 22 anos, e seguiram pelo mar

46 https://www.uol.com.br/eleicoes/2022/05/12/bolsonaro-faz-piada-com-apoiador-negro-tu-pesa-mais-de-sete-arrobas-ne.htm

de bananeiras. Um pouco mais tarde, decidiram eliminá-lo. Mataram Alberto com várias coronhadas no crânio, presumivelmente para evitar que o barulho de tiros pudesse denunciá-los, e o enterraram na mata.

Jair Bolsonaro cita esse episódio incontáveis vezes, em entrevistas, em palestras e em discursos no Congresso, e não hesita em acrescentar detalhes fictícios à história para que Lamarca transpareça como um torturador bárbaro: "E depois, como Lamarca não precisava mais dele, porque estava livre, já longe das tropas das Forças Armadas, submeteu-o a bárbaras torturas, em que inclusive foi obrigado a engolir os seus órgãos genitais, assassinando-o a coronhadas."[47] Nenhum dos documentos do próprio Exército sobre o caso menciona isso. O detalhe mórbido das genitálias provavelmente é produto da mente do próprio Bolsonaro.

Pouco mais de um ano depois, seria a vez de Carlos Lamarca pagar com a própria vida. Primeiro ele fugiu para o Rio de Janeiro, depois para a Bahia, tentando esconder-se no interior árido da Caatinga baiana, onde acabou sendo descoberto pelo regime militar. Após um mês de perseguição, foi capturado e morto com sete tiros. Jair Bolsonaro disse mais tarde que os militares "desperdiçaram balas demais com o Lamarca. Ele deveria ter sido morto a coronhadas".[48]

Poucos dias após a morte de Lamarca, o Departamento de Censura Federal em Brasília divulgou a seguinte mensagem:

---

47 https://www.bbc.com/portuguese/brasil-46845753

48 https://www1.folha.uol.com.br/fsp/1996/7/26/brasil/23.html

"Por decisão do Presidente da República, qualquer menção a Carlos Lamarca está proibida em todo o País a partir de hoje. Ressaltamos que qualquer referência a ele poderá ser deturpada e resultar na criação de mitos, criando assim uma imagem de mártir, o que prejudicará os interesses da segurança nacional."[49]

Nos meses que se seguiram à fuga de Lamarca, centenas de soldados ficaram estacionados em Eldorado e arredores. Ali, sua missão era garantir que os guerrilheiros não retornassem e que ninguém mais tentasse alguma peripécia. Além disso, os militares passaram a investigar se os guerrilheiros tinham recebido ajuda de algum morador local. Todas as pessoas que entrevistei em Eldorado e nasceram antes de 1970 conhecem alguém que foi investigado ou preso.

Foi ao longo desse período que o futuro presidente do Brasil teve sua atenção despertada para a caserna. O próprio Jair Bolsonaro diz que recebeu das mãos de um soldado na época um folheto sobre alistamento no Exército.[50] Um de seus professores na escola o incentivou, não porque apoiasse necessariamente a doutrina militar, mas porque as Forças Armadas eram uma carreira segura para um jovem da zona rural.[51] Ou, dito no estilo estridente do filho de Bolsonaro, Flávio, na biografia que escreveu do pai: "Foi assim que ele conheceu e se encantou com o Exército Brasileiro, quando em seu coração sentiu o desejo de servir seu país."[52]

---

49 Gaspari, Elio (2002, p. 58).

50 https://www.bbc.com/portuguese/brasil-46845753

51 Retrato Narrado *Bolsonaro* (2020).

52 Bolsonaro, Flávio (2017, p. 28).

CAPÍTULO 3:

O paraquedista

Em dezembro de 1973, um jovem Jair Bolsonaro entrou pelo portão lateral da Escola de Formação de Cadetes do Exército Brasileiro, a Academia Militar das Agulhas Negras (AMAN), no Rio de Janeiro, envergando um terno curto demais, emprestado de um tio que era uma cabeça mais baixo do que ele. Temendo deixar muito claro que lhe faltavam roupas finas em casa, ele arregaçou as mangas para que a camisa não ficasse muito aparente.[53] Na lista de matriculados constava o cadete 531 Bolsonaro com as seguintes informações:

Altura: 183 cm.

Raça/cor: branca.

Cor dos olhos: azul.

Tipo sanguíneo: O.[54]

A trajetória até ali não tinha sido simples. Depois de ter terminado o ensino médio em Eldorado, Bolsonaro se aventurou em direções diferentes. Iniciou um curso por correspondência de eletricista e outro de língua portuguesa. Inscreveu-se na Escola Preparatória de Cadetes do Exército (EsPCEx), obrigatória para a admissão na AMAN na sequência. Mas acima

53 Bolsonaro, Flávio (2017, p. 29).

54 Carvalho, Luiz Maklouf (2019).

de tudo ele queria jogar futebol. Em 1973, aos dezoito anos, terminou na equipe sênior de Eldorado, e então, quando estava para se matricular na EsPCEx, foi convidado para disputar um importante torneio pela equipe do circuito de Cajamar. Inconvenientemente, as partidas ocorriam ao mesmo tempo em que começavam as aulas – três viagens de ônibus e sessenta quilômetros de distância, na cidade de Campinas. Jair Bolsonaro preferia o futebol.

O pai, Geraldo, insistia na caserna. A se crer na biografia escrita por Flávio Bolsonaro, a conversa acabou aí: "Você vai para Campinas e esquece o futebol!"[55]

O pai fez valer sua vontade.

A década de 1970 é fatídica na história latino-americana. A maioria dos países da América do Sul eram ditaduras militares nessa época, mas o Brasil foi pioneiro: as Forças Armadas tomaram o poder no Brasil em 1964. A Argentina viria em seguida, em 1976.

Um dos principais argumentos dos generais era evitar que os países caíssem nas garras do comunismo. Para evitar que outros países sofressem o mesmo destino da Cuba de Fidel Castro, foi lançada a Operação Condor, uma colaboração liderada pelos EUA para vigiar, reprimir e torturar militantes de esquerda na América do Sul. A Europa estava dividida por uma Cortina de Ferro. A guerra no Vietnã caminhava para um desfecho. O mundo estava impregnado pela Guerra Fria.

55 Bolsonaro, Flávio (2017, p. 29).

Em 1973, o Brasil vivia o período mais violento da ditadura, os chamados *anos de chumbo*. É uma expressão que em português se presta a explicar bem o que aconteceu. Para a sociedade, havia o peso da repressão e a perseguição de qualquer oposição; para os opositores ao regime havia os projéteis feitos desse metal. As Forças Armadas brasileiras estavam divididas entre os linhas-duras, aqueles que queriam um regime militar ainda mais autoritário, e os oficiais mais democráticos, que queriam preparar o caminho de volta para um governo civil. Quem governava era a linha-dura, tendo na presidência o general Emílio Médici, que se celebrizou como o mais violento e intransigente de todos os presidentes da ditadura. Alguns anos antes disso, por meio do decreto AI-5, o regime havia fechado o Congresso com um golpe de caneta e suspendido as liberdades fundamentais e os direitos humanos. Muitos historiadores acreditam que isso foi um movimento radical e autoritário de direita, um "golpe dentro do golpe", para se contrapor aos integrantes mais moderados das Forças Armadas.

Bolsonaro teve um começo difícil na AMAN. Oriundo de uma escolinha de uma pequena cidade do interior, ele tinha lacunas em sua formação, especialmente em Matemática. A certa altura, ele foi para casa e disse ao pai, Geraldo, que queria desistir. Seu pai o convenceu a continuar olhando-o nos olhos, ergueu o braço e ameaçou dar-lhe uma surra.[56]

Os conceitos mais importantes que a escola de guerra tentava ensinar aos recrutas eram hierarquia

56 https://www1.folha.uol.com.br/poder/2018/11/salvei-o-negao-celso-boiola-da-morte.shtml

e disciplina. Os militares brasileiros se preocupam bastante em incutir uma forte identidade militar entre seus soldados, em oposição ao que afirmam ser uma identidade civil. O sociólogo brasileiro Celso Castro estuda os militares e suas relações com o restante da sociedade desde a década de 1980. Ele acredita que as Forças Armadas brasileiras veem o militar como um indivíduo mais valoroso do que o civil: "O militar se sente parte de um 'mundo' militar ou de um 'ambiente' militar superior ao 'mundo' governado pelos civis ou ao 'ambiente' civil: Os militares se consideram mais organizados, mais dedicados, mais patrióticos."[57]

As exigências da AMAN eram muitas. Academicamente, o curso de quatro anos corresponde a uma formação universitária e, além disso, é acompanhado pelo treinamento militar. Jair Bolsonaro se destacou numa área: esportes. Seu primeiro apelido no Exército foi *Palmito* por causa das pernas finas e brancas, mas acabou ficando conhecido como *Cavalão*, porque bufava ofegante quando corria. Nas disciplinas de orientação mais acadêmicas, ele se saía pior. A Psicologia e a Economia eram seu calcanhar de Aquiles.[58]

Após o terceiro ano na AMAN, os soldados tinham que escolher em que ramo do Exército prosseguir. Bolsonaro escolheu a Artilharia e acabou especializando-se como paraquedista. No Exército Brasileiro, os artilheiros são considerados os mais resistentes, e, dentro da Artilharia, os paraquedistas são uma categoria à parte. São considerados a elite, os mais durões e os mais coesos.

---

57 Castro, Celso (2009).

58 https://www.em.com.br/app/noticia/politica/2019/01/01/interna_politica,1017593/nos-tempos-de-cadete-bolsonaro-era-bom-atleta-e-medio-em-economia.shtml

O próprio Jair Bolsonaro costuma gabar-se da formação de paraquedista. Metade de seu próprio slogan político *Brasil acima de tudo* deriva do slogan dos paraquedistas. Muito antes da campanha para as eleições presidenciais de 2018, ele começou a utilizá--lo em contextos políticos, mas depois deu seu toque pessoal, acrescentando: *Deus acima de todos*.

Na AMAN, foram os linhas-duras, sobretudo os que estiveram envolvidos no combate à guerrilha, que acabaram exercendo maior influência sobre Bolsonaro. Na década de 1970, o Partido Comunista do Brasil (PCdoB) tentou formar grupos armados e persuadir a população a pegar em armas contra o regime para depois marchar sobre a capital, Brasília, seguindo a receita de Fidel Castro para o êxito em Cuba. Foi assim que surgiram as guerrilhas no Araguaia, um lugar remoto no coração do Brasil.

As coisas não correram nada bem. Após vários anos de preparação, o número de guerrilheiros não passava de uma centena de pessoas mal treinadas e mal equipadas, que não conseguiam mobilizar os moradores locais e, pior ainda, haviam sido descobertos.

No início, os guerrilheiros quase sem exceção conseguiram escapar, embora as forças militares contassem com enorme superioridade numérica. Somente após vigilância prolongada e com reforço das tropas de elite do País, os guerrilheiros foram derrotados. No total, a operação militar durou vários anos e mobilizou aviões, helicópteros e 5.000 soldados.[59] Alguns dos guerrilheiros perderam a vida em combate, mas a maioria foi capturada, torturada e depois morta. Me-

59 https://pt.wikipedia.org/wiki/Guerrilha_do_Araguaia

nos de vinte sobreviveram. Mais de cinquenta ainda estão desaparecidos, apesar de várias rodadas de buscas por seus restos mortais. Em 2009, o oficial que liderou a operação de Inteligência Militar no Araguaia admitiu que o Exército capturou 41 guerrilheiros e os executou.[60] A última fase militar contra a guerrilha no Araguaia tinha um nome revelador: "Operação Limpeza."

A doutrina na AMAN era fortemente influenciada pela preocupação com a guerrilha. Vários dos oficiais e instrutores haviam participado dos enfrentamentos, alguns certamente com uma ou mais vítimas fatais pesando na consciência. Estes eram considerados heróis pelos aspirantes. Metade do treinamento envolvia o combate à guerrilha na floresta. Muitos dos cadetes da AMAN da época dizem ter visto *slides* de guerrilheiros mortos do Araguaia.[61] Combater os guerrilheiros comunistas era considerada a missão mais honrosa que cabe a um soldado.

Os conflitos no Araguaia foram a maior operação das Forças Armadas brasileiras no século XX. Tudo ocorreu em solo brasileiro – contra cidadãos brasileiros. Segundo os militares da época, incluindo a liderança e os instrutores da AMAN, o maior perigo para a segurança da nação e o futuro do País eram alguns dos próprios cidadãos brasileiros: os "comunistas" e os "terroristas". Eles eram "inimigos internos".

A jornalista brasileira Carla Pires acredita que essa é a chave para entender a mentalidade de Jair

60 https://politica.estadao.com.br/noticias/geral,curio-abre-arquivo-e-revela-que-exercito-executou-41-no-araguaia,390566

61 https://www1.folha.uol.com.br/fsp/brasil/fc2607200906.htm

Bolsonaro: “Tem-se a impressão de que Bolsonaro ainda está convencido de que o Brasil trava uma luta sem fim contra inimigos internos.”[62]

Segundo Pires, essa é a razão pela qual Bolsonaro chama sistematicamente os críticos e as pessoas com opiniões diferentes das suas de “antipatrióticos” ou “gente que é contra o Brasil”. É por isso que ele se sente à vontade para dizer que os adversários políticos devem ser eliminados ou mortos, como na infame declaração que deu num palanque no Acre, na campanha eleitoral de 2018, dirigida ao Partido dos Trabalhadores: “Vamos acabar com a petezada aqui no Acre!”[63]

Acho que Carla Pires tem razão. A lógica da Guerra Fria foi determinante nos muitos anos de Bolsonaro como político e o é em seu primeiro mandato como presidente. Além disso, há muitos elementos indicando que a visão de mundo de Bolsonaro, dividida em amigos e inimigos – “se você não está comigo, está contra mim” – é algo que ele traz consigo desde sua passagem pelos quartéis.

O ódio pelos comunistas e guerrilheiros é outro aspecto que permanece em sua personalidade. No início dos anos 2000, quando as autoridades brasileiras organizaram uma operação para resgatar restos mortais dos guerrilheiros desaparecidos no Araguaia, Jair Bolsonaro pendurou um cartaz na porta de seu gabinete no Congresso. Dizia o texto: “Quem procura osso é cachorro.” Um dos seus primeiros atos como presidente foi encerrar as atividades do grupo de especia-

62 Retrato Narrado *Bolsonaro* (2020).

63 https://oglobo.globo.com/politica/campanha-confirma-video-em-que-bolsonaro-fala-em-fuzilar-petralhada-do-acre-foi-brincadeira-23033857

listas que tentava identificar ossadas de presos políticos e guerrilheiros executados durante a ditadura.[64]

Muitos dos críticos de Jair Bolsonaro afirmam que ele foi um soldado medíocre com problemas de conduta. Isso é apenas parcialmente verdade. O prontuário do cadete 531 Bolsonaro está repleto de méritos e elogios. As notas na AMAN foram acima da média. Nas atividades esportivas ele sempre se destacava. Um oficial o descreveu assim alguns anos depois de sua formação: "A atitude do aspirante Bolsonaro enche seus superiores de orgulho, e ele pode ser considerado um modelo para seus pares."[65]

Mas os elogios não tardariam a escassear. No prontuário de Bolsonaro como soldado profissional, sobressai a imagem de um suboficial irascível e ambicioso, carente de atenção e disposto a fazer de tudo para obtê-la – em vão. Os conflitos com seus superiores hierárquicos se repetiam. Um coronel o descreveu como agressivo e excessivamente preocupado em se realizar econômica e financeiramente. Além disso, o oficial acreditava que Bolsonaro sempre quis assumir uma posição de líder entre os suboficiais, mas jamais o conseguiu por "falta de lógica, racionalidade e equilíbrio na apresentação de seus argumentos".[66]

Jair Bolsonaro deixou o Exército de maneira trágica. Foi expulso. Ele mesmo diz que deixou o Exército

---

64 https://www.brasildefato.com.br/2019/04/22/bolsonaro-encerra-grupos--responsaveis-por-identificar-ossadas-de-vitimas-da-ditadura

65 https://www.poder360.com.br/opiniao/o-cadete-e-o-capitao-e-leitura--obrigatoria-para-decifrar-o-mito-diz-mario-rosa/

66 https://www1.folha.uol.com.br/poder/2017/05/1884332-bolsonaro-era-agressivo-e-tinha-excessiva-ambicao-diz-ficha-militar.shtml

a pedido; esta é também a versão corroborada na biografia escrita pelo primogênito, Flávio. Mas os arquivos militares e entrevistas com figuras-chave deixam claro que ele foi obrigado a pedir baixa. Havia-se tornado um estorvo.

Foram dois os motivos da expulsão, mas ambos estavam relacionados a uma verdadeira obsessão de Bolsonaro: o dinheiro.

Em 1986, Jair Bolsonaro escreveu à então maior revista semanal do Brasil, *Veja*, uma longa correspondência publicada na seção *Carta do Leitor*. No texto, dizia que os soldados faziam jus a soldos mais altos devido a longas jornadas de trabalho, exercícios frequentes, tarefas físicas pesadas e missões longe da família.[67] No Brasil de 1986, foi algo inédito. Em primeiro lugar, era (e ainda é) vedado a todos os militares da ativa fazer manifestações políticas. Em segundo lugar, ele não pediu permissão a seus superiores para enviar a correspondência à revista, numa clara violação hierárquica e disciplinar. Em terceiro lugar, o episódio se deu um ano após o fim da ditadura, quando era grande a preocupação de que as Forças Armadas ainda pudessem desafiar o novo comandante do Exército e o novo governo civil. Naquele novo Brasil democrático, pairava o medo de revoltas armadas, talvez até de um novo golpe.

Bolsonaro sabia que haveria confusão e deliberadamente deixou de informar a seus superiores. Ele recebeu 15 dias de detenção pelo ocorrido. O veredito

67 https://veja.abril.com.br/coluna/reveja/reveja-jair-bolsonaro-explosivo-desde-1986/

da comissão militar que examinou o caso afirma que se tratou de "grave violação" das normas e da hierarquia do Exército, que houve quebra da ética da instituição, que gerou inquietação na organização militar e que manchou tanto o Exército quanto a reputação dos próprios paraquedistas.[68]

Ao mesmo tempo, ele passou a ocupar o centro das atenções, tanto dentro das Forças Armadas quanto em outros setores da sociedade. Já aqui podemos ver o perfil dos militares apoiadores do futuro político Jair Bolsonaro. Ele teve a solidariedade e arregimentou o apoio de soldados e suboficiais, sua própria geração, mas esteve repetidamente em conflito com oficiais superiores e com o comando militar, um contexto que perduraria até que sua própria geração ascendesse ao generalato.

O segundo incidente, que encerraria definitivamente a carreira militar de Bolsonaro, foi ainda mais espetacular. Em 1987, a mesma *Veja* investigou rumores de rebelião em bases militares em todo o País. No Rio, a repórter Cássia Maria Rodrigues foi despachada para entrevistar o capitão que havia causado alvoroço na *Carta do Leitor* de um ano antes. Ela entrevistou Bolsonaro na casa de um colega militar, Fábio Passos, vulgo "Xerife". Terminada a entrevista formal, os dois militares contaram, sem que lhes tivesse sido perguntado, sobre um plano que tinham: queriam detonar bombas na AMAN, numa escola de oficiais no Rio e numa instalação de abastecimento d'água da cidade. Em 25 de outubro de 1987, a reportagem foi publicada:

68 Bolsonaro, Flávio (2017, p. 53).

Sem o menor constrangimento, Bolsonaro deu uma explicação detalhada de como construir uma bomba-relógio. [...] O plano dos oficiais foi elaborado para que não resultasse em vítimas. O objetivo era mostrar insatisfação com os soldos e criar problemas para o comandante do Exército, Leônidas Pires Gonçalves.[69]

Se a repercussão havia sido grande no ano anterior, agora uma grave crise estava instalada. Dois suboficiais planejando bombardear as próprias instalações do Exército e o abastecimento d'água do Rio de Janeiro em protesto contra seu próprio comandante? Era um ataque frontal tanto às Forças Armadas quanto às autoridades do País.

Convocado a se explicar aos comandantes militares, Bolsonaro negou que a reportagem era verdade. Partiu para o ataque contra a revista, afirmando que tudo era invenção, e disse que jamais se tinha encontrado com a jornalista. O chefe do Exército tomou a versão de Bolsonaro como verdadeira, acusou a *Veja* de mentir e garantiu que tinha o controle total da tropa.

Mas a revista tinha uma carta na manga, precisamente os dois desenhos que Bolsonaro havia rabiscado de próprio punho e entregue à jornalista Rodrigues. Um deles era um *croquis* do mapa da adutora e do ponto onde a bomba-relógio deveria ser instalada. O outro era um mapa da rua na qual residia Bolsonaro e o outro suboficial que protestava contra os baixos soldos. Os dois desenhos traziam anotações manuscri-

69 https://veja.abril.com.br/coluna/reveja/o-artigo-em-veja-e-a-prisao-de-bolsonaro-nos-anos-1980/

tas. A *Veja* publicou o *fac-símile* de ambos e revelou também que a repórter se havia encontrado com Bolsonaro em quatro ocasiões, três delas na companhia de terceiros que ratificavam esses encontros. A afirmação de Bolsonaro, de que eles nunca tinham estado juntos, estava desmentida cabalmente.

Bolsonaro negou ter feito os desenhos, versão que mantém até hoje. Era palavra contra palavra. A fim de esclarecer o caso definitivamente, o comando do Exército enviou o material a uma série de grafologistas e, com base no relatório que receberam, o comitê de ética do Exército Brasileiro concluiu por unanimidade que eram de autoria de Bolsonaro. Ele foi considerado culpado e expulso da Força.

Bolsonaro recorreu e acabou absolvido no Supremo Tribunal Militar, provavelmente num jogo de cartas marcadas.[70] O áudio do julgamento, divulgado mais tarde, indica que Bolsonaro foi absolvido para preservar a honra e a credibilidade da instituição. Condenar um oficial por ter elaborado um plano terrorista poderia comprometer a imagem das Forças Armadas perante a população. Mesmo assim, Bolsonaro teria que dizer adeus aos quartéis. Havia-se tornado *persona non grata* nas Forças Armadas brasileiras.

Além do veredito, há também o histórico militar de Bolsonaro, que traça uma imagem ainda mais precisa do jovem capitão. Em 1983, ele foi repreendido por ter ido à Bahia garimpar ouro, atividade proibida a quem não possui licença de lavra, algo que Bolsonaro não tinha. Também foi advertido por vender bolsas feitas de tecido de paraquedas; o tecido tinha

---

70 Carvalho, Luiz Maklouf (2019).

sido obviamente desviado de armazéns militares. Além disso, também pesavam contra o oficial rebelde diversas denúncias, por autoritarismo e humilhação aos subordinados.[71]

Bolsonaro e o "Xerife" Passos deram ao seu grande plano o nome de *Beco sem saída*. O resultado do julgamento – absolvição, mas expulsão – parecia à primeira vista um beco sem saída para o próprio Bolsonaro. O que um brioso capitão de 33 anos tinha para fazer da vida no Brasil em 1988? A democracia acabava de ser restabelecida. O prestígio dos militares estava no chão após 21 anos dc uma ditadura opressora, que legou ao País não apenas a maior dívida externa do mundo, mas a maior inflação do mundo.[72] Bolsonaro continuou fazendo cursos por correspondência. Como era um bom nadador e sabia mergulhar, foi convidado a limpar barcos na empresa de um conhecido. Seu trabalho seria lavar o casco de embarcações ancoradas no cais. Mas a resposta acabou sendo a política.

Por que Jair Bolsonaro entrou na política? A biografia, escrita por seu filho Flávio, não traz informações sobre isso, mas arriscaria dizer que foi um pouco de oportunismo, um tanto de sorte e muito do espírito aventureiro de garimpeiro de Eldorado. A família Bolsonaro nunca teve medo de embarcar em novas aventuras. A política parecia naquela época a oportunidade mais promissora, e ele lançou os dados. Nada indicava que seria um plano de longo prazo. Mas o que a biografia diz é que o próprio presidente atribui à repórter

---

71 Retrato Narrado *Bolsonaro* (2020).

72 Schwarcz, Lila M. & Heloisa M. Starling (2015).

da *Veja* Cássia Maria Rodrigues muito do crédito pelo seu sucesso. Dez anos depois da entrevista, por puro acaso, os dois se esbarraram num aeroporto. Bolsonaro não a reconheceu, então Rodrigues se apresentou e assumiu a autoria da matéria que o expusera, e expusera seus planos de explodir a cidade.

"Me expor? Que nada, você foi quem me projetou na política!", teria dito Bolsonaro.[73]

O projeto de atentado recebeu tanta atenção que Bolsonaro se tornou um rosto conhecido não apenas no Rio, mas em todo o Brasil. Para alguém que estava à caça de votos, não era exatamente um problema.

Perguntei a muitas pessoas o que Jair Bolsonaro tinha trazido dos militares para a política. Enquanto cientistas e acadêmicos fornecem respostas como a lógica da Guerra Fria, a dicotomia amigo-inimigo e um ressentimento basal em relação à esquerda,[74] os veteranos da AMAN jogam luz sobre outras hipóteses. Em Brasília, encontrei vários deles, e foi então que tive a sensação de ter chegado ao âmago do universo bolsonarista. Pela primeira vez, pude compreender um pouco do porquê do apoio cego ao ex-companheiro. Bolsonaro é percebido como um igual, como alguém do povo. Ele e seus seguidores são uma coisa só. Juntos, eles formam o Brasil, o Brasil do bem. Os outros não são apenas adversários políticos, são inimigos.[75]

---

73 Bolsonaro, Flávio (2017).

74 Lernier, Piero (2020).

75 Conversa com veteranos da Aman, Brasília, 20/nov/2021

Um dos veteranos da AMAN destacou o patriotismo e o amor pelo Brasil como traços característicos de Bolsonaro – em contraste com Lula, o PT e o restante da esquerda. Outros acreditam que valores como honestidade e união são algo que ele traz consigo do Exército, além do comportamento típico e do vocabulário e dos jargões militares. Ou, no dizer de um deles: "Bolsonaro é 90% AMAN e Exército."[76]

Um outro com quem conversei enfatizou a questão da hierarquia num contexto em que a Artilharia e a Cavalaria são consideradas as armas mais exigentes do Exército. "Na selva, nós somos os caras ali no chão, não é?" Ele repetiu termos como amizade, união, espírito de corpo, hierarquia e disciplina. Ali, eles aprendem a dar a vida pelo Brasil. Ele ilustrou o exemplo recordando a ocasião em que esteve num posto de fronteira em algum lugar remoto do Brasil e vislumbrou o país vizinho: "Na fronteira, o Brasil sou *eu*. Está no sangue. Bolsonaro tem isso no sangue também. Mas o PT e Lula não têm amor pelo Brasil."[77]

Jamais esquecerei a emoção em seu rosto. Ele disse tudo isso apertando a mão no meu ombro, nós dois estávamos sem máscara, era uma sensação um pouco constrangedora diante da pandemia de coronavírus. O olhar era intenso, a voz firme, porém embargada. Para mim ficou muito claro que aquele discurso emanava do coração.

Ainda mais importante para o político Bolsonaro foram os eleitores que seu tempo de caserna lhe rendeu. O contingente das Forças Armadas do Brasil

---

[76] Conversa com veteranos da Aman, Brasília, 20/nov/2021

[77] Conversa com veteranos da Aman, Brasília, 20/nov/2021

soma cerca de 400.000 pessoas. Computando-se familiares, amigos próximos e vizinhos, Bolsonaro tem acesso direto a milhões de eleitores regulamente habilitados para votar.

O número de militares no governo e no aparato estatal sob Jair Bolsonaro é maior até do que nos tempos da ditadura. Cerca de metade dos integrantes do governo Bolsonaro tem formação nas Forças Armadas. Os ministros mais íntimos do palácio presidencial são oriundos do Exército ou da PM.

Mais de 6.000 militares foram alocados em cargos civis no serviço público. É mais que o dobro da gestão Temer e seis vezes mais do que havia no primeiro mandato do presidente Lula, no início dos anos 2000.[78]

Os militares ocupam não apenas cargos administrativos, mas também a alta direção da gigante petrolífera Petrobras, da Eletrobras, dos Correios, da Anvisa e da segunda maior hidrelétrica do mundo, Itaipu, na fronteira entre Brasil e Paraguai.

A passagem de Bolsonaro pelas Forças Armadas também lhes rendeu grandes benefícios. A despeito do drástico corte de gastos em quase todos os setores, o orçamento militar também aumentou com o ex-capitão na presidência. Aquisições de vulto de longo prazo, como de quatro navios de guerra no valor de bilhões de reais, foram contratadas. Soldados e oficiais tiveram aumento e preservaram direitos previdenciários que foram cortados dos demais funcionários públicos.

---

78 https://english.elpais.com/usa/2021-07-23/the-bolsonaro-playbook-how-to-dismantle-a-democracy-in-slow-motion.html

As Polícias Militares também se beneficiaram dessas vantagens, mesmo sendo juridicamente subordinadas aos 27 estados brasileiros.

"Qual é exatamente o problema de ter mais militares no governo?", costumam argumentar os bolsonaristas. O pensamento que os norteia parece ser este: a política de hoje é um antro de corrupção, uma atividade marcada pelas compra e venda de votos e pelo tráfico de influência. Os militares são neutros, não se atêm a ideologias nem a partidarismo. Só se preocupam com o melhor para o País e são mais competentes que os políticos e burocratas comuns. O Brasil precisa deles para limpar essa bagunça.

Essa maneira de pensar encontra grande ressonância na população. Em pesquisas de opinião, as Forças Armadas aparecem entre as instituições de maior confiança do País. As instituições em que as pessoas menos acreditam são os partidos políticos e o Congresso.[79,80]

O baixo nível de confiança no sistema político significa que muitos brasileiros estão abertos à ideia de que um governo militar ou autoritário pode ser uma boa ideia. A cada ano, o chileno Latinobarómetro examina o apoio popular à democracia e à política em 18 países da América Latina. O relatório de 2021 mostra que 49% estão satisfeitos com um governo democrático, enquanto 13% apoiariam um regime autoritário.[81] Esta

---

79 https://www1.folha.uol.com.br/poder/2021/09/datafolha-cai-confianca-da-populacao-nas-instituicoes-e-nos-tres-poderes.shtml?origin=folha

80 Ramos, Luciana de Oliveira et al. (2021).

81 Latinobarómetro (2021).

é a média para toda a América Latina. Quando se analisam os números por país, e num intervalo de tempo mais dilatado, surgem diferenças interessantes. A tendência é que, quanto maior a crise política e econômica de um país, menor o apoio à democracia.

No Brasil, 40% da população está feliz com o regime democrático, e pontua em quinto lugar na América Latina. Apenas 11% apoiariam um regime autoritário, e aqui o País situa-se na média da região. Mas 36% dos brasileiros dizem que tanto faz, que não se importam em viver num regime democrático ou autoritário, e neste caso o Brasil pontua em quarto lugar entre os 18 países pesquisados. A socióloga Marta Lagos, diretora do Latinobarómetro, faz um alerta contra essa postura. A indiferença das pessoas é perigosa, afirma ela, e pode "abrir espaço para regimes populistas e autoritários".[82]

A impressão dos apoiadores de Bolsonaro de que a política é corrupta, caracterizada pela compra e venda de votos e influência, é parcialmente verdadeira. Claro está que nem todos os políticos e partidos são corruptos. Tampouco a atividade política é corrupta assim em todos os lugares. Já a ideia de que os militares são tecnocratas neutros que só querem o melhor para o País é um puro e simples disparate. Muitos dos oficiais atualmente em cargos políticos e administrativos encarnam um projeto de direita radical, autoritário e profundamente ideológico. Militares ocupando cargos civis não são necessariamente mais compe-

82 https://www1.folha.uol.com.br/mundo/2021/10/indiferenca-com-democracia-abre-espaco-para-autoritarismo-na-america-latina-diz-pesquisa.shtml

tentes – pode muito bem ser o contrário. Além disso, muitos dos oficiais na cúpula de cargos políticos manifestam características claramente antidemocráticas.

Um exemplo é o general Augusto Heleno. Ele é um dos aliados mais íntimos do presidente, está entre os oficiais mais condecorados do Brasil, e ocupa o gabinete de Segurança Institucional, um cargo equivalente a um ministério. É, assim, o assessor mais próximo do presidente em questões de defesa e segurança. Ainda durante a ditadura militar, ele era conhecido por ser um linha-dura, contrário ao restabelecimento da democracia.[83] Defendeu repetidas vezes o golpe militar e, mais recentemente, em 2019, manifestou apoio à ideia de que o Brasil precisava de um novo AI-5, isto é, o decreto que fechou o Congresso e consolidou o Brasil como uma ditadura militar brutal. A sugestão partiu do próprio filho do presidente, Eduardo.[84]

Outro exemplo é o vice-presidente, general da reserva Hamilton Mourão. Em 2015, ele foi forçado a renunciar ao cargo de comandante do Exército no Sul do Brasil depois de ter feito críticas públicas à então presidente Dilma Rousseff.[85] Foi deslocado para um cargo burocrático em Brasília, onde continuou gerando polêmicas ao defender abertamente a intervenção militar para resolver entraves políticos.[86] Recentemente, elogiou o torturador mais notório da ditadura,

83 https://pt.wikipedia.org/wiki/Augusto_Heleno

84 Oyama, Thaís (2020).

85 https://oglobo.globo.com/brasil/ministerio-da-defesa-exonera-general-que-criticou-governo-17918775

86 https://valor.globo.com/politica/noticia/2018/08/05/mourao-defendeu-intervencao-militar-para-resolver-crise-politica.ghtml

Carlos Alberto Brilhante Ustra – nas palavras de Mourão, "um homem honrado".[87]

Portanto, não é de um corte transversal de oficiais que o presidente Bolsonaro se cerca, mas de falcões e linhas-duras. Eles parecem compartilhar a visão do presidente de que a democracia seria algo instável e inferior, enquanto o regime autoritário militar lhes é mais palatável.

Não são esses indivíduos e suas atitudes, contudo, o fator de maior preocupação, mas o projeto que eles lideram e os interesses por trás dele. No curto prazo, é importante garantir que as Forças Armadas continuem a ter grandes recursos e poder político significativo. Num nível mais profundo, é importante construir uma sociedade conservadora e autoritária, se necessário com a ajuda de um regime militar.

Após a queda da ditadura em 1985, os militares perderam poder, prestígio e cargos. Foi um processo lento e custoso, que esbarrou na resistência ferrenha dos próprios militares. Uma das exigências do regime militar para que renunciassem ao poder era uma lei de anistia que absolvesse todos os soldados e oficiais que tivessem cometido crimes, incluindo tortura e assassinato. A Lei da Anistia ainda está vigente, apesar das tentativas de vários governos de revogá-la ou ajustá-la.

Durante a promulgação da nova Constituição, em 1988, os militares vetaram uma reforma agrária mais ampla, e as Forças Armadas mantiveram a cláusula que diz que elas podem ser empregadas para agir internamente, caso sejam convocadas pelo governo.

87 Oyama, Thaís (2020).

Era justamente a este parágrafo constitucional, de número 142, a que Bolsonaro se referia num discurso na tribuna do Congresso, em 1999:

> "A Constituição de hoje garante a intervenção das Forças Armadas para manter a lei e a ordem. Eu digo sim, sim a uma ditadura, a um regime de exceção, quando este Congresso dá mais um passo em direção ao abismo, que, no meu entender, é iminente."[88]

Somente em 1999 o Brasil teve seu próprio Ministério da Defesa. Antes disso, os chefes do Exército, da Marinha e da Aeronáutica serviram como ministros em todos os governos brasileiros.[89] Em 2012, quando a presidente Dilma Rousseff criou a Comissão Nacional da Verdade para investigar as violações de direitos humanos pelo Estado brasileiro no período 1946-1988, houve fortes objeções dos militares. Vários oficiais superiores protestaram tão veementemente que foram exonerados de seus postos. Na política, houve um homem que assumiu a função de porta-voz dos militares: Jair Bolsonaro. Depois disso, sua relação com os generais começou de fato a melhorar.

Os militares brasileiros nunca abandonaram o desejo de governar o País.[90] Muitos acreditam que agora, com Bolsonaro no poder, as Forças Armadas

---

88 https://www1.folha.uol.com.br/poder/2018/06/nos-anos-90-bolsonaro--defendeu-novo-golpe-militar-e-guerra.shtml

89 Medeiros Passos, Anaís (2021).

90 Leirner, Piero (2020).

brasileiras têm diante de si o cenário com o qual sempre sonharam. Grande parte das elites brasileiras parece pensar que também é do seu interesse, pelo menos no curto prazo, deixar que os militares assumam o volante. Isso garantiria uma pretensa estabilidade.[91]

Outros acreditam que o próprio termo "governo Bolsonaro" está errado. O coronel aposentado Marcelo Pimentel, também graduado pela AMAN, é um dos que falam abertamente sobre como os interesses militares governam o Brasil em segredo. Ele reluta em usar a expressão "governo Bolsonaro". Prefere dizer "governo de generais do partido militar que manipulam o presidente, com seu consentimento e participação, e exercem o controle do aparato estatal direta e indiretamente".[92]

Esse partido militar não é uma agremiação política comum, segundo Pimentel. É um grupo de oficiais fortemente coeso, disciplinado e hierarquizado, tanto da ativa como da reserva, com traços autoritários e claras ambições de poder político. Seu núcleo seria um grupo de generais que deixaram a AMAN na década de 1970.

A ideia de um partido militar é controversa. A maioria dos estudiosos da presença política dos militares na política prefere mencionar uma rede de influência, contatos pessoais e uma comunidade ideológica mais ampla.

Roberth Eickhoff é um general de duas estrelas do Exército brasileiro, atualmente lotado no Ministé-

---

91 Medeiros Passos, Anaís (2021).

92 https://www.cartacapital.com.br/politica/o-brasil-e-refem-do-partido-militar-diz-coronel-reformado/

rio da Defesa. Eu o encontrei em Brasília para saber mais sobre a relação do presidente Bolsonaro com as Forças Armadas. Ele diz que conhece Pimentel, e que suas alegações carecem de fundamento: "É coisa da cabeça dele."

No entanto, pela primeira vez desde o fim da ditadura militar na década de 1980, está sendo aventada a possibilidade real de um novo golpe militar no Brasil. Poucas pessoas temem um movimento armado à moda antiga, com tropas e tanques nas ruas. Apesar de uma série de golpes e tentativas de golpe na América Latina nas últimas décadas, como em Honduras, em 2009, e no Equador, em 2010, a tendência é de que os militares retornem ao poder por meio de eleições e vínculos estreitos com regimes autoritários. Já em 2015, três anos antes da eleição de Bolsonaro, a cientista política e ex-assessora do Ministério da Defesa argentino Rut Diamint observou que há hoje novas formas de poder militar na América Latina. As Forças Armadas já não tomam o poder por meio de golpes, mas "da concessão desse poder pelo presidente no exercício do cargo".[93] Isso vale tanto para regimes de direita, como Colômbia e Honduras, quanto para regimes de esquerda, como Nicarágua e Venezuela.

O coronel reformado Marcelo Pimentel acredita que, para os militares brasileiros, a ideia de um golpe é algo absolutamente supérfluo:

"Os generais devem estar pensando, naturalmente: para que uma ditadura se já temos o poder?"[94]

93 Diamint, Rut (2015).

94 https://www.cartacapital.com.br/politica/o-brasil-e-refem-do-partido-militar-diz-coronel-reformado/

Todas as democracias modernas são construídas em torno do princípio da repartição entre poderes, conforme enunciou o filósofo francês Montesquieu ainda no século XVIII. A razão para isso é a percepção de que o poder corrompe, e aqueles que o detêm tendem a abusar dele. Montesquieu, portanto, acreditava que era melhor dividir as instâncias de poder do Estado de modo que uma viesse a contrabalançar a outra. O resultado foi o sistema de tríplice divisão entre Legislativo, Executivo e Judiciário,[95] tal como o conhecemos também na Noruega.

As Forças Armadas do Brasil compreendem essa divisão de maneira um pouco diferente. Eles não rejeitam o princípio da distribuição de poder, mas acreditam que os militares são um quarto poder "moderador", equiparado aos demais, que pode e deve intervir quando os outros não estão fazendo seu trabalho direito. Várias figuras influentes no atual governo, desde o presidente até os ministros com formação militar, defendem essa visão enviesada e antidemocrática do Estado de Direito. Não cabe aos militares avaliar se o Executivo, o Legislativo ou o Judiciário estão fazendo um bom trabalho, ou o atalho para um golpe militar estará dado.

A pedra angular de qualquer democracia é o controle civil sobre os militares. É o povo, por meio de seus representantes eleitos, quem deve liderar as Forças Armadas, e não o contrário. Cabe aos militares defender as fronteiras e a integridade do território, não governar o País ou se insurgir contra seu próprio povo. A própria Carta Magna do Brasil estipula isso

95 Thorsen, Dag Einar (2022).

textualmente em seu artigo 142. A Constituição também afirma que as Forças Armadas devem "garantir a lei e a ordem", mas apenas a pedido do governo civil. A interpretação de Bolsonaro de que o texto legal dá aos militares a oportunidade de intervir quando julgarem necessário é rejeitada por especialistas constitucionais brasileiros.[96] Também é inconstitucional um presidente mobilizar militares contra o Supremo Tribunal Federal, como Bolsonaro ameaçou fazer.[97]

De 1964 a 1985, o Brasil foi uma ditadura militar clássica. Mas, Jair Bolsonaro, setores do comando militar e muitos políticos de extrema direita acreditam que nunca houve golpe militar no Brasil. Tratou-se de uma tomada de poder legítima. Em vez de golpe, *Revolução de 64* é a maneira como se referem à efeméride.

O general Roberth Eickhoff tenta convencer-me de que se tratou na verdade de uma contrarrevolução. A esquerda já teria tomado o poder numa revolução, afirma ele, e "todos" os brasileiros apoiaram quando os militares tomaram as ruas: a igreja, a imprensa, os sindicatos, o povo. Tampouco foi uma ditadura, diferente do que afirma a esquerda. O argumento de Eickhoff é que o Brasil não teve um ditador como o Chile de Pinochet, por exemplo. "Aqui vários generais governaram, cada um durante quatro anos. Alternância de poder."[98]

Uma contradição interessante entre muitos dos partidários mais extremistas da ditadura é de que o

---

96 Entrevista, Diego W. Arguelhes, São Paulo, 9/nov/2021.

97 https://www.cartacapital.com.br/politica/o-brasil-e-refem-do-partido-militar-diz-coronel-reformado/

98 Entrevista, Roberth Eickhoff, Brasília, 30/abr/2022.

regime, que para eles não era uma ditadura, assassinou poucas pessoas. Até o presidente Bolsonaro lamentou que a ditadura tenha apenas prendido e torturado adversários políticos em vez de ter "matado mais gente".[99] Um dos veteranos da AMAN me saiu com a seguinte frase: "Quantos foram mortos durante a Revolução de 64? Quatrocentos e sessenta e quatro pessoas. No Chile foram 15.000, na Argentina 5.000. Então aqui foram muito poucos; não funcionou. Hoje teríamos que matar um milhão."[100]

Algo começou a fermentar em 2012 nos meios militares brasileiros, indignados com a Comissão da Verdade que investigaria os abusos do regime militar contra a população. Os líderes das Forças Armadas permaneceram leais à decisão política de criar a comissão, mas no fundo a insatisfação era enorme. Muitos militares protestaram e não foram ouvidos. No entanto, havia uma percepção nascente nas Forças Armadas de que a situação estava tornando-se insustentável. Com a Comissão da Verdade, a esquerda e o PT, então no poder, cruzaram uma linha vermelha.

Em 2013, algo começou a fermentar também na sociedade civil. Uma nova onda de manifestações de rua tomou corpo. As pessoas exigiam transporte público mais barato, protestavam contra a corrupção, a violência, as Olimpíadas e a Copa do Mundo de Futebol. Gradualmente, os manifestantes se voltaram contra a

---

99 https://www1.folha.com.br/poder/2019/03/veja-10-frases-polemicas-de-bolsonaro-sobre-o-golpe-de-1964-e-a-ditadura-militar.shtml

100 Conversa com veteranos da Aman, Brasília, 20/nov/2021.

então presidente Dilma Rousseff e o PT.[101] As manifestações deixaram de ser monopolizadas pela esquerda tradicional, ou seja, sindicatos, partidos políticos e movimentos sociais. Então, organizações novas e desconhecidas como o *Movimento Brasil Livre, Vem pra Rua* e *Revoltados On Line* passaram a deter maior poder de mobilização, por meio das redes sociais.[102] Não demorou para que cartazes pedindo "Intervenção militar já!" começassem a surgir nos protestos. A nova direita brasileira ganhou as ruas. Foi assim que foram sedimentados dois pilares do fenômeno Jair Bolsonaro: ele finalmente readquiriu a confiança dos generais, e uma nova direita ativista passou a enxergar o ex-capitão como possível candidato.

O teste final do real poder e da ligação de Bolsonaro com os militares é o que acontecerá no dia em que ele, ou um candidato semelhante, perder uma eleição presidencial. O ranço autoritário persistirá? As Forças Armadas aceitarão cortes orçamentários? Os 6.000 militares empregados no serviço público concordarão em ser exonerados de seus respectivos cargos? Os bolsonaristas recorrerão à violência, a exemplo do que ocorreu durante a invasão do Congresso dos EUA, em janeiro de 2021?

O general Roberth Eickhoff não se deixa abalar. Ele considera absurda a hipótese de que os militares do aparato estatal não concordarão em retornar à caserna. Tampouco está preocupado com tumultos vio-

101 Leira, Torkjell (2014).

102 https://piaui.folha.uol.com.br/o-ostracismo-do-maior-revoltado-online/

lentos se Bolsonaro perder a eleição: "Eu escolho acreditar que somos um povo mais pacífico."[103]

Ao mesmo tempo, não há dúvida de que há muitos brasileiros dispostos a fazer um grande esforço para defender o homem que consideram o redentor do Brasil. Um deles é um dos veteranos da AMAN com quem conversei. Ele foi inclemente: "Se o filho da puta barbudo [Lula] voltar com os amigos do MST [Movimento dos Sem-Terra] e do MTST [Movimento dos Sem-Teto], eu vou acabar com eles."[104]

103 Entrevista, Roberth Eickhoff, Brasília, 30/abr/2022.

104 Conversa com veteranos da Aman, Brasília, 20/nov/2021.

CAPÍTULO 4:

Um homem de família

O *Quiosque do Naná* fica no meio de coqueiros e arbustos verdejantes na orla da praia da Barra da Tijuca, no Rio de Janeiro. De onde estou sentado, tenho uma vista privilegiada da areia branca e do mar azul, que se vai tingindo de um tom de laranja conforme o sol se põe no horizonte. Atrás de mim, do outro lado da pista de quatro rolamentos, erguem-se maciços edifícios de apartamentos de quinze ou vinte andares. Em meio a eles, um único terreno de construções baixas abre um enorme vão entre a fileira de prédios. É o condomínio fechado Vivendas da Barra, de casas assobradadas e jardins bem cuidados. É nele que mora Jair Bolsonaro.

"Você está gravando? Seu relógio grava? O celular grava?"[105]

É Naná quem pergunta, um tanto ressabiado. Asseguro ao dono do bar que não estou gravando nada e a desconfiança que ele demonstrou inicialmente desaparece. Pergunto sobre o presidente.

"Bolsonaro me fez ficar rico!"

Antes, Bolsonaro sempre fazia uma pausa no quiosque da praia quando estava em casa no Rio, nos finais de semana de folga de Brasília. Sempre bebia

---

105 Conversa com Naná, Rio de Janeiro, 17/nov/2021.

água de coco e nada mais. Naná me mostra no celular uma foto dele abraçado com Bolsonaro, que segura um coco. Gente de todo o Brasil vem aqui tirar fotos de Naná e de seu quiosque. Quando o presidente está em casa, às vezes dá uma passadinha por ali, e então o lugar enche.

"Da última vez estava lotado isto aqui, polícia na rua e um helicóptero sobrevoando. Foi maravilhoso!"

Naná me conta de um homem simpático e agradável, um sujeito que passeia pela praia, vai à padaria, ao açougue, toma um café na praça, o tipo de pessoa que conversa com todo mundo. Mas ele está sempre sozinho. A família nunca o acompanha.

Janine e Paulo, dois clientes habituais do quiosque, atestam a simpatia do presidente. Eles são amigos, têm entre 40 e 50 anos e moram em condomínios do outro lado da rua. Acabam de vir do frescobol e agora estão sentados numa mesa ao lado da minha. Janine apanha o celular: "Olha aqui! Falei com ele no shopping center."[106]

O Barra Shopping é um dos maiores e mais populares shoppings do Rio. A foto mostra Janine e Jair Bolsonaro abraçados e sorrindo animadamente para a câmera.

Ele é como você e eu, explica Janine. Uma pessoa comum, que fala exatamente como a gente. Ela admite que ele até diz coisas que um presidente não deveria dizer, que fala palavrões demais, mas isso só o faz parecer mais honesto.

106 Conversa com Janine, Rio de Janeiro, 17/nov/2021.

"Mas o que você acha de ele dizer tantas coisas depreciativas sobre as mulheres?", pergunto eu, tendo em mente em episódio notório ocorrido nos corredores do Congresso. Numa discussão com a deputada Maria do Rosário, do PT, Bolsonaro disse que não a estupraria porque ela não merecia. Mais tarde, declarou à imprensa que Rosário não merecia ser estuprada porque era muito feia, e depois repetiu a frase na tribuna do Congresso. Foi então denunciado e multado em 15 mil reais.[107] Bolsonaro também já disse que as mulheres não deveriam ganhar o mesmo que os homens, e que ele mesmo não contrataria mulheres, pois engravidam o tempo todo.[108]

"Ele só diz o que quase todos os homens do Brasil pensam", responde Janine, confirmando algo que eu havia começado a suspeitar. Imaginava que as declarações preconceituosas e desdenhosas de Bolsonaro poderiam afugentar eleitores, mas agora constato que, para algumas pessoas, é justamente o contrário. Muitos de seus apoiadores acreditam que os insultos provam que ele é autêntico, e não falso e mentiroso como outros políticos. Dessa forma, a retórica de ódio de Bolsonaro se converte em motivo para votar nele, mesmo que as pessoas não concordem necessariamente com o que ele diz.

A primeira vez que Jair Bolsonaro concorreu a um cargo eletivo foi em 1988, como candidato a vereador pelo Rio de Janeiro, quando tinha acabado de ser expulso do Exército.

---

107 https://congressoemfoco.uol.com.br/projeto-bula/reportagem/stj-confirma-condenacao-e-aplica-multa-de-r-10-mil-a-bolsonaro-por-ofensa-a-maria-do-rosario/

108 Rede TV (2016).

No início daquele ano, entrou em vigor a nova Constituição brasileira. Inspirada na luta contra a ditadura militar, foi uma Constituição progressista, fortemente influenciada pelas aspirações de liberdade e pelo respeito aos direitos humanos. O trabalho da Assembleia Constituinte resultou num ligeiro atraso no calendário eleitoral daquele ano. Como Bolsonaro estava ocupado defendendo-se da acusação de planejar o atentado a bomba, quase não conseguiu registrar-se como candidato a tempo. Na biografia, o filho Flávio atribuiu isso a razões alheias à burocracia eleitoral: "Só pode ter sido Deus, não é verdade?"[109]

No Brasil, os votos são computados por candidato, não por partido. Os partidos, portanto, apostam as fichas em candidatos majoritários, e especialmente em políticos famosos e celebridades, os famosos "puxadores de votos". Se terminarem a eleição bem votados, o sistema eleitoral brasileiro permite que transfiram votos para outros candidatos mais desconhecidos do mesmo partido. A desvantagem para os candidatos pequenos e desconhecidos é que eles são largados à própria sorte na batalha pelos eleitores.

Bolsonaro concorreu pelo Partido Democrata Cristão (PDC), inexpressiva agremiação que ocupa a centro-direita do espectro ideológico. Sua campanha eleitoral foi amadora, o orçamento, mínimo. Numa época anterior à internet e às mídias sociais, o grosso do dinheiro era usado para produzir material de campanha impresso (cartazes, folhetos, camisetas, adesivos etc.) e para custear a gasolina da locomoção do candidato. O comando da campanha fez uma escolha

109 Bolsonaro, Flávio (2017, p. 63).

determinante: dirigir-se exclusivamente ao público-alvo. A propaganda eleitoral de Jair Bolsonaro concentrou-se inteiramente em soldados, oficiais e suas famílias, uma estratégia nada trivial num país em que a atividade política é vedada aos militares e os membros das Forças Armadas não podem se intrometer em política.

Valdir Ferraz é um dos aliados mais antigos de Bolsonaro. Hoje, ele é ativo em centenas de grupos de WhatsApp de apoio ao presidente, mas em 1988 ajudava a distribuir panfletos e santinhos de papel com o retrato e o número de Bolsonaro. Não tinham dinheiro para custear gráficas: imprimiam o material em folhas A4 e as recortavam com tesoura. Num assomo de criatividade, até uma pipa eleitoral foi empinada da varanda da casa de Ferraz. Como seu apartamento ficava próximo a um quartel, ele teve a ideia de amarrar uma pilha de santinhos no rabo da pipa, esperou o vento soprar na direção certa e pacientemente manobrou até poder soltá-la dentro do quartel.[110]

Noutras ocasiões, Valdir e Jair se infiltravam em grandes conjuntos de apartamentos no bairro da Urca, onde moravam apenas militares e seus familiares. Enquanto um entretinha o porteiro, o outro passava sorrateiramente e enfiava os panfletos debaixo das portas de todos os apartamentos. Valdir foi preso várias vezes por fazer campanha eleitoral ilegal em alojamentos militares.

Outro método inventivo era colar cartazes nas traseiras dos ônibus, resultando numa publicidade móvel de grande visibilidade até que alguém decidisse

110 Retrato Narrado *Bolsonaro* (2020).

arrancá-los dali. Bolsonaro certa vez fingiu uma pane em seu carro no meio da ponte Rio-Niterói, de 13 quilômetros de extensão. A falsa pane gerou um engarrafamento quilométrico, mas lhe deu tempo de sobra para distribuir panfletos a militares da Marinha que cruzavam a ponte.

Jair Bolsonaro acabou sendo eleito vereador pelo Rio de Janeiro com 11.000 votos. Dos 50 vereadores, acabou 16.o – nada mal para uma estreia eleitoral. De longe o maior número de votos veio da Vila Militar, o bairro com maior proporção de soldados.

Flávio Bolsonaro também atribui a Deus esse bom resultado. Na verdade, seu pai deveria ter-se candidatado pelo Partido do Movimento Democrático Brasileiro (PMDB), mas não compareceu à reunião na noite em que deveria filiar-se ao partido, e acabou filiando-se ao PDC. O resultado da apuração mostrou que, mesmo com os 11.000 votos recebidos, Bolsonaro não teria conseguido uma cadeira na Câmara se tivesse concorrido pelo MDB.[111]

Na mídia, a expressiva votação de Bolsonaro chamou a atenção. O maior jornal carioca, *O Globo*, atribuiu o bom desempenho não a Deus, mas ao plano de bombardear a cidade um ano antes. A manchete dizia: "Bolsonaro: uma explosão de votos."[112]

Como vereador, Bolsonaro demonstrou ter inapetência e pouca habilidade política. O mandato foi usado principalmente para dar visibilidade a "questões militares", segundo a biografia escrita pelo filho.

---

111 Bolsonaro, Flávio (2017, s. 72).

112 Retrato Narrado *Bolsonaro* (2020).

O político recém-eleito ausentava-se dos debates, não defendia causas nem apresentava propostas.

Bolsonaro parecia mais preocupado em causar comoção além dos muros da Câmara Municipal. Segundo a biografia escrita por Flávio, ele teria invadido o departamento financeiro da Câmara e exigido cópia da folha de pagamentos, pois suspeitava que os vereadores tinham funcionários fantasmas e desviavam o dinheiro das verbas de gabinete. No Brasil, esses esquemas ficaram conhecidos como *rachadinha* e, anos depois, viriam assombrar a família Bolsonaro. Ao protestar na tesouraria da Câmara, em 1989, Bolsonaro estava tão alterado que os funcionários assustados chamaram a polícia.[113] O caso ganhou as manchetes de todos os jornais do dia seguinte. E o objetivo era exatamente esse. Bolsonaro queria chamar a atenção. De que maneira, pouco importava.

A política municipal não é exatamente o foro para decidir questões militares. Em 1990, houve eleições para o Congresso e Jair Bolsonaro estava pronto para seguir em frente.

O estado do Rio de Janeiro consiste em 92 municípios e tem uma população três vezes maior que a cidade do Rio de Janeiro. Jair concorreu novamente pelo Partido Democrata Cristão (PDC). A exemplo da campanha municipal, dois anos antes, o orçamento era exíguo e, novamente, a solução foi concentrar-se em prioridades. A campanha eleitoral ocorreu quase que exclusivamente na Vila Militar, no município do Rio de Janeiro, e no município de Resende, sede da AMAN, onde Jair Bolsonaro se formara 13 anos antes.

113 Bolsonaro, Flávio (2017, p. 76).

Bolsonaro teve 67.000 votos, a maioria em distritos eleitorais de Resende e da Vila Militar.[114] Seu caminho para Brasília estava pavimentado.

A capital do Brasil foi inaugurada oficialmente em 1960 por Juscelino Kubitschek, um presidente eleito democraticamente com a promessa de concretizar um antigo sonho brasileiro: construir uma nova e moderna capital no interior do País. A colonização do Brasil por Portugal a partir do início do século XVI ocorreu quase exclusivamente numa extensa, porém estreita, faixa litorânea. Depois de o País ter-se declarado independente, em 1822, o desenvolvimento econômico continuou concentrado na metade sul do território. Uma nova capital funcionaria como um catalisador para o desenvolvimento de todo o País, inclusive da Amazônia. Brasília, que se tornaria realidade, era apenas um dos vários planos grandiloquentes lançados pelos chefes de governo do País no século XX. "Cinquenta anos em cinco" foi o slogan de Kubitschek na campanha eleitoral. Olhando em retrospecto, pode-se dizer que Juscelino conseguiu fazer "cinquenta anos de inflação em cinco".

O prédio do Congresso na capital é uma joia assinada pelo célebre arquiteto brasileiro Oscar Nic meyer, o mesmo por trás do magnífico palácio da Alvorada. No térreo, as duas partes do Congresso ficam lado a lado: o Senado fica à esquerda, sob uma cúpula baixa de concreto caiado. À direita, a Câmara dos Deputados sob uma cúpula de formato invertido no mesmo material, parecendo uma tigela rasa e re-

114 http://www.fgv.br/cpdoc/acervo/dicionarios/verbete-biografico/jair-messias-bolsonaro

donda. Logo atrás, erguem-se duas esbeltas torres gêmeas brancas. O Senado tem 81 representantes, três de cada estado. A Câmara dos Deputados tem 513 deputados, eleitos proporcionalmente com base na população dos estados.

A localização do Congresso é carregada de simbolismo. O prédio fica na praça dos Três Poderes, junto ao Palácio Presidencial e ao Supremo Tribunal. Todo o complexo está localizado no final do chamado eixo monumental da cidade, onde também se encontram os ministérios, o Teatro Nacional, a Galeria Nacional e o Museu Nacional, além da rodoviária, da estação de trem, das torres de TV, dos hotéis e shopping centers – todos em setores cuidadosamente planejados pelo urbanista Lúcio Costa. O segundo grande eixo na capital é chamado de eixo habitacional, e concentra blocos cuidadosamente planejados com prédios de apartamentos de seis andares quase idênticos, que se estendem por sete quilômetros em cada direção. Os dois eixos se encontram numa interseção perpendicular. Em mapas e fotos aéreas, vê-se que planta da cidade tem o formato de um avião. O eixo habitacional são as asas, o eixo monumental é a fuselagem. E a cabina, onde ficam os pilotos, é a sede dos três poderes.

Em fevereiro de 1991, Jair Bolsonaro assumiu o gabinete 482 na Câmara Federal, em anexo reservado aos deputados novatos e menos influentes. Ali permaneceu por sete mandatos, totalizando 28 anos. O que fez ele durante todo esse tempo?

Bolsonaro foi assimilado pelo sistema. Não chegou a fazer muito, mas colecionou um pouco das piores características que a política brasileira tem a oferecer: mudou de partido com frequência, construiu uma dinastia familiar e seguiu sem demonstrar a menor vocação para o trabalho parlamentar.

Durante sua carreira política, passou por nada menos que oito outros partidos.

A primeira mudança foi para o Partido Progressista (PP), mas na primeira reeleição, em 1994, já estava no Partido Progressista Reformador (PPR). No ano seguinte, ingressou no Partido Progressista Brasileiro (PPB), no qual permaneceu por oito anos. Em 2003, mudou-se para o Partido Trabalhista Brasileiro (PTB), mas dois anos depois fez uma breve passagem pelo Partido da Frente Liberal (PFL), antes de retornar aos Progressistas (PP). Lá permaneceu até 2016, quando ingressou no Partido Social Cristão (PSC). Depois de muito deliberar, decidiu concorrer em 2018 como candidato presidencial pelo Partido Social Liberal (PSL). Como presidente, rapidamente deixou o PSL e tentou formar um novo partido chamado Aliança pelo Brasil. Não teve sucesso e, em novembro de 2021, ingressou no Partido Liberal.[115]

Isso diz muito sobre Jair Bolsonaro e sobre a política brasileira. Primeiramente, há partidos políticos demais. A maioria deles são irrelevantes, com atuação concentrada em apenas um ou em poucos estados. Muitas vezes, são agremiações que giram em torno de uma família tradicional ou de um grupo influente, como grandes agropecuaristas, empresas de mídia e comunicação ou igrejas evangélicas.

---

115 https://www.camara.leg.br/Internet/Deputado/bancada.asp

Na legislatura 2019-2022, até 23 partidos chegaram a ter representação no Congresso, algo que ajuda a explicar várias outras peculiaridades da política brasileira. Como há tantos partidos, formar coalizões governamentais é um trabalho árduo e por demais complexo, o que, por sua vez, favorece a barganha por verbas e cargos. Outra tipicidade brasileira, da qual Jair Bolsonaro é um bom exemplo, é a quase inexistente fidelidade partidária dos atores políticos. Trocas de partido são comuns, especialmente na véspera das eleições. Também não é raro que cerca de 10% a 15% dos novatos do Congresso mudem de partido ainda no primeiro semestre do ano, a fim de ingressar no bloco de apoio ao novo arranjo de poder.

Como os eleitores votam nos candidatos e não nas siglas, o que importa são votos diretos e pessoais que um candidato recebe. Isso resulta num cenário extremamente fragmentado, e explica por que os políticos mudam de partido com tanta frequência e são reeleitos mesmo assim.

Uma última característica marcante diz respeito aos próprios partidos: a grande maioria dos partidos brasileiros são máquinas de campanha eleitoral. Os partidos brasileiros são mais casuísticos e pouco fixados em questões ideológicas. O único a possuir uma organização partidária digna do nome e filiados em todo o País é o Partido dos Trabalhadores.

As razões para as mudanças de partido de Jair Bolsonaro foram as mesmas de grande parte dos demais políticos: ele pleiteava melhores condições e mais recursos, e ao não obter o que queria entrava em rota de choque com a liderança do partido. À medida que ganhava mais projeção, suas ambições e suas demandas também aumentavam. Não foi por acaso que se candidatou à presidência pelo micropartido PSL, mas porque nele Bolsonaro podia ditar as ordens. Naturalmente, o partido também se beneficiou disso, pois teve uma votação inédita. Em 2014, o PSL teve 800.000 votos em todo o país. Em 2018, o resultado foi de quase 13 milhões – dezesseis vezes mais. Em 2014, o PSL conseguiu eleger um único deputado federal, que disse adeus ao partido assim que foi eleito. Na eleição de 2018, o PSL se tornou um dos maiores do Congresso, com 52 deputados e quatro senadores.

A política brasileira é caracterizada por dinastias familiares, e o sobrenome Bolsonaro não é exceção.

As duas primeiras esposas de Bolsonaro, Rogéria Braga e Ana Cristina Valle, e os três filhos mais velhos Flávio, Carlos e Eduardo, abraçaram a carreira política. O nome Bolsonaro os aproximou do poder e lhes deu cargos públicos, e hoje a família desempenha papéis importantes na política, tanto no Congresso quanto nas duas maiores cidades do país, Rio e São Paulo. Ao mesmo tempo, eles acumularam grandes fortunas. Tudo começou com Rogéria, Carlos e uma amarga disputa familiar.

Rogéria Braga é mãe dos três filhos mais velhos de Jair Bolsonaro: Flávio (nascido em 1981), Carlos (1982) e Eduardo (1984). Logo após a eleição de Jair Bolsonaro para o Congresso, Rogéria foi eleita para a Câmara Municipal do Rio de Janeiro, e foi eleita usando o sobrenome e o programa político do marido. Mais tarde, foi reeleita, mas se divorciou de Jair depois de ele ter começado um relacionamento com outra mulher em Brasília, Ana Cristina Valle, que mais tarde se tornaria sua segunda esposa. Ao mesmo tempo, Rogéria deixou de seguir as recomendações de Jair nas votações na Câmara, algo que muito lhe desagradou. Nas eleições locais de 2000, ela concorreu à reeleição, mas Jair conseguiu que o filho de ambos, Carlos, na época com apenas 17 anos, concorresse como candidato para sabotar as chances da mãe. Carlos Bolsonaro foi eleito o mais jovem vereador do País. Rogéria não conseguiu reeleger-se. Carlos é vereador pelo Rio até hoje.

Em 2002, foi a vez do primogênito, Flávio, se eleger deputado estadual no Rio de Janeiro aos 20 anos. Permaneceu na Assembleia até 2018, quando foi eleito senador pelo Rio.

O terceiro filho, Eduardo Bolsonaro, entrou na política bem mais tarde. Só foi concorrer a um cargo eletivo em 2014, como candidato à Câmara dos Deputados, mas por São Paulo. Foi eleito e depois reeleito para o mesmo cargo em 2018, com nada menos que 1,8 milhão de votos, tornando-se o deputado mais votado em todo o País.

A segunda esposa de Jair Bolsonaro, Ana Cristina Valle, também se aventurou na política. Depois de ter comandado o gabinete de Flávio Bolsonaro na Assembleia do estado do Rio de Janeiro por vários anos, ela se candidatou à Câmara Municipal do Rio em 2018, também concorrendo com o sobrenome do ex-marido.

Nove anos antes disso, em 2009, Ana Cristina mudara-se para a Noruega em circunstâncias dramáticas. Ela havia acabado de se divorciar de Jair e o ex-marido a havia ameaçado de morte, segundo a *Folha de S. Paulo.*[116] O caso foi tornado público durante a campanha eleitoral de 2018. A despeito de acusações contra Jair Bolsonaro terem sido registradas pela embaixada, e apesar de o então embaixador e vários outros cidadãos brasileiros em Oslo terem confirmado que as ameaças tinham de fato ocorrido, Ana Cristina desmentiu tudo. Em vez disso, acusou o jornal de mentir e aproveitou a oportunidade para externar seu apoio a Jair Bolsonaro como candidato à presidência: "Estou muito indignada e rejeito as alegações sujas da *Folha de S. Paulo* de que Jair ameaçou me matar. Isso nunca aconteceu!"[117] Ana Cristina não foi eleita.

Em 2020, Rogéria ensaiou um retorno, ainda mantendo o sobrenome do ex-marido: "Sou a matriarca da família. Sou mãe de Flávio Bolsonaro, Carlos Bolsonaro e Eduardo Bolsonaro." Foi assim que ela se apresentou aos eleitores nas eleições municipais do Rio. Ela também não conseguiu votos suficientes. O ex-marido Jair não moveu uma palha, pelo menos não em público, para apoiar as ex-esposas, mas soube muto bem usar sua influência e seu prestígio nas redes sociais para promover os três herdeiros.

Na política, são os três filhos Flávio, Carlos e Eduardo que fizeram carreira, com total apoio do pai. Sem um apoio explícito, as duas ex-cônjuges não tiveram sucesso nas urnas. Todos eles, porém, tiveram uma ascensão financeira meteórica. Ana Cristina Valle adquiriu 14 apartamentos, casas e terrenos

---

116 https://www1.folha.uol.com.br/poder/2018/09/ex-mulher-afirmou-ter-sofrido-ameaca-de-morte-de-bolsonaro-diz-itamaraty.shtml

117 https://www1.folha.uol.com.br/poder/2018/09/brasileiros-que-conviveram-com-ex-mulher-de-bolsonaro-na-noruega-confirmam-que-ela-relatava-ameaca.shtml

enquanto era casada com Jair Bolsonaro. Cinco desses imóveis foram quitados em dinheiro.[118] Comprar uma casa à vista é tão incomum no Brasil quanto na Noruega – uma transação que tem todas as aparências de lavagem de dinheiro e ilegalidades do tipo. Marcelo Freixo, político carioca que conhece muito bem a relação entre política e crime, comenta o caso da seguinte forma: "Ninguém compra uma casa com dinheiro vivo sem que esse dinheiro seja oriundo de atividades criminosas."[119]

Não é só em Eldorado que a família Bolsonaro tem-se saído bem. Hoje, são proprietários de imóveis em todos os outros lugares onde moraram: em Resende, no Rio e em Brasília. Um resumo na *Folha de S. Paulo* mostrou que Jair e seus filhos juntos possuíam propriedades no valor de aproximadamente 20 milhões de reais no ano em que o patriarca foi eleito presidente.[120]

No melhor estilo militar, Jair Bolsonaro apelidou os filhos com números. Flávio (01), Carlos (02) e Eduardo (03) ocupam atualmente o Senado, a Câmara Municipal do Rio de Janeiro e a Câmara dos Deputados, respectivamente. Também arregaçaram as mangas para cuidar de suas respectivas partes dos negócios do pai e da família.

Flávio (01), o mais antigo e discreto, é quem negocia informalmente em nome da família no Congres-

---

118 https://oglobo.globo.com/epoca/rio/os-negocios-de-ana-cristina-valle--ex-mulher-de-bolsonaro-24536388

119 Entrevista, Marcelo Freixo, via Google Meet, 10/mai/2022.

120 https://www1.folha.uol.com.br/poder/2018/01/1948526-patrimonio-de--jair-bolsonaro-e-filhos-se-multiplica-na-politica.shtml

so. Embora não faça parte do governo, é percebido como um canal direto privilegiado de acesso ao presidente. Carlos (02) cuida da agenda do presidente desde a Câmara de Vereadores do Rio, e também gerencia os vários perfis de seu pai nas mídias sociais. Eduardo (03) tem a tarefa de animar a militância e provocar polêmicas, e representa a família perante a extrema direita internacional.

Os filhos têm a lealdade total do pai. Em qualquer situação que estejam envolvidos, o pai os defende com unhas e dentes. É com eles que o presidente se aconselha, em detrimento de aliados políticos mais próximos, ocasionando uma sucessão de problemas para a presidência, o governo e o Brasil. Um exemplo é o envolvimento de Flávio (01) no caso da *rachadinha* no Rio, em que foi acusado de desviar dinheiro público. Outro exemplo são as postagens frequentes de Carlos (02) no Twitter criticando abertamente os ministros do governo. Um terceiro exemplo é a indicação, pelo presidente, de Eduardo (03) para o cargo de embaixador do Brasil nos Estados Unidos sem que o filho tivesse a mínima qualificação.

A citação a seguir vem de uma reunião intergovernamental fechada que discutiu o inquérito policial sobre o caso da *rachadinha*. A gravação em vídeo da reunião foi entregue à Polícia Federal para que fosse feita a apuração de uma possível interferência de Bolsonaro no órgão. A declaração do presidente é um exemplo revelador da disposição que demonstra em proteger a família:

"Não vou ficar aqui esperando eles foderem com minha família ou meus amigos só porque não posso trocar ninguém na hierarquia da nossa estrutura de segurança. Vou trocar sim. Se não puder trocar eles, troco o chefe deles. Se não puder trocar o chefe, troco o ministro. Ponto final! Não estamos aqui pra brincadeira!"[121]

Os filhos de Jair Bolsonaro são jovens e ambiciosos, têm uma longa trajetória pela frente e já ocupam cargos de poder importantes. Não importa o que aconteça na eleição de 2022, os filhos são a garantia de que a família Bolsonaro continuará influenciando o Brasil por muitos anos.

No Congresso, Jair Bolsonaro ficou conhecido como um deputado improdutivo como raramente se viu. Uma das principais tarefas do Congresso é propor leis; portanto, ser o autor de um projeto de lei aprovado é uma das melhores maneiras de sedimentar a reputação e sedimentar a carreira política. Em 28 anos, Bolsonaro só conseguiu aprovar dois projetos de lei, um sobre equipamentos de informática e outro sobre remédios contra o câncer. Não é nada. Ele nunca liderou um comitê ou uma comissão parlamentar. Nunca era consultado quando assuntos importantes tinham que ser decididos. Candidatou-se, é verdade, à presidência da Câmara várias vezes, a última em 2017, quando teve apenas três votos, incluindo o seu. Integrava o grupo de deputados conhecido no Brasil por *baixo clero*. O jornalista e es-

---

121 https://g1.globo.com/politica/noticia/2020/05/22/em-reuniao-ministerial-bolsonaro-diz-eu-nao-vou-esperar-foder-a-minha-familia-toda-assista.ghtml

critor Rodrigo Cassis discorda do rótulo improdutivo comumente atribuído a Bolsonaro.

Ele releu todos os discursos de Bolsonaro no Congresso e acredita que se trata de um político bem mais habilidoso do que pode aparentar. Bolsonaro simplesmente não recorre a jornalistas e analistas, prefere um contato direto com seus eleitores.[122]

A oposição à Comissão da Verdade em 2012, quando Bolsonaro foi o único político a externar a insatisfação das Forças Armadas com a investigação de crimes cometidos pelo regime militar durante a ditadura, descreve bem seu comportamento como parlamentar. Ele também votou contra um projeto de lei que criminalizava os pais que batessem nos filhos. Bolsonaro não estava no Congresso para construir nada, ele estava lá para dizer não a uma ideia de sociedade que, em sua opinião, é errada. Nas palavras do próprio Bolsonaro: "Tão importante quanto marcar gols é não sofrer gol. Muitas vezes meu trabalho é garantir que certos projetos não sejam aprovados."[123]

Ao longo de seus anos no Congresso, ele se ocupou sobretudo com três assuntos.[124] O primeiro foi a situação financeira dos soldados: eles tinham que ganhar mais. Assim, ele se tornou um porta-voz de centenas de milhares de soldados e suboficiais. Sua atuação beneficiou militares de todo o País, não apenas do Rio de Janeiro, onde foi eleito. Foi assim que ele

---

122 Entrevista, Rodrigo Cassis, via WhatsApp, 10/dez/2021.

123 https://www.gazetadigital.com.br/editorias/politica-nacional/bolsonaro-muda-foco-de-militares-para-seguranca/516010

124 Cassis, Rodrigo (2022).

– lenta, mas consistentemente – construiu uma rede de apoiadores em todo o Brasil.

O segundo tema estratégico é a oposição acirrada aos povos indígenas e seus territórios, especialmente na Amazônia. Em 1992, a ONU realizou um encontro mundial no Rio de Janeiro, no qual tanto a Convenção do Clima quanto a Convenção da Biodiversidade foram adotadas. Paralelamente à cúpula, o governo brasileiro reconheceu um dos maiores territórios indígenas do mundo, o território Yanomami, atraindo a atenção e os elogios de todo o mundo. Bolsonaro ficou furioso. Um de seus primeiros projetos de lei tentava reverter a decisão do governo de dar aos Yanomami o controle do lugar onde historicamente vivem.[125] Foi rejeitado. Trinta anos depois, como presidente recém-eleito, disse que não admitiria que o Brasil criasse um único novo território indígena sob seu comando. Ponto final.[126]

O terceiro tema estratégico de Bolsonaro é a homossexualidade. "Ele percebeu que não bastava falar sobre os povos indígenas e as Forças Armadas", diz Rodrigo Cassis.[127] Foi só por volta de 2010 que Bolsonaro começou a voltar sua atenção contra gays e lésbicas. O STF debatia então sobre a possibilidade de casais homossexuais contraírem matrimônio legalmente. Mas a questão que ganhou o centro do debate, graças a Jair Bolsonaro, foi um material destinado às escolas cujo objetivo era diminuir o preconceito contra gays e lésbi-

125 Entrevista, Rodrigo Cassis, via WhatsApp, 10/dez/2021.

126 https://oglobo.globo.com/epoca/expresso/nao-demarcarei-um-centimetro-quadrado-mais-de-terra-indigena-diz-bolsonaro-23300890

127 Entrevista, Rodrigo Cassis, via WhatsApp, 10/dez/2021.

cas. O projeto se chamava "Escola sem homofobia", mas Bolsonaro lhe atribuiu um propósito que jamais teve e o apelidou de "kit gay". Segundo Bolsonaro, o governo queria induzir as crianças ao "homossexualismo".

Um dos grupos de lobby mais fortes no Congresso, os cristãos evangélicos, foi ainda mais contundente em suas críticas; eles diziam que o material promovia pornografia, incesto e pedofilia. O pastor Silas Malafaia, o homem que mais tarde oficiaria o casamento de Bolsonaro e sua terceira esposa Michelle, acusou o programa de "dar dinheiro a ativistas gays para promoverem um lixo moral e ensinar homossexualidade às crianças". Notícias falsas sobre o assunto grassavam na internet.[128] Uma das mais estapafúrdias dizia que o projeto distribuiria mamadeiras com chupetas em formato de pênis. Até imagens e fotos da tal mamadeira foram utilizadas.[129]

As críticas eram absurdas. O material foi elaborado por educadores renomados e deveria servir como recurso auxiliar, cabendo aos professores decidir usá-lo ou não. No entanto, a pressão acabou tornando-se tão grande que a presidente Dilma Rousseff teve que vetar o programa antes que um único livro tivesse sido distribuído.

Para Jair Bolsonaro, o episódio foi um divisor de águas, por duas razões. Pela primeira vez ele causou impacto em âmbito nacional. Finalmente, Bolsonaro ocupava o horário nobre das TVs. Até os principais

---

128 https://www1.folha.uol.com.br/poder/1168247-pastor-malafaia-volta-a-atacar-petista-por-kit-gay.shtml

129 https://piaui.folha.uol.com.br/lupa/2021/10/20/verificamos-haddad-mamadeira-penis/

jornais conservadores o mencionavam de maneira favorável, enfim. Em segundo lugar, ele percebeu o impacto político das igrejas evangélicas. Tinha início então uma colaboração útil e duradoura.

Bolsonaro continuou a depreciar os homossexuais, e chegou até a dizer que preferia ter um filho morto a ter um filho gay. Disse que noventa por cento das crianças adotadas por gays se tornam gays e que "seguramente" acabam na prostituição.[130] E afirmou que não existe homofobia no Brasil. "Noventa por cento dos gays que morrem, morrem em lugares onde se usam drogas, em lugares onde a prostituição corre solta, ou são mortos pelo próprio parceiro", afirmou ele em entrevista ao ator britânico Stephen Fry, em 2013.[131]

O estudo de Rodrigo Cassis sobre os discursos de Bolsonaro no Congresso não mostra uma discriminação sistemática contra negros. Fora dali, entretanto, ele não perde a chance de proferir discursos racistas, como a menção que fez aos quilombolas de Ivaporunduva, por exemplo. As críticas são ainda piores em relação aos refugiados do Haiti, do Senegal e da Bolívia: "A escória do mundo está vindo para o Brasil. Como se não tivéssemos problemas suficientes para resolver."[132]

Da mesma forma que Bolsonaro nega ser homofóbico, ele diz que não é racista e jura que não existe racismo no Brasil. Ele defende a ideia de uma "demo-

130 https://www.cartacapital.com.br/politica/bolsonaro-em-25-frases-plemicas/

131 Fry, Stephen (2013).

132 https://exame.com/brasil/bolsonaro-chama-refugiados-de-escoria-do-mundo/

cracia racial", na qual etnias diferentes convivem harmoniosamente lado a lado, há muito tempo utilizada pelas elites no Brasil para difundir a imagem de uma nação unida e, assim, reduzir o risco de os negros oprimidos se rebelarem. Um mito que também já foi bastante usado para justificar regimes autoritários, para proteger a pátria e a "alma da nação".[133]

Um dos alvos preferidos de Bolsonaro são as cotas para negros e indígenas nas universidades públicas. As cotas foram introduzidas pelo governo de Dilma Rousseff em 2012, para reparar injustiças históricas decorrentes da escravidão e da opressão. Juntamente com programas de financiamento estudantil, as cotas resultaram num aumento de estudantes negros, indígenas e pobres em cursos superiores. No município natal de Bolsonaro, Eldorado, os jovens quilombolas de Ivaporunduva foram beneficiados por essas políticas públicas, mas o presidente e seus apoiadores acreditam que elas não passam de um favorecimento indevido.

A participação de Bolsonaro no Congresso é refletida nos discursos que ele fez. Nos anos de 1998 a 2018, ele participou de 3.352 votações,[134] em geral, sempre com a direita e contra a esquerda, a favor de iniciativas de direita e contra os governos liderados pelo PT.

---

133 Campos, Luiz Augusto (2021).

134 https://www.nexojornal.com.br/grafico/2019/04/22/ Como-Bolsonaro-votou-nos-últimos-20-anos-na-Câmara

Examinando-se individualmente, constata-se que ele sempre votou contra os interesses dos povos indígenas, contra os direitos dos trabalhadores e contra os direitos humanos em geral, contra o meio ambiente, contra a cultura e contra o fortalecimento da escola pública, mas a favor dos interesses dos militares e da polícia, e por leis mais liberais sobre o porte e a posse de armas.

Em questões morais, provou ser um homem profundamente conservador, sempre votando contra os interesses de gays e lésbicas. Todos os projetos de lei a favor das religiões e denominações cristãs contaram com seu apoio, em detrimento de propostas que fortalecessem religiões afro-brasileiras.

Em questões econômicas, acompanhou principalmente as políticas de diferentes governos pela estabilidade macroeconômica com programas de redução da pobreza, embora tenha sido contrário à privatização de empresas estatais e à liberalização da legislação financeira. Dessa forma, demonstrou uma tendência bem mais nacionalista e pró-reguladora como deputado do que como presidente.

Apesar da retórica virulenta e da reputação de rebelde, seus discursos e o padrão de sua votação no Congresso apontam na mesma direção. Jair Bolsonaro é um homem do sistema e do *establishment,* o que corrobora, portanto, o que disse dele o padre Alessandro, de Eldorado, sua terra natal. Bolsonaro fica do lado dos grandes, contra os pequenos.[135]

---

135 Entrevista, Alessandro da Silva Nascimento, Eldorado, 11/nov/2021.

A imagem do político odioso choca-se frontalmente com a figura simpática da qual Janine e Paulo falaram no Quiosque do Naná; mas, durante a conversa que tivemos ocorreu-me outra coisa. Ambos eram alpinistas sociais. Janine me contou o esforço que ela e sua família fizeram, trabalhando durante vinte anos, para comprar um apartamento na beira da praia.

Na Barra da Tijuca, o status social pode ser medido pela distância da orla. Mais distantes, nos morros a quilômetros dali, estão as favelas Rio das Pedras e Muzema. Um pouco mais perto da praia ficam os bairros de classe média com seus apartamentos amontoados, onde vivia a família de Janine. Agora eles haviam conseguiram dar um passo adiante e se afastar dessa realidade para mais próximo da classe alta, da brisa marinha, do sol pleno e da vista à beira-mar.

Durante essa ascensão social, certas noções de solidariedade e alteridade podem ter-se perdido. Ou, pelo menos, é o que deixam transparecer certas afirmações que Paulo fez. Ele é privilegiado, como fez questão de mencionar várias vezes, agora vive no luxo, mas em todos os momentos se referiu aos menos favorecidos por "lixo". Em português, as palavras "lixo" e "luxo" formam uma aliteração que soa bem aos ouvidos. No Brasil, elas estão no título de um conhecido poema de Augusto de Campos, da década de 1960, e de duas canções populares, uma de Rita Lee, de 1980, e outra da banda de rock Charlie Brown Jr., do início da década de 2000. Posso ter entendido errado, mas não tive a impressão de que Paulo estava referindo-se ao poema ou às canções: pareceu-me muito mais que se tratava de uma descrição normativa da sociedade. Lixo e luxo.

Jair Bolsonaro fez essa subida rumo ao topo. Chegou lá, vencendo todas as adversidades. Ao longo do caminho, percebeu que pisar nos outros facilitava sua própria escalada, mas não só isso. Em seu caminho para o poder, ele se aliou a grupos que operam muito além das fronteiras da legalidade.

Nas favelas Rio das Pedras e Muzema encontramos outros motivos para o crescimento da família Bolsonaro, mas também algo que pode levar à derrocada da família: os laços estreitos com as milícias armadas cariocas.

CAPÍTULO 5:

O escritório do crime

Da casa de Jair Bolsonaro na Barra da Tijuca é possível avistar as montanhas verdejantes cobertas pela mata atlântica. É nessas encostas que estão localizadas as famosas favelas do Rio de Janeiro, aglomerados residenciais construídos por pessoas pobres, tábua por tábua, tijolo por tijolo. As mais antigas têm mais de um século de idade, e as autoridades municipais tentaram, ao longo dos anos, melhorar a infraestrutura local fornecendo eletricidade, pavimentando vias e construindo redes de água e esgoto. Gradualmente, escolas públicas, postos de saúde e agências postais também foram surgindo. É certo que a iniciativa privada sempre parte em vantagem, dando lugar a bares, lojas de roupa, lojas de celular e pontos de venda de água e de gás envasado. À primeira vista, as favelas mais prósperas não diferem tanto assim dos bairros habitados pela classe média baixa. As favelas mais novas e mais miseráveis, contudo, não passam de um amontoado de casebres cobertos com telhados de zinco.

Num aspecto, porém, todas as favelas têm algo notoriamente em comum: são controladas, no todo ou em parte, por facções criminosas. Isso também se aplica a duas das comunidades mais próximas da casa da família Bolsonaro: Rio das Pedras e Muzema.

Várias favelas do Rio há muito são controladas por cartéis de drogas. Os maiores e mais conhecidos cartéis atualmente são Comando Vermelho, Amigos dos Amigos e Terceiro Comando Puro. Usam as favelas não só como bases de tráfico de drogas; também encamparam algumas das principais atribuições do Estado, como fornecer auxílio para alimentação, saúde e educação aos seus moradores. Desta forma, os narcotraficantes conseguiram criar vínculos com quem vive ali e estabelecer uma certa tolerância diante de problemas maiores que trazem consigo: crime, violência e o fato de terem derrubado, na prática, o monopólio estatal do emprego da violência. Empunhando armas e barganhando com o medo, eles mantém o controle dos territórios e estabelecem, a seu modo, alguma forma de lei e ordem. Ao mesmo tempo, os cartéis extorquem dinheiro dos comerciantes em troca de "proteção" e exigem respeito às regras que eles mesmos impõem. Qualquer violação é punida, na pior das hipóteses com a morte.

Em intervalos irregulares, essas quadrilhas se enfrentam em embates sanguinários pelo controle do comércio de drogas e dos territórios, e com igual frequência há confrontos entre as forças policiais e os traficantes. A grande maioria dos moradores das favelas vive em casas de madeira rudimentares, literalmente na linha de fogo, ora entre dois ou mais bandos rivais, ora entre a polícia e os traficantes, o que transforma o Rio numa das cidades com as maiores taxas de homicídio do mundo.

Cidade de Deus, filme brasileiro indicado ao Oscar, retrata de forma chocante e realista os desdobramentos dessa realidade. O filme acompanha o jovem Buscapé, que documenta com uma câmera emprestada o surgimento do tráfico na favela onde mora. Acompanhando o aumento da receita da venda de drogas, o armamento na favela vai ficando mais potente, a violência mais cruel, e os assassinatos mais numerosos. A corrupção policial é outro fator que contribui decisivamente para agravar a situação.

A Cidade de Deus existe e é uma favela carioca, e o filme é baseado numa história real. Quando visitei a Cidade de Deus, em 2022, ela era dominada pelo Comando Vermelho. As drogas eram comercializadas a céu aberto. Em várias esquinas havia meninos com banquinhas abarrotadas de sacolas e pacotes com drogas de diversos tipos e qualidades. Eu estava acompanhado de voluntários de um centro de idosos, e havia códigos rígidos sobre como deveríamos agir. Era proibido fotografar. Tínhamos que dirigir com os vidros do carro abaixados e pisca-alerta ligado, tudo para mostrar claramente que não éramos da polícia. A Cidade de Deus é a única favela nesta região da cidade que ainda é controlada pelos cartéis de drogas, por isso foi palco de operações policiais mais letais do que a maioria das outras favelas na última década.[136]

O Rio é uma das cidades do mundo com mais assassinatos cometidos pelas forças policiais contra os próprios cidadãos. Neste aspecto particular, a Polícia Militar se destaca. Eles não são, ao contrário do que o nome indica, parte das Forças Armadas. A PM no Brasil é uma força-tarefa, responsável por investigar crimes mais violentos, como sequestros e assassinatos. Também é a força mobilizada ostensivamente durante manifestações em que há perigo de confrontos físicos. As Polícias Militares são organizadas em quartéis com

136 Conversa com Maria de Lourdes Braz Vieira, Cidade de Deus, 21/abr/2022.

soldados e oficiais, daí o nome. Estão submetidas à jurisdição dos estados brasileiros e são, em última análise, comandadas pelos governadores. São essas forças que estão por trás da maior parte da violência e dos assassinatos cometidos por policiais no Brasil.

A polícia do Rio é conhecida por ser a mais brutal. Em 2020, as forças policiais de diversos estados mataram 1.245 pessoas.[137]Assim, foram responsáveis por mais de um em cada três assassinatos naquele ano.

Muitas vezes as vítimas são membros das quadrilhas de traficantes, mas também há inúmeros casos de policiais militares atirando em civis a esmo para depois acusá-los de participação no tráfico. Em 2020, 86% das vítimas de homicídio policial foram pessoas negras.[138]

Por volta da virada do milênio, algo assustador aconteceu. Grupos fortemente armados, com treinamento militar, começaram a competir com os cartéis de traficantes pelo controle das favelas. O caso de maior sucesso foi na favela Rio das Pedras, e assim nasceram os grupos paramilitares que hoje são chamados de milícias.

“Os policiais que moravam na área criaram a milícia em Rio das Pedras e ali estabeleceram as regras para a economia informal”, escreve o jornalista Bruno

137 https://g1.globo.com/rj/rio-de-janeiro/noticia/2021/12/14/estudo-diz-que-86percent-dos-mortos-em-acoes-policiais-no-rj-sao-negros-apesar-de-grupo-representar-517percent-da-populacao.ghtml

138 https://g1.globo.com/rj/rio-de-janeiro/noticia/2021/12/14/estudo-diz-que-86percent-dos-mortos-em-acoes-policiais-no-rj-sao-negros-apesar-de-grupo-representar-517percent-da-populacao.ghtml

Paes Manso no livro *A República das milícias*. Eles se autodenominaram "defensores da comunidade local" e passaram a oferecer proteção contra os traficantes.[139] Embora essa privatização de uma atribuição do Estado seja em muitos aspectos alarmante, funcionou muito bem no início. O território foi pacificado, as crianças podiam brincar na rua, as lojas e os bares podiam ficar abertos até tarde da noite. Mas com o passar do tempo Rio das Pedras se transformou num exemplo da apropriação sangrenta pelas milícias das áreas pobres em todo o estado do Rio de Janeiro, com tentáculos invadindo as forças policiais e também a política.

O exemplo de Rio das Pedras virou uma mina de ouro para a milícia. No início, os lojistas locais pagavam apenas uma pequena quantia para proteção contra roubo e para que o tráfico não se aproximasse. Depois, os moradores também foram obrigados a pagar para ter a proteção dos milicianos. Com total controle sobre os instrumentos de poder, a milícia passava a ditar todas as regras e, a partir daí, exigir pagamento pela proteção contra a *própria* milícia foi só mais um passo. Por toda a cidade, outros grupos com formação militar enxergaram nesse modelo uma oportunidade única. Moradores e autoridades estavam tão exauridos pela devastação causada pelos traficantes e pelos constantes confrontos entre as quadrilhas e a polícia que aquele novo tipo de "ordem" era aceitável, às vezes até preferível.

Mais tarde, as milícias assumiram o controle do comércio de botijões de gás de cozinha. Depois, passaram a controlar o transporte público pirata feito por

139 Manso, Bruno Paes (2020).

vans. Em alguns lugares, assumiram até a responsabilidade pelo fornecimento de água e eletricidade. Nos últimos anos, duas novas fontes de renda se abriram: o mercado imobiliário e a instalação e operação de TV a cabo e internet. O negócio mais lucrativo tem sido a compra e venda de terrenos, casas e apartamentos. Em Rio das Pedras, a milícia abocanha entre cinco e dez por cento do montante comercializado.[140] Em outros lugares, a fatia é ainda maior.

Várias pessoas me advertiram para que eu não fosse a Rio das Pedras, mas na companhia de Sérgio Benedicto Soares, de 85 anos, eu me senti seguro. Ele mesmo havia morado ali e me levou para dar uma volta pelo lugar ao lado de velhos conhecidos. Fiquei impressionado com a disposição que eles tinham de falar das milícias, porque a maioria dos livros e podcasts sobre o assunto ensina que as pessoas têm pavor de tocar no assunto. Talvez Sérgio e eu formássemos uma dupla tão inusitada que as pessoas simplesmente davam de ombros. Ele de chapéu elegante e sapatos de baile, eu de boné e jaqueta. Mesmo assim, fiz questão de usar pseudônimos aqui também, a fim de não expor essas pessoas ao risco.

Uma mulher de meia-idade, que chamaremos de Fernanda, gerencia um barzinho que vende cervejas e refrigerantes, e me contou que a milícia lhe toma uma quantia que chega a 75 reais por mês. Quando abria as portas até mais tarde e o lugar ficava lotado, tinha que pagar um *arrego*, como a contribuição também é conhecida, de 150 reais por noite. O valor ficava a

140 https://www.ft.com/content/bdd61718-4b10-11e9-bbc9-6917dce3dc62

critério inteiramente da milícia. Mas quando a pandemia afetou o negócio e as vendas despencaram, ela fez um acordo com os milicianos e suspendeu temporariamente o pagamento.

Todos com quem falei se referiam à milícia como "eles". Ninguém pronunciava a palavra "milícia" uma encarnação do personagem Voldemort de *Harry Potter*, "aquele cujo nome não deve ser mencionado".

Rogério, um homem de 40 anos, é dono de uma revenda de gás. Antes ele entregava botijões de gás por toda a favela, que hoje abriga quase 200 mil habitantes, mas "eles" chegaram e avisaram que, a partir de então, era proibido atuar em determinadas áreas. Mas tudo bem, melhor assim, resignou-se Rogério. Ao menos ainda poderia contentar-se com algumas áreas fixas, sem concorrência – pelo menos até que "eles" decidissem de outra maneira.

Fernanda também explicou que era bom tocar um negócio desde que "eles" não fossem contrariados. O importante era respeitar as regras. Mas quando meu guia Sérgio mencionou à meia-voz o ex-líder da favela que foi assassinado, ela concordou que havia violência demais. Era importante também manter a discrição e evitar confusões.

Ao longo dos anos 2000, as milícias foram assumindo o controle de um número cada vez maior de comunidades, muitas vezes com as bênçãos da polícia e das autoridades. Da mesma forma que nas áreas controladas pelo narcotráfico, o código moral da milícia passa a viger nas áreas dominadas. Quem quer que viole as regras é punido, seja com uma simples admoestação verbal ou até mesmo com tortura.

A devastação promovida pelos cartéis de drogas e milícias é pauta diária no noticiário carioca. As histórias são surpreendentemente semelhantes. São relatos de chantagem e cobrança de dinheiro de proteção; de incêndios criminosos e violência contra quem se recusa a pagar o arrego; de aplicação brutal das regras estabelecidas, especialmente se alguém rouba ou é suspeito de roubar das próprias gangues, e neste caso a punição costuma ser implacável. As gangues são condenadas a furar os olhos dos acusados, cortar suas mãos e pés, envolvê-los com pneus velhos e incendiá-los para queimá-los vivos. Um ex-membro conta o que aconteceu com um menino que furtou o celular da mãe de um líder da milícia. Ele foi capturado, amarrado a um poste e lentamente espancado e apedrejado até a morte. Depois, deceparam o corpo e jogaram futebol com a cabeça. Tudo isso em plena rua, para quem quisesse ver.[141]

Essa violência extrema tem um propósito: criar um ambiente de medo. Ninguém deve atrever-se a deixar de pagar o dinheiro da proteção ou respeitar as regras que as gangues criminosas impuseram. E ninguém deve abrir o bico. Não se pode dar com a língua nos dentes, testemunhar na Justiça então está fora de questão. Hoje, é quase impossível que testemunhas oculares deponham em julgamentos de milícias ou traficantes de drogas. As pessoas temem por suas vidas, e por uma boa razão.

141 Manso, Bruno Paes (2020).

Durante muito tempo, a única diferença entre os cartéis de drogas e as milícias foi que estas não admitiam o tráfico de drogas em seus territórios. Não é mais assim. Nos últimos anos, muitas milícias passaram a cooperar com gangues de traficantes na distribuição e venda de entorpecentes. Em outros lugares, foram as próprias milícias que assumiram a frente do negócio.

As milícias do Rio são inspiradas nas gangues do passado. Já na década de 1950, surgiram grupos armados ilegais, formados principalmente por policiais, que nas horas vagas faziam justiça com as próprias mãos. Eles protegiam, segundo seu próprio juízo, os cidadãos cumpridores da lei dos bandidos, ou, dito com um olhar mais sociológico: faziam valer os interesses da classe alta predominantemente branca e urbana contra a população predominantemente negra e pobre da periferia.

Após o golpe militar de 1964, essas gangues armadas começaram a se organizar melhor. As armas ficaram mais poderosas. Para combater o crime, pensavam eles, era preciso ser mais forte e ainda mais brutal. Na década de 1960, a *Scuderie Le Cocq*, criada em homenagem a um policial morto, foi o grupo mais infame. Sua marca registrada era uma caveira. Na década de 1980, grupos chamados de esquadrões da morte ficaram conhecidos pelo extermínio de crianças de rua. A lógica sempre foi a mesma: valer-se da experiência e das armas da polícia para manter as ruas "limpas" e os bairros "seguros", mas de maneira brutal e absolutamente à margem da lei.

Depois de terem aprendido com seus antecessores, as milícias hoje mandam. O sociólogo brasileiro

José Cláudio Souza Alves cunhou a expressão "capital criminoso acumulado" para explicar como as milícias absorveram a essência das práticas criminosas mais bem-sucedidas e as aperfeiçoaram usando armas cada vez mais potentes e movimentando somas de dinheiro cada vez maiores.[142] As milícias até adotaram a caveira como símbolo. A figura do crânio humano costuma adornar braços e peitos de membros de milicianos por todo o Rio, tatuadas ao lado do número de vítimas que executaram.

Os traficantes também aprenderam com as milícias. O controle das revendas de gás, do transporte público ilegal, da eletricidade, da água e da internet fazem hoje parte do capital criminoso acumulado dos cartéis.

Por muito tempo, as milícias evitaram os holofotes da polícia, em parte porque os moradores de favelas de início viam nelas uma solução para um grande problema, em parte porque os próprios policiais e ex-policiais eram membros das milícias. De fato, o maior cartel de drogas, o Comando Vermelho, foi o primeiro a protestar contra isso ainda em 2006. Numa ação espetacular, que resultou em 18 mortos e 30 feridos, o CV deixou uma carta reclamando que as milícias ligadas à Polícia Militar sempre conseguiam safar-se ilesas.[143]

Por muitos anos, os principais políticos do Rio também fizeram vista grossa diante desse fenômeno, sob o argumento de que as milícias eram um mal menor em comparação aos narcotraficantes. Além disso, vários desses políticos estavam diretamente envolvi-

---

142 *A República das Milícias* (2021).

143 Manso, Bruno Paes (2020).

dos com elas. Uma fatídica decisão política tomada no início dos anos 2000 exacerbou a situação: os políticos cariocas aprovaram um chamado prêmio por bravura aos policiais que demonstrassem esforços extraordinários no combate ao crime. Os agraciados recebiam menções de honra ao mérito e aumento de salário. Na prática, era uma recompensa pela brutalidade policial e pelos assassinatos. O esquema ganhou o apelido de "bônus do velho oeste", e o resultado foi um aumento ainda maior tanto da violência policial quanto dos homicídios.

Os laços entre as milícias, a polícia e os políticos tornaram-se cada vez mais estreitos e visíveis. A lógica desse triângulo era simples e lucrativa: as milícias controlavam as favelas e ganhavam muito dinheiro gerenciando atividades ilegais. A polícia, principal fonte de recrutamento e de armas e munições das milícias, recebia delas dinheiro para fechar os olhos e se manter longe dali. Determinados políticos conseguiam votos e dinheiro nas favelas controladas por milícias em troca de declarações, e de projetos favoráveis. Vinícius George, que tem muitos anos de experiência como policial, afirma que "crime, polícia e política estão tão entrelaçados no Rio que é difícil saber quem é quem".[144]

Com a expansão territorial e o aumento da violência, a resistência às milícias aumentou. Em 2008, o deputado Marcelo Freixo liderou uma grande comissão de inquérito sobre as milícias sob os auspícios da Assembleia Estadual do Rio de Janeiro. A CPI foi um marco e resultou em centenas de prisões e numa nova consciência dos problemas causados pelas milícias.

144 *A República das Milícias* (2021).

Marcelo Freixo está atualmente no Congresso e é o político brasileiro que mais se destaca na luta contra o problema. Em 2022, ele concorrerá ao governo do estado do Rio de Janeiro. Quando este livro foi escrito, ele liderava as pesquisas de intenção de voto, tecnicamente empatado com o candidato de Jair Bolsonaro, Cláudio Castro.[145]

"Todos os líderes da milícia na época foram presos", disse Freixo quando o entrevistei de casa, na Noruega, pelo Google Meet. Tentamos várias vezes nos encontrar pessoalmente no Brasil, mas nossos compromissos acabavam sendo adiados devido a novos escândalos políticos e ao ritmo frenético da campanha eleitoral. "Ao todo, 240 pessoas acabaram presas, incluindo muitos policiais e políticos."[146]

As milícias foram bastante enfraquecidas, mas não desapareceram. Novos líderes chegaram ao topo e elas voltaram a crescer. Freixo lamenta amargamente esse desfecho, e a explicação, segundo ele, é simples. O relatório final da CPI continha um grande número de recomendações, boa parte tentando abalar a base econômica das milícias, mas elas foram ignoradas. A mera prisão dos líderes não resolveu o problema.

O trabalho da CPI levou a um endurecimento da legislação criminal, favorecendo o combate às operações das milícias. No entanto, Freixo acredita que a coisa mais importante que a comissão conseguiu foi mudar a percepção das pessoas sobre o tema. "No passado, muitos viam as milícias como um mal

---

145 https://www1.folha.uol.com.br/poder/2022/04/datafolha-marcelo-freixo-e-claudio-castro-lideram-disputa-ao-governo-do-rio.shtml

146 Entrevista, Marcelo Freixo, via Google Meet, 10/mai/2022.

menor diante das gangues de traficantes. Mostramos às pessoas o que elas realmente são. Depois do relatório da CPI, o debate sobre as milícias nunca mais foi o mesmo."

Tudo considerado, as milícias sofreram um grande revés, e no entanto se tornaram mais poderosas do que nunca. Hoje, são elas a maior facção criminosa do Rio, superando todos os cartéis de drogas e demais gangues criminosas juntas. As milícias controlam mais da metade da área da cidade, bairros inteiros em que vivem mais de dois milhões de pessoas. Os cariocas temem hoje mais as milícias armadas do que os traficantes.[147]

Na política, Jair Bolsonaro é há muito tempo o melhor amigo das milícias.

As relações entre a família Bolsonaro e as milícias armadas do Rio é pública e notória, e três nomes são centrais nesse enredo: Fabrício Queiroz, Adriano da Nóbrega e Ronnie Lessa. Um atentado fatal deixou essa rede de contatos ainda mais exposta: o assassinato da ativista de direitos humanos e vereadora Marielle Franco, em 2018.

Fabrício Queiroz conheceu Jair Bolsonaro ainda em 1984, quando serviam no mesmo pelotão de paraquedistas no Rio e moravam na Vila Militar. A partir de 1987, Queiroz foi alocado na Polícia Militar do Rio, e depois que Bolsonaro foi eleito deputado federal, acabou tornando-se uma espécie de padrinho dos três filhos mais velhos do político.

147 https://www.ft.com/content/bdd61718-4b10-11e9-bbc9-6917dce3dc62

Em 2002, Flávio Bolsonaro, filho mais velho de Jair, foi eleito para a Assembleia fluminense. Com apenas 22 anos, chegou lá com o sobrenome e a plataforma política do pai: lutar por melhores salários para soldados e policiais, endurecer na luta contra o crime. Foi Fabrício Queiroz quem acompanhou Flávio pelos quartéis do estado para pedir votos.[148] Na Assembleia, Flávio se destacou por sempre se manifestar em nome da polícia e dos militares. Ainda em 2003, ele prestava homenagens a policiais, soldados e oficiais, incluindo Fabrício Queiroz.

Adriano da Nóbrega foi colega de Queiroz na PM. Durante vários anos fez parte da elite da tropa, o Batalhão de Operações Especiais (Bope), a força que é escalada para as missões mais perigosas, como invadir favelas em busca de armas, drogas e traficantes. O Bope é o responsável pela maioria das mortes em ações policiais, e a maioria dos milicianos têm origem nele. O batalhão usa o mesmo logotipo da antiga *Scuderie Le Cocq* e das milícias de hoje: uma caveira.

No Bope, Adriano da Nóbrega era famoso por ser inteligente, destemido e feroz. Esteve envolvido em muitas operações violentas e letais e, com o passar do tempo, começaram a circular rumores de que ele estava envolvido em atividades ilegais em seus horários de folga.[149]

No início dos anos 2000, Adriano da Nóbrega e Fabrício Queiroz foram acusados de sequestrar e matar um homem na Cidade de Deus. O caso nunca foi

---

148 https://brasil.elpais.com/brasil/2021-04-24/a-ligacao-do-cla-bolsonaro-com-paramilitares-e-milicianos-se-estreitou-com-a-eleicao-de-flavio.html

149 *A República das Milícias* (2021).

devidamente investigado, mas em retrospecto verificou-se que milicianos e policiais de Rio das Pedras frequentemente iam juntos à Cidade de Deus, com armas da Polícia Militar, para espalhar o medo e matar traficantes.[150] Tanto Nóbrega quanto Queiroz receberam o "bônus do velho oeste" da polícia.

Em 2005, em outro caso, Adriano da Nóbrega foi condenado a 19 anos de prisão por extorsão, sequestro e assassinato. Durante o julgamento, e enquanto esteve preso, o policial recebeu uma mensagem inesperada. Flávio Bolsonaro o havia indicado à maior comenda do estado do Rio, a medalha Tiradentes, por seu excelente desempenho como policial. Ele recebeu a medalha na prisão. No dia seguinte à condenação de Nóbrega, Jair Bolsonaro subiu à tribuna do Congresso, em Brasília, e referiu-se a Adriano da Nóbrega como um "excelente oficial". Bolsonaro também fez comentários depreciativos e alegou, sem provas, que a vítima estaria envolvida com o tráfico de drogas. No ano seguinte, Nóbrega foi absolvido numa instância superior.

Ao iniciar o segundo mandato na Assembleia do Rio em 2007, Flávio Bolsonaro empregou Fabrício Queiroz e a esposa de Adriano da Nóbrega em seu gabinete. Lá, ambos trabalharam até 2018. A partir de 2016, a mãe de Nóbrega também foi contratada. Na época, Nóbrega era considerado "o maior assassino do Rio de Janeiro".[151] Estava à frente da milícia em Rio das Pedras e de alguns cartéis que controlam o jogo do bicho, atividade ilegal e muito lucrativa. Adriano da Nóbrega havia subido na divisão de elite do submundo carioca.

150 *Pistoleiros* (2021).

151 https://istoe.com.br/tudo-ligado-e-dominado/

Ao mesmo tempo que homenageava policiais violentos e empregava familiares de notórios líderes de milícias, Flávio Bolsonaro também votou contra a criação da CPI das Milícias, em 2007. Tanto ele quanto seu pai Jair elogiaram os assassinos e propuseram a legalização das milícias.[152] Não é possível demonstrar mais explicitamente a normalização da violência policial e dos grupos paramilitares ilegais. E um detalhe importante: eles jamais se retrataram ou retificaram suas declarações.

Há uma coincidência interessante entre a cronologia da aproximação dos Bolsonaros com as milícias e o progresso político da família. Na eleição para o Congresso de 1994, apenas dois candidatos do Rio tiveram mais votos do que Jair Bolsonaro. Em 2002, ele terminou em 21.º lugar, e quase ficou fora do Congresso. O jornalista Bruno Paes Manso acredita que a família se aproximou das milícias de forma bastante consciente, para garantir sua sobrevivência política.[153]

Rodrigo Pimentel escreveu o roteiro de *Tropa de Elite*, outro premiado filme brasileiro. Enquanto *Cidade de Deus* mostra a ascensão dos cartéis de drogas, *Tropa de Elite* retrata os laços entre a polícia e as milícias. Um dos personagens do filme é um ativista de direitos humanos e ingressa na política, e foi inspirado em Marcelo Freixo.

O próprio Pimentel tem formação como oficial do Bope, e por muito tempo defendeu o confronto ar-

---

152 https://www.cartacapital.com.br/politica/cronologia-aponta-2007-como-inicio-da-alianca-entre-bolsonaros-e-as-milicias/

153 Manso, Bruno Paes (2020).

mado com milícias e cartéis de drogas. Era a única forma de impor respeito, achava ele. Hoje, sua opinião é outra: "Tudo começa no topo. Se há milícias no Rio, é porque elas têm o apoio da Assembleia, porque há políticos que precisam de seus votos. Se há milícias numa favela, é porque há uma força policial lhes dando apoio e permitindo que elas se tornem gigantescas."[154] A solução, segundo Pimentel, é fazer o trabalho policial ordinário, tradicional, com investigação, indiciamento e condenação. Mas ele reconhece que a polícia hoje não tem recursos para tanto.

Muitos, como Pimentel, acreditam que o crime organizado cresceu tanto assim nas favelas devido à ausência da polícia e de outros entes públicos. Mas atualmente, depois de cinquenta anos de presença do tráfico e das milícias nas favelas, muitos acreditam que a violência e as quadrilhas criminosas não decorrem da *falta* de políticas públicas, mas são, sim, uma decorrência *intencional* delas.

Hélio Luz liderou a polícia civil no Rio na década de 1990, antes de entrar na política pelo PT. Era visto como incorruptível e, sob sua liderança, vários traficantes foram presos. Hoje, ele está aposentado, e sua análise é cristalina: quem decide no Brasil acredita que a tarefa da polícia é proteger os ricos. Os pobres da periferia devem ser *controlados*, caso contrário poderão se rebelar, e a melhor maneira de controlá-los é por meio da violência. Mas como justificar tanta violência? Inventando um inimigo e apresentando a ação policial como reação à criminalidade. O inimigo da vez é o traficante de drogas.[155]

154 *A República das Milícias* (2021).

155 *A República das Milícias* (2021).

O político Marcelo Freixo, conhecido por sua longa trajetória de combate às milícias, compartilha amplamente dessa análise. Não que as milícias tenham sido criadas propositalmente pelas autoridades cariocas, ressalva ele. Elas são o resultado do modo como a política de segurança pública vem sendo implantada em áreas carentes da cidade. A ausência de uma força policial regular e civilizada criou a necessidade de proteção contra o crime. Os cartéis de drogas e as milícias preencheram esse vácuo e, além disso, abastecem os políticos de votos, poder e recursos.[156]

Tanto Marcelo Freixo como Hélio Luz acreditam que uma parcela importante da solução virá com a profissionalização das forças policiais. Freixo destaca o emprego de mais educação e tecnologia em vez de mais armas. Também propõe fundir as Polícias Civil e Militar. Luz cita o exemplo da capital paulista, onde as autoridades se concentraram em treinamento e foram melhor equipadas, enquanto o contingente de pessoal foi até reduzido. O nível de violência na cidade caiu. Uma medida simples como equipar os policiais com uma câmera que captura áudio e vídeo quando estão em missões delicadas reduziu os confrontos físicos entre policiais e civis em mais de 80%. O número de civis mortos nesses confrontos foi reduzido em 60%; o número de policiais mortos, em quase 90%.[157]

Outra mudança fundamental e necessária é acabar com a impunidade. Os casos efetivamente julgados envolvendo violência policial no Rio em particular e no Brasil em geral são irrisórios, 90% dos casos

156 Entrevista, Marcelo Freixo, via Google Meet, 10/mai/2022.

157 https://veja.abril.com.br/coluna/maquiavel/melhores-resultados-que-ja-vi-diz-pesquisador-sobre-cameras-na-pm-de-sp/

são arquivados antes de seguirem para o tribunal[158]; o mesmo vale para a apuração de casos de violência e de assassinatos cometidos por milícias e cartéis de drogas. As razões em geral coincidem. Muitos têm medo de denunciar e testemunhar. A polícia pode deliberadamente negligenciar ou sabotar a investigação, muitas vezes devido a pressões políticas nos bastidores. Além disso, há a corrupção flagrante. Policiais recebem propina para que os casos "morram". A impunidade é um círculo vicioso. Se alguém não é punido por um crime que comete, fica mais propenso a prosseguir a conduta criminosa.

Assim como na Noruega, discute-se no Brasil a atualização da legislação sobre drogas, que hoje proíbe indiscriminadamente o uso de entorpecentes ditos ilegais. Muitos no Brasil querem espelhar-se em Portugal, que elevou o patamar do que é considerado crime e viu os casos de abuso de drogas e a violência decorrente diminuírem. Alcançar algo semelhante no Brasil parece difícil. Embora o uso de drogas seja generalizado, a postura em relação à descriminalização é tímida.

No Brasil, o debate em torno da tolerância zero às drogas está umbilicalmente ligado à questão da liberdade policial. A proposta de unificar as Polícias Militar e Civil numa única força policial nunca foi votada no Congresso. Por outro lado, existem projetos de lei para reduzir a punição de policiais que abusam de violência e impedir que cidadãos filmem policiais em ação. A família Bolsonaro é a porta-voz dessa política há décadas.

---

158 https://www.metropoles.com/brasil/policiais-creem-na-impunidade-diz-pesquisador-sobre-violencia-no-rj

Em 14 de março de 2018, a vereadora Marielle Franco e seu motorista Anderson Gomes foram assassinados no Rio de Janeiro. Ela foi alvejada com três tiros na cabeça, ele com três tiros nas costas.

Os homicídios aconteceram quando Marielle estava a caminho de casa após uma reunião política com o revelador título de "Jovens negras desafiando as estruturas". O carro que ela dirigia foi perseguido por um Chevrolet Cobalt escuro com placas frias. Numa área relativamente deserta, ele emparelhou com o carro de Marielle e, sem reduzir a marcha, disparou 13 tiros em rápida sucessão. A munição era do tipo usado pela PM, facilmente encontrada no mercado ilegal. Nada foi roubado. O assassinato teve todas as características de execução a cargo de profissionais.

Marielle cresceu na área de favela do Complexo da Maré. Depois de uma amiga ter perdido a vida inocentemente numa troca de tiros entre policiais militares e traficantes, ela começou a se dedicar à luta por direitos humanos. Com a ajuda de uma bolsa de um programa recém-criado para estudantes carentes, concluiu seu mestrado em Sociologia. Marielle trabalhou com Marcelo Freixo na CPI das Milícias. Em 2016, foi eleita vereadora no Rio pelo PSOL com número recorde de votos, personificando muito do que sempre foi reprimido no Brasil. Política jovem e com visão de futuro, ela representava um fio de esperança para muitos cariocas até ser assassinada.

Um dos momentos mais emocionantes no trabalho para este livro foi quando entrevistei a professora de história Luciana Martins, colega de trabalho e amiga de Marielle. Ela disse que nunca superaria o assassinato e em seguida ficou em silêncio por um longo tempo, revirando os olhos em busca das palavras. "Ela não era apenas uma amiga. Era mulher, negra, favelada, bissexual e política. Foram muitas mortes de uma só vez."[159]

Ninguém até agora foi condenado pelos assassinatos. A investigação policial até o momento aponta para a milícia Escritório do Crime. O motivo é que Marielle tinha começado a investigar as operações imobiliárias ilegais da milícia na favela Rio das Pedras e na vizinha Muzema. O Escritório do Crime controla ambas.

O líder dessa milícia é Adriano da Nóbrega, homenageado na Assembleia estadual por iniciativa de Flávio Bolsonaro. No momento do assassinato, Nóbrega estava na clandestinidade, suspeito de vários outros homicídios. Ele também era procurado por ligação com o desabamento de dois prédios erguidos ilegalmente na favela Muzema, no qual perderam a vida 24 pessoas.[160]

Segundo a polícia, foi o assassino de aluguel Ronnie Lessa quem efetuou os disparos. Ronnie Lessa é amigo de Adriano da Nóbrega e compartilha sua trajetória na PM e no Bope. Tal como Adriano da Nóbrega, Lessa era considerado corajoso, mas um tanto amalucado, e ganhou o "bônus do velho oeste" por ser extremamente audacioso durante missões arriscadas. Ambos foram acusados de extorsão e assassinato en-

---

159 Entrevista, Juliana Martins, Rio de Janeiro, 18/nov/2021.

160 https://theintercept.com/2020/04/25/flavio-bolsonaro-rachadinha-financiou-milicia/

quanto estavam em serviço. Ambos já eram suspeitos de flertar com as milícias muito antes de serem exonerados da polícia. Lessa é sócio do Escritório do Crime de Nóbrega.

Ronnie Lessa é também um dos vizinhos mais próximos de Jair Bolsonaro. Ele mora na casa 65 no condomínio fechado Vivendas da Barra, a trinta metros da casa 58 de Jair Bolsonaro. O registro na entrada do conjunto residencial mostra que o motorista do Chevrolet utilizado na noite do assassinato visitou a casa de Bolsonaro no mesmo dia. O porteiro, que avisou a polícia e registrou a entrada do veículo no protocolo do condomínio, mudou sua versão em seguida e disse que o homem esteve na casa de Ronnie Lessa. Depois disso, ninguém mais teve notícias do porteiro.[161]

Um ano após o assassinato, em março de 2019, a polícia invadiu o Vivendas da Barra para prender Ronnie Lessa. A forma como o assassinato aconteceu é uma das marcas registradas de Ronnie Lessa: tiros disparados por armas automáticas de um carro em alta velocidade. Condenado por destruir provas, ele está preso e é o principal suspeito de ter assassinado Marielle Franco.

A investigação mostrou que houve uma longa série de conversas telefônicas entre a casa de Lessa e a casa de Jair Bolsonaro. Também mostrou que tanto Lessa quanto Fabrício Queiroz, o faz-tudo de Flávio Bolsonaro, monitoravam o dia-a-dia de Marielle. A polícia encontrou indícios em seus computadores e telefones celulares de que ambos também levantavam informações sobre outros nomes da esquerda brasilei-

161 Entrevista, Leandro Demori, Oslo, 1º/jun/2022.

ra. Entre os termos buscados estavam: "Dilma Rousseff morta", "Marcelo Freixo morto", "Lula enforcado".[162]

A investigação sobre o assassinato de Marielle Franco rendeu várias descobertas surpreendentes. Fabrício Queiroz, que trabalhou no gabinete de Flávio Bolsonaro, por muitos anos transferiu dinheiro para Flávio e também para Michelle Bolsonaro, a nova primeira-dama. O caso ficou conhecido como *rachadinha*, prática bastante conhecida no Brasil, que consiste no emprego por políticos de funcionários que não trabalham para que possam embolsar, em parte ou no todo, o salário efetivamente pago a eles. Na prática, isso é desvio de dinheiro público. Corrupção.

O caso ganhou as manchetes em janeiro de 2019, poucas semanas após a posse de Jair. Vários membros da família Bolsonaro foram envolvidos, mas o personagem principal foi o primogênito Flávio. Um de seus supostos assessores na verdade trabalhava como cabeleireiro e sequer estava de posse do cartão de acesso aos prédios onde fica a Assembleia fluminense. Uma das supostas funcionárias de Jair Bolsonaro em Brasília trabalhava como empregada doméstica em sua casa de férias em Angra dos Reis. Outro dito funcionário de Brasília trabalhava como *personal trainer* no Rio. Dez das pessoas sob investigação são parentes da segunda esposa de Bolsonaro, Ana Cristina Valle. Todos residiam fora do Rio durante os períodos em que estiveram formalmente empregados, e vários admitiram à

---

162 https://extra.globo.com/casos-de-policia/pm-acusado-de-matar-marielle-buscou-politicos-de-esquerda-promotores-jornalistas-na-internet-23516965.html

imprensa que nunca puseram os pés na Assembleia.[163] A análise do jornal *O Globo* revela indícios de que, dos 286 funcionários que Jair e seus filhos, Flávio, Carlos e Eduardo, empregaram em seus respectivos gabinetes nos últimos 28 anos, pelo menos 37 eram fantasmas, que ou viviam em outras cidades ou tinham outro emprego no mesmo período.[164]

O jornal *online The Intercept* tem uma redação própria no Brasil. Os jornalistas do *Intercept* tiveram acesso a documentos sigilosos do Ministério Público do Rio de Janeiro segundo os quais a principal hipótese da polícia é a seguinte: Flávio Bolsonaro remunerava funcionários de seu gabinete com dinheiro público do estado do Rio de Janeiro. Quarenta por cento dos salários eram retidos e transferidos para Fabrício Queiroz, que por sua vez destinava parte do dinheiro a Adriano da Nóbrega, comandante do Escritório do Crime. Nóbrega usava esses recursos para construir irregularmente residências nas favelas Rio das Pedras e Muzema, e o lucro da venda desses imóveis acabava sendo repartido com Flávio Bolsonaro.[165]

Em 2020, o Ministério Público do Rio acusou Flávio Bolsonaro de desviar recursos públicos,[166] mas ele nega qualquer envolvimento em tais esquemas. Ele e seu pai fizeram tudo o que podiam para impedir

---

163 https://oglobo.globo.com/politica/carlos-bolsonaro-empregou-17-pessoas--com-lacos-familiares-no-gabinete-na-camara-do-rio-desde_2001_1_25179551

164 https://oglobo.globo.com/politica/dos-286-funcionarios-do-cla-bolsonaro-13-tem-indicios-de-que-nao-trabalhavam-23854658

165 https://theintercept.com/2020/04/25/flavio-bolsonaro-rachadinha-financiou-milicia/

166 https://www1.folha.uol.com.br/poder/2020/11/ministerio-publico-denuncia-flavio-bolsonaro-por-organizacao-criminosa-peculato-lavagem-de--dinheiro-e-apropriacao-indebita.shtml

a investigação, e o caso ainda não chegou aos tribunais. As duas peças-chave para entender o que realmente aconteceu são, portanto, Adriano da Nóbrega e Fabrício Queiroz.

O paradeiro de Adriano da Nóbrega era desconhecido, mas em fevereiro de 2020 ele foi descoberto pela Polícia Militar da Bahia, na propriedade de um correligionário local de Jair Bolsonaro. A PM cercou o local com 70 homens, e Nóbrega foi morto numa troca de tiros em circunstâncias nebulosas. Na mesma operação, a polícia encontrou 13 telefones celulares e vários cartões SIM que poderiam apontar para várias pistas, mas até agora nada de seu conteúdo foi divulgado. Alguns dias antes disso, Adriano da Nóbrega, quando percebeu que o cerco estava fechando-se, disse ao advogado que temia ser assassinado. Ele achava que seria vítima do que no Brasil é chamado de *queima de arquivo*.

Fabrício Queiroz sumiu da face da terra em 2018. O caso da *rachadinha*, revelado no ano seguinte, causou grande impacto. A hashtag *#CadêoQueiroz* se tornou uma das mais populares no Brasil. A família Bolsonaro alegou que não fazia ideia de onde estava Queiroz e que não falava com ele havia anos. Fabrício Queiroz só foi ressurgir em junho de 2020 – na chácara de férias de 200 metros quadrados do advogado de Bolsonaro, onde estava vivendo havia mais de um ano. O advogado alegou que não sabia que Queiroz estava hospedado ali.

Fabrício Queiroz foi preso, mas não disse uma palavra. Ele agora é um cidadão livre e está concorrendo a deputado para o Congresso pelo PTB, um dos vários partidos aliados a Bolsonaro. Seu slogan é "Brasil acima de tudo, Deus acima de todos", exatamente o mesmo de Bolsonaro. O termo que usa com mais frequência para promover sua candidatura nas redes sociais é "lealdade".[167]

Suspeitos, investigados e acusados em circunstâncias gravíssimas, os Bolsonaros estariam mesmo envolvidos em tudo isso? E o que eles próprios dizem?

No caso do assassinato de Marielle Franco, há poucas evidências de envolvimento direto. O principal suspeito, Ronnie Lessa, é vizinho do presidente. O motorista suspeito esteve com Lessa em sua casa quatro horas antes do assassinato. O porteiro disse inicialmente que o motorista ia à casa de Bolsonaro, mas depois mudou sua versão. O próprio Jair Bolsonaro estava em Brasília naquele dia. Ele explica os telefonemas entre as casas dizendo que seu filho mais novo estava apaixonado pela filha de Ronnie Lessa.

No caso de desvio de fundos, os vínculos são mais estreitos. A polícia provou que muitos dos funcionários de Flávio Bolsonaro só trabalhavam no papel, e que grandes somas de dinheiro fluíam entre ele, Fabrício Queiroz e a primeira-dama do Brasil, Michelle Bolsonaro. O presidente diz que as transferências de Queiroz para sua esposa foram apenas para quitar um empréstimo.

Quanto aos vínculos com as milícias armadas, eles são óbvios. A própria família Bolsonaro diz que

167 https://www.jota.info/eleicoes/em-pre-campanha-queiroz-e-abandonado-por-bolsonaristas-nas-redes-sociais-14042022

nunca teve nenhum contato deliberado com milícias, o que simplesmente não é verdadeiro. Desde o início dos anos 1980, Fabrício Queiroz é o braço direito da família Bolsonaro e, ao mesmo tempo, mantém relação próxima com as milícias. Flávio empregou familiares do líder da milícia Adriano da Nóbrega em seu escritório. Além disso, Jair e Flávio Bolsonaro já fizeram parte do seu círculo de amizades e, entre outras coisas, comemoraram aniversários com ele e vários outros notórios milicianos.

Mas digamos que, como diz a família Bolsonaro, nunca houve contato direto ou troca de favores entre eles e as milícias. Vamos supor que todos esses encontros tenham sido por acaso, que as transferências de dinheiro tenham sido destinadas a pagar dívidas e que todo o resto não passe de meras coincidências, sem nexo de causalidade. E então?

Mesmo assim, Jair Bolsonaro e seus filhos têm defendido sistematicamente as atividades de grupos paramilitares ilegais. Eles lutaram contra a investigação das milícias. Em vez de investiga-las, até propuseram legalizá-las. Eles homenagearam os membros violentos da milícia com discursos de agradecimento e medalhas de honra. São ataques graves ao combate à violência e à criminalidade, não apenas no Rio; são palavras e condutas que fustigam diretamente todo o esforço de aperfeiçoamento da segurança pública do Estado brasileiro.

Tudo isso tomado no contexto da história pessoal de Jair Bolsonaro aponta para um padrão. Bolsonaro glorifica a violência e a opressão. Demonstra simpatia pelos fortes e poderosos, despreza os pobres e fracos. Juntos, esses fatores mostram um desprezo por normas, leis e regras que são, em última análise, as pedras angulares da própria democracia.

No Brasil predominantemente católico, os mortos devem ser enterrados preferencialmente até 24 horas após a morte, e, antes do funeral propriamente dito, é realizado um velório para que familiares e amigos possam despedir-se. No caso de Marielle Franco e Anderson Gomes, o velório foi realizado na sede da prefeitura do Rio, em caixões lacrados por causa da desfiguração ocasionada pelos projéteis.

O assassinato de Marielle e Anderson despertou uma enorme comoção, e não apenas no Brasil. O caso ganhou as manchetes em todo o mundo. A praça em frente à prefeitura estava lotada. Haviam decorrido apenas algumas horas desde o assassinato, mas milhares de pessoas acorreram à praça entoando canções sobre união e bradando slogans de resistência. O lugar estava tão cheio de gente que os carros funerários não conseguiam aproximar-se. Então, sem que ninguém tivesse decidido, sem que nenhuma ordem tivesse sido dada, um corredor se abriu no meio da multidão para que os caixões pudessem ser carregados pelas escadas até o interior do prédio.

Marcelo Freixo estava lá. Ele recebeu o caixão com sua ex-colega de trabalho e teve a sensação de que, pela quantidade de pessoas presentes e pela maneira como se organizaram, o clamor por justiça havia adquirido uma importância ainda maior. "Marielle abriu um caminho, uma oportunidade, para o Rio e para o Brasil."[168]

---

168 *A República das Milícias* (2021).

CAPÍTULO 6:

Homenagem ao torturador

No chão rente à tribuna da Câmara, os deputados estavam aglomerados, como se estivessem diante do palco de um show de rock. Alguns erguiam faixas de apoio à presidente Dilma Rousseff; outros, cartazes com o irônico texto "Tchau, querida". Um por um, os políticos subiam à tribuna improvisada no meio do saguão para declarar seu voto. Jair Bolsonaro ficou ao lado de um colega e lhe entregou um bilhete manuscrito do que pretendia dizer. O colega, Alberto Fraga, leu rapidamente o texto e não teve dúvidas: "Vai dar confusão." Bolsonaro dobrou o bilhete e o colocou no bolso do paletó: "Estou cagando pra isso."[169]

A primeira vez que ouvi falar de Jair Bolsonaro foi nessa noite de 15 de abril de 2016. Junto com meu amigo Ulisses, eu estava no coração da Amazônia, percorrendo de carro a Transamazônica. No crepitante rádio do carro, a Câmara dos Deputados votava a proposta de abrir um processo no STF contra a então presidente Dilma Rousseff, do PT.

O País mergulhava numa profunda crise. A *Lava Jato* devastou como um tsunami os mundos empresarial e político, e os índices de rejeição à presidente atingiram uma alta histórica.

169 Oyama, Thaís (2019, p. 12).

O objetivo da oposição era usar o STF para apear Dilma Rousseff do cargo. O Supremo Tribunal Federal é uma corte especial cujos integrantes, de acordo com a Constituição brasileira, são nomeados pelo Congresso. No Brasil, um presidente, assim como a maioria dos políticos em exercício de mandato, goza de imunidade jurídica plena, mas o STF pode intervir no caso dos chamados crimes de responsabilidade, isto é, condutas que violam a Constituição.

Dilma Rousseff foi eleita presidente pela primeira vez em 2010, escolhida a dedo por Lula para sucedê-lo. Ela continuou sua política de estabilidade macroeconômica e seus programas de redução da pobreza em larga escala, mas se notabilizou por ser menos charmosa e mais rígida do que seu antecessor. Quatro anos depois, ela voltou a vencer a eleição, mas o candidato da oposição Aécio Neves, do PSDB, recusou-se a reconhecer a derrota. Desde então, a oposição estava de olho numa oportunidade para derrubar a presidente.

Dilma Rousseff não foi acusada de corrupção. A questão eram os supostos malabarismos com orçamentos e operações contábeis do governo, que no Brasil ganharam o apelido de *pedaladas fiscais*. Especificamente, os opositores de Dilma acreditavam que ela havia infringido as normas orçamentárias do País ao atrasar repasses de dinheiro para bancos estatais que haviam custeado os gastos públicos. Além disso, sustentavam que o governo tomara decisões financeiras sem a necessária aprovação do Congresso. Dilma Rousseff negou ter feito algo errado. É assim que se administram as finanças públicas no País, afirmou, salientando que os governos anteriores tinham feito exatamente o mesmo sem terem sofrido nenhum tipo de represália.

Para abrir uma ação de improbidade no STF é necessário uma maioria de dois terços na Câmara dos Deputados. Enquanto Ulisses e eu avançávamos floresta adentro, os deputados subiam à tribuna para votar.

Muitos brasileiros também tomaram conhecimento da existência de Jair Bolsonaro naquela noite. Ele vivia à margem da política nacional, sem jamais ter participado de debates importantes ou proposto projetos de lei dignos de nota. Dois anos e meio antes da eleição presidencial que viria a vencer, ele ainda era considerado um irrelevante membro do *baixo clero*. Nas mídias sociais sua importância era maior, é fato, mas eram apenas militares, policiais, evangélicos radicais e extremistas de direita que lhe davam ouvidos. Mais irrelevante era seu capital eleitoral.

A votação no Congresso ainda não havia terminado quando Ulisses e eu chegamos ao nosso destino, então pudemos acompanhar o final dela pela TV enquanto jantávamos. Era um circo. Os 513 deputados tinham dez segundos para dizer sim ou não à ação no STF, mas todos aproveitavam para enviar mensagens aos seus eleitores, familiares e à sua cidade natal. A maioria bradava palavras de ordem nas transmissões ao vivo e concluía com um sonoro *SIM*! ao impedimento da presidente, dedicando seus votos a tudo e a todos, desde esposas, filhos e netos, a Deus, ao futuro, à cidade natal e a várias denominações evangélicas. Outros declaravam que votavam pelo fim do comunismo e da corrupção. O mais esdrúxulo talvez tenha sido um deputado que dedicou seu voto a "todos os corretores de seguros do Brasil". Poucos mencionavam sequer o motivo da acusação que estava sendo feita à presidente.

Os apoiadores de Dilma Rousseff mencionavam democracia e justiça, homenageavam políticos e ícones da esquerda, incluindo opositores da ditadura como o oficial desertor Carlos Lamarca. Também acusavam a oposição de estar armando um complô político, especialmente ao então presidente da Câmara dos Deputados, Eduardo Cunha. Muitos acusavam a ele, à direita e à elite brasileira de estarem orquestrando um golpe.

Nos dias seguintes à votação, um deputado roubou as manchetes: Jair Bolsonaro. Em menos de sessenta segundos, ele fez um discurso que despertou a repulsa de adversários e a admiração de apoiadores, mas o mais importante foi que conseguiu atrair atenção para si. Bolsonaro foi parar nas primeiras páginas dos jornais e nos noticiários da televisão, e se tornou objeto de debates intensos, fossem eles em mesas de bar ou na sala de jantar de casas ou na internet.

Jair Bolsonaro dedicou seu voto a um dos mais cruéis e notórios torturadores da ditadura militar, responsável por torturar, entre outras pessoas, ninguém menos que a presidente Dilma Rousseff.

Poucos minutos depois de Bolsonaro ter dobrado a folha com o discurso, foi sua vez de votar. Ladeado por seu terceiro filho Eduardo, ele abriu caminho até o microfone, acenou para um aliado e tomou a palavra:

Neste dia de glória para o povo brasileiro, tem um nome que entrará para a história nesta data, pela forma como conduziu os trabalhos na casa. Parabéns, presidente Eduardo Cunha.

(Vaias, gritos e aplausos no saguão)

(O presidente: Seu voto, senhor deputado)

Perderam em 64. Perderam agora, em 2016. Pela família e pela inocência das crianças em sala de aula, que o PT nunca teve. Contra o comunismo. Pela nossa liberdade. Contra o Fórum de São Paulo. Pela memória do coronel Carlos Alberto Brilhante Ustra, o pavor de Dilma Rousseff.

(Vaias, gritos e aplausos no saguão)

(O presidente: Seu voto, senhor deputado)

Pelo Exército de Caxias.

(O presidente: Seu voto.)

Pelas nossas Forças Armadas. Pelo Brasil acima de tudo e por Deus acima de todos. Meu voto é sim![170]

E terminou erguendo os braços para o ar como se tivesse marcado um gol decisivo.

O discurso é cheio de referências e simbolismos de difícil identificação para os leitores noruegueses, portanto vamos ao que importa.

"Parabéns, presidente Eduardo Cunha."

Como presidente da Câmara dos Deputados, Cunha foi decisivo para o impeachment. Filiado ao

170 http://g1.globo.com/politica/videos/v/votacao-do-impeachment-veja-como-foi-o-voto-de-jair-bolsonaro/5125877/

MDB, que fazia parte do governo da presidente, ele havia muito vinha arquivando os pedidos de afastamento da presidente, mas a popularidade de Dilma Rousseff e o apoio do governo no Congresso estavam no fundo do poço, e a coalizão governamental estava esfacelando-se.

O próprio Eduardo Cunha foi acusado de corrupção, e seu caso seria julgado na comissão de ética do Congresso. Lá ele corria o risco de ser condenado, perdendo assim a imunidade parlamentar e podendo até ser preso. O equilíbrio de poder dependia de o PT evitar que Eduardo Cunha fosse julgado pela comissão de ética para assim evitar um processo no STF contra Dilma Rousseff. Mas o PT estava sob tremenda pressão por estar impedindo a investigação de um político corrupto pertencente a um partido de apoio infiel. Cunha era pressionado com a mesma intensidade para abrir um processo contra uma presidente impopular que adotava uma política para a qual grupos econômicos poderosos torciam o nariz.

Em 3 de dezembro de 2015, ficou claro que o PT lavaria as mãos diante de Eduardo Cunha no comitê de ética. Poucas horas depois, Cunha colocou o impeachment na pauta do Congresso.

"Perderam em 64. Perderam agora, em 2016."

Aqui, Jair Bolsonaro faz uma menção ao golpe militar de 1964 e sugere que a esquerda no Brasil de então perdeu uma batalha legítima pelo poder político. Reflete uma visão de mundo militar e conservadora que não considera o golpe uma ruptura democrática, mas uma tomada do poder prevista em lei. É mais uma saudação aos eleitores mais leais de Bolsonaro: soldados e oficiais.

“Pela família e pela inocência das crianças em sala de aula, que o PT nunca teve.”

Até em norueguês esta frase soa mal formulada, mas Bolsonaro se refere ao que chamou de *kit gay*, o pacote educacional contra a homofobia na escola, que para ele não passava de um abuso da inocência das crianças. Aqui, Bolsonaro tinha em mente as igrejas evangélicas, e isso foi um sinal às suas dezenas de milhões de fiéis.

“Contra o Fórum de São Paulo.”

Aqui vemos o legado de Olavo de Carvalho, padrinho da nova direita brasileira. Filósofo autoproclamado, Carvalho passou anos postando no YouTube vídeos sobre filosofia política carregados de revisionismo histórico, de teorias da conspiração e de diatribes contra a esquerda. Dois dos filhos de Jair Bolsonaro eram seus fiéis seguidores. Olavo de Carvalho, e aqui Jair Bolsonaro, acreditavam que o Fórum de São Paulo, que reúne organizações e partidos políticos de esquerda, é a própria fonte do chamado “marxismo cultural” na América Latina. Todos os *olavistas* do Brasil foram representados nessa frase.

“Pela memória do coronel Carlos Alberto Brilhante Ustra, o pavor de Dilma Rousseff.”

Nessa declaração infame, Bolsonaro eleva sua voz para defender o mais notório de todos os torturadores da ditadura. De 1970 a 1974, Carlos Alberto Brilhante Ustra esteve à frente do serviço de Inteligência Militar DOI-CODI em São Paulo, quando pelo menos quinhentas pessoas foram torturadas ali. Em 2008, ele se tornou o primeiro, e até agora único, militar a ser condenado por tortura durante a ditadura. Homenageá-lo foi dar um tapa na cara de todos os oprimidos e render uma homenagem aos torturadores e linhas-duras das Forças Armadas.

Ao longo do discurso, o filho de Bolsonaro, Eduardo, ficou imóvel, centímetros atrás de seu pai, empertigado num elegante terno azul-celeste de corte justo que o deixava parecido com um segurança numa roupa um pouco clara demais para a função. Quando o pai Jair pronunciou o nome do torturador, o filho Eduardo, imediatamente atrás, repetiu as mesmas quatro palavras em silêncio: Carlos Alberto Brilhante Ustra. Quando o pai terminou de dizer que seu voto era "Sim!", o filho torceu o polegar direito sobre a palma esquerda, fazendo um sinal que no Brasil significa roubar. Era uma mensagem clara para Dilma Rousseff: ela havia roubado a eleição em 2014 e estava por trás de grandes escândalos de corrupção.

O resultado da votação foi um retumbante sim ao impeachment, com consequências funestas para o destino do Brasil. Obrigada a se afastar do cargo, Dilma Rousseff foi substituída por seu vice-presidente, Michel Temer. Ele pertencia ao partido de apoio ao governo, o MDB, o mesmo do presidente do Congresso, Eduardo Cunha, e foi eleito com a mesma plataforma de Dilma Rousseff. Mesmo assim, seu governo deu uma guinada brusca numa direção mais conservadora e liberal. Temer sempre disse que não queria ser eleito presidente. Em outras palavras, estava à vontade para realizar as reformas mais impopulares, independentemente do que as pessoas fossem pensar.

O novo governo de Michel Temer era composto exclusivamente por homens, em sua maioria brancos, ricos e com bem mais de cinquenta anos. As três maiores reformas foram para equilibrar as finanças públicas do País, e aqui o novo governo de Temer deu um passo radical. A questão mais controversa foi uma emenda constitucional para estabelecer um teto nos gastos públicos, limitando o orçamento do governo federal ao correspondente aumento de receita do ano anterior, com vigência pelas próximas duas décadas. Os próximos presidentes estariam, portanto, limitados por uma medida de um presidente que não foi diretamente eleito, medida esta que independia da condição econômica do País. A segunda grande reforma reduzia os direitos trabalhistas, a terceira foi uma reforma previdenciária.

Os setores patronais e financeiros do Brasil apoiaram entusiasticamente as propostas, afirmando que reduziriam os déficits orçamentários do Estado e estimulariam o crescimento da atividade econômica devido à flexibilização das regras. Sindicatos, instituições de saúde e educação e organizações de base foram contra, argumentando que as reformas prejudicariam os direitos dos trabalhadores e que, na prática, significariam cortes nos orçamentos de saúde e educação.

Todas as reformas foram aprovadas pelo Congresso (embora a reforma da Previdência não tenha sido votada até 2019, quando Bolsonaro assumiu a presidência). Nos círculos de investidores, Michel Temer é hoje considerado o melhor presidente que o

Brasil teve desde a ditadura militar.[171] Para os demais brasileiros, foi o presidente mais impopular de todos os tempos, deixando o cargo com aprovação menor do que a própria Dilma Rousseff.[172]

Uma das questões mais debatidas após o impeachment é a seguinte: foi ou não foi golpe?

O lado de Dilma Rousseff e grande parte da esquerda acreditam que foi um golpe cristalino, não um clássico golpe militar, com soldados nas ruas, mas uma tomada de poder arquitetada e ilegítima. Um golpe de estado, uma afronta à própria democracia. Foi uma urdidura da elite brasileira que, depois de ter perdido quatro eleições presidenciais consecutivas, não viu outra chance de chegar ao poder a não ser enveredando por meandros jurídicos sombrios.

A direita brasileira vê no impeachment uma vitória da democracia. Uma presidente responsável por irregularidades foi deposta de acordo com as regras consagradas na Constituição. O caso tramitou na Câmara dos Deputados e no Senado, sob a tutela do Supremo Tribunal Federal, e todos os trâmites legais foram seguidos à risca. Um processo assim não poderia jamais ser um golpe, argumentam eles, pelo contrário, configura uma grande celebração da democracia.

Os juristas brasileiros também veem o caso à seu próprio modo. A maioria concorda que os procedimentos foram seguidos corretamente; a questão é a gravidade das denúncias. As acusações que pesavam

171 Entrevista, Mariano Steinert, São Paulo, 9/nov/2021.

172 https://veja.abril.com.br/politica/temer-bate-proprio-recorde-e-e-o-presidente-mais-rejeitado-da-historia/

sobre Dilma Rousseff qualificavam-se para a aplicação de um dispositivo constitucional tão extremo?

Mesmo dentro do STF, as opiniões divergiram. Um dos juízes mais loquazes sobre a questão é Luís Roberto Barroso. Em várias ocasiões, ele sugeriu que o caso se tratava na verdade de uma disputa de poder político no Congresso e, no início de 2022, seis anos após a votação do impeachment, não mediu palavras: "A justificativa formal foram as tão-chamadas pedaladas fiscais, mas a verdadeira razão foi a perda de apoio político."[173] Ele justifica o argumento com o fato de que o vice-presidente Temer, que assumiu a presidência no lugar de Dilma Rousseff, foi acusado de irregularidades muito mais graves, incluindo corrupção, sem que o Congresso permitisse que ele fosse investigado. Temer tinha o apoio do Congresso, então estava tudo bem.

Caso Dilma Rousseff tenha sido derrubada por causa de uma disputa de poder no Congresso e não por ter infringido a lei, ela foi portanto deposta de forma ilegítima. Os partidários de Dilma Rousseff alegam isso há anos, e por isso chamam de golpe o impeachment. Mas Barroso faz uma ressalva, e se recusa a usar o termo golpe, uma vez que, "do ponto de vista legal, as disposições da Constituição foram observadas".[174]

O impeachment abriu caminho para Jair Bolsonaro, não só lhe dando uma atenção que nunca tinha tido antes, mas também abrindo as comportas de uma insatisfação generalizada com os partidos e com os

---

173 Barroso, Luís Roberto (2022).

174 https://www.correiobraziliense.com.br/politica/2022/02/4982430-barroso--admite-que-impeachment-de-dilma-ocorreu-por-motivacoes-politicas.html

políticos tradicionais. O impeachment e a postura do STF galvanizaram uma onda de queixas de corrupção e abuso de poder no Congresso, então, num nível mais básico, as pessoas perderam a confiança no sistema político como um todo. Alguns chegaram a dizer que o caos em que o País tinha mergulhado era uma prova de que a própria democracia como forma de governo havia falido. Cartazes pedindo "Intervenção militar já" começaram a pipocar nas manifestações de rua. Na internet, o debate se tornou cada vez mais agressivo e polarizado. Não bastasse todos esses fatores, a crise econômica se agudizou. Tudo isso criou as condições para o surgimento de um candidato antissistema.

Para Dilma Rousseff, a votação na Câmara dos Deputados foi o começo do fim. Quatro meses depois, ela foi condenada pelo Senado e teve que renunciar ao cargo de presidente. Ela nunca foi processada ou presa por corrupção.

Eduardo Cunha também teve que deixar o cargo. Poucas semanas depois de ter colocado o impeachment na pauta do Congresso, ele teve sua casa revistada pela Polícia Federal como parte da grande investigação da *Lava Jato* sobre ligações corruptas entre políticos e empresas. Um de seus últimos atos como deputado foi presidir a votação na Câmara. Em 2017, ele foi condenado a 15 anos de prisão por corrupção.

Michel Temer se manteve ileso por mais tempo. Dois meses e meio depois de ter terminado seu mandato de presidente, ele foi preso por suspeita de corrupção e lavagem de dinheiro. O ministro de Minas e

Energia do governo Temer também foi preso na mesma operação policial.

Em relação a Bolsonaro, o cenário foi inteiramente diferente. Para ele, a votação foi o ponto de partida para uma longa marcha em direção ao palácio presidencial. O final de seu voto no impeachment foi o mesmo que utilizaria como slogan oficial da campanha, em 2018: “Brasil acima de tudo. Deus acima de todos.”

CAPÍTULO 7:

BBB: bala, boi e *Bíblia*

BBB. No Brasil, esta abreviatura significa duas coisas. Para a maioria das pessoas, *Big Brother Brasil*, *reality show* que está no ar há 22 anos e continua líder de audiência no País. Mais de 40 milhões de brasileiros aboletam-se diante da TV durante as transmissões do programa.[175] Nem mesmo as novelas mais populares têm um público maior.

Para os mais interessados em política, BBB também remete a *boi*, *bala* e *Bíblia*. Trata-se de três grupos de lobby no Congresso brasileiro: os ruralistas, grandes agricultores e latifundiários; os defensores dos fabricantes de armas e munições; e os umbilicalmente ligados às igrejas evangélicas. Estão representados em partidos de diferentes matizes ideológicas e costumam pronunciar-se e votar em uníssono. Sua lealdade a esses grupos de interesse costuma ser mais forte do que aos partidos que representam.

Esses três grupos de interesses tão diferentes costumam ser referidos como uma só entidade não apenas por causa da sigla apelativa, mas também por estarem entre os grupos mais poderosos do País, cujo poder aumentou acentuadamente nos anos 2000. Também figuram entre os grupos mais conservadores do Congresso e, juntos, lideram uma agenda – de fun-

175 https://veja.abril.com.br/coluna/tela-plana/bbb-numeros-provam-que--brasil-e-pais-mais-viciado-no-programa/

do religioso – conservadora, autoritária e ambientalmente hostil. Na política, são a principal razão de Jair Bolsonaro ter chegado ao palácio do Planalto.

Pode-se considerar a bancada ruralista um grande lobby dos latifundiários. A primeira vez que percebi que Bolsonaro podia ganhar a eleição de 2018 foi quando ouvi a notícia de que a bancada ruralista o apoiaria. A campanha eleitoral mal havia começado, e Bolsonaro ainda estava um pouco atrás nas pesquisas. O lobby dos latifundiários foi o primeiro dos principais grupos influentes a tornar público seu apoio à candidatura de Bolsonaro. Antes, a maioria dos seus integrantes recusava qualquer ligação com um político que considerava extremista. Tudo que ele dizia era exagerado.

No lobby dos latifundiários Bolsonaro ganhou um poderoso aliado. Em 2018, reunia quatro em cada dez membros do Congresso, cuja influência cresceu proporcionalmente à crescente importância da agropecuária para a economia brasileira. O Brasil há muito é um gigante agropecuário. Há mais de cem anos, o País é o maior exportador mundial de açúcar e café. Hoje, o Brasil também é o maior exportador mundial de soja, carne bovina, frango e suco de laranja. A agricultura responde por quase metade das receitas de exportação do Brasil,[176] daí o poder da bancada do boi.

Os latifundiários deram a Bolsonaro não só um enorme contingente de parlamentares influentes no Congresso, mas também uma penetração no campo agrícola que ninguém mais poderia dar-lhe. As redes

176 https://www.cnabrasil.org.br/cna/panorama-do-agro

de produtores rurais mobilizaram dezenas de milhares de apoiadores, tanto fisicamente como virtualmente, e organizaram centenas de reuniões de campanha eleitoral. Não raro, era nessas reuniões que os ataques de Bolsonaro a adversários políticos eram mais agressivos. Ali ele estava jogando em casa, à vontade entre os seus. Poderia dizer o que lhe desse na telha.

Mas o que o lobby dos latifundiários tinha a ganhar ao apoiar Bolsonaro? Claro, eles queriam estar no time vencedor. A coisa mais importante, no entanto, era o jogo de interesses. Tanto Bolsonaro quanto o lobby dos latifundiários querem o crescimento mais rápido possível no setor agrícola, sem nenhuma atenção especial ao meio ambiente, às condições de trabalho ou aos direitos dos povos indígenas. De início até não simpatizavam tanto assim com ele, mas na falta de outros candidatos de direita mais moderados à frente das pesquisas eleitorais, preferiram apostar as fichas em Bolsonaro.

Depois que Jair Bolsonaro assumiu a presidência, as relações com o lobby dos latifundiários têm sido ambivalentes. A rede de interesses continua, o desejo de crescer aceleradamente ainda está lá. Mas uma vez que a destruição da floresta amazônica atingiu recordes históricos, muitos grandes agricultores agora temem pelas exportações de alimentos brasileiros. Bolsonaro manchou a reputação internacional do País. O mercado europeu, em particular, está exigindo cada vez mais alimentos cultivados com responsabilidade, e os exportadores brasileiros foram submetidos a boicotes de consumidores em vários países. Os acordos de livre comércio com a União Europeia (UE) e o Espaço Econômico Europeu (EEE) foram suspensos devido aos altos índices de desmatamento e à política ambiental irresponsável do governo brasileiro. A UE não deseja ver alimentos brasileiros baratos, produzidos de forma prejudicial ao meio ambiente, inundando o mercado europeu. O EEE, do qual a Noruega faz parte, acompanha a UE. A adesão à Organização para Cooperação e Desenvolvimento Econômico (OCDE), que o Brasil tanto deseja, também não é factível enquanto a política ambiental do País mantém esse patamar. Dessa forma, o desprezo pelo meio ambiente e pelo clima demonstrado pelo governo Bolsonaro trouxe consequências negativas para o Brasil no plano internacional. Nas discussões sobre a Amazônia, Bolsonaro fez uma série de ataques pessoais infames ao presidente francês Emmanuel Macron – e à sua esposa –, o que em nada favoreceu à situação.[177]

No plano nacional, por outro lado, o lobby dos latifundiários e o governo Bolsonaro andam de mãos dadas. A legislação ambiental foi enfraquecida, a investigação de crimes ambientais foi interrompida, e a ampliação da fronteira agrícola – que na prática significa mais desmatamento – disparou. O desmatamento na Amazônia dobrou desde que Bolsonaro assumiu a presidência.

Ao final do mandato de quatro anos de Bolsonaro, um pacote de projetos de lei estará pronto para ser votado no Congresso, enfraquecendo ainda mais a legislação em áreas de impacto ambiental, relaxando o controle sobre os agrotóxicos e anistiando aqueles que invadiram e grilaram terras públicas. Os projetos de lei também abrirão a possibilidade de mineração em

177 Leira, Torkjell (2020).

territórios indígenas e enfraquecerão os direitos dos povos originais.[178] Nesse aspecto, Bolsonaro cumpriu fielmente suas promessas eleitorais.

A bancada de fabricantes de armas e munições e seus defensores – podemos chamá-los de lobby das armas – é menor do que as outras duas, mas ainda assim está por trás de decisões cruciais do parlamento.

A razão para isso pode ser desconhecida para muita gente, mas é fato que o Brasil é um dos maiores produtores mundiais de armas portáteis e munições. A espiral de violência no País, combinada com leis mais liberais sobre posse e porte armas, deu aos fabricantes boas vendas e grandes receitas. A Taurus é a maior fabricante de armas do Brasil e a terceira maior fabricante de armas portáteis do mundo. Em 2021, a empresa vendeu 2,3 milhões de armas de pequeno porte e obteve um lucro recorde de aproximadamente 700 bilhões de reais.[179] A maior fabricante de munições é a Companhia Brasileira de Cartuchos (CBC), que em 2015 adquiriu a Taurus. O resultado da CBC também foi bastante lucrativo no período.[180] As empresas têm usado parte dessa receita para apoiar candidatos dispostos a liberalizar ainda mais o porte de armas. Quem se beneficia disso há muitos anos é Jair Bolsonaro.

178 https://www.istoedinheiro.com.br/pacote-da-destruicao-e-o-oposto-do--que-e-feito-na-ue/

179 https://www.poder360.com.br/economia/taurus-lucra-r-635-milhoes--em-2021-apos-venda-recorde-de-armas-em-2021/

180 Ribeira, Ludmila & Valeria Oliveira (2021).

A maior vitória do lobby das armas veio em 2005, num plebiscito que decidiria sobre a proibição da venda de armas a particulares, caçadores e colecionadores. O projeto de lei em que se baseou foi impulsionado por várias iniciativas da sociedade civil após décadas de taxas de homicídio cada vez mais altas. Pesquisas apontavam que o número de homicídios era proporcional ao número de armas em circulação. A iniciativa contra as armas tinha apoio do então governo petista, e as sondagens de opinião apontavam uma clara vantagem dos cidadãos a favor de leis antiarmamentistas mais rígidas. Porém, uma campanha bem-sucedida da indústria de armas e de seus apoiadores, entre eles Jair Bolsonaro, levou a maioria dos eleitores a votar contra a proibição da venda de armas. Naturalmente, a campanha pelo não foi financiada pela Taurus e pela CBC.[181]

No início dos anos 2000, no entanto, foram estabelecidas diretrizes nacionais para a compra de armas, incluindo uma idade mínima de 25 anos. Uma das primeiras coisas que Bolsonaro fez quando chegou ao poder foi tentar remover essas restrições. Com mais de trinta decretos e regulamentos diferentes, ele pretendia uma liberação quase total. Se antes as pessoas tinham o direito de possuir apenas duas pistolas, agora podem ter até seis. Se antes era permitido comprar cinquenta cartuchos anuais por arma, agora é possível comprar até mil cartuchos por mês. Enquanto metralhadoras e pistolas automáticas eram antes de uso exclusivo das forças policiais e militares, agora particulares podem adquirir e usar esses armamentos. Anteriormente, era a Polícia Federal quem aprovava

181 https://pt.wikipedia.org/wiki/Referendo_no_Brasil_em_2005

os pedidos de porte de arma, mas agora isso passou a ser responsabilidade dos clubes de tiro locais. O governo Bolsonaro também armou mais servidores públicos do que forças policiais.[182,183]

Com Bolsonaro como presidente, o número de armas vendidas no Brasil explodiu. Em 2018, foram registradas 51.000 novas armas; em 2021 o número passou de 200.000, quadruplicando num intervalo de apenas três anos. Hoje, a categoria de "colecionadores de armas" possui tantas armas de pequeno porte quanto todas as forças policiais do País somadas.[184] Ninguém sabe ao certo quantas armas estão circulando ilegalmente. A polícia e as Forças Armadas tiverem seus poderes ampliados, conseguiram obter mais armamento e melhores salários – e seus excessos de violência passaram a ser tolerados pelo governo. As chances de um policial ser condenado por ter cometido um assassinato em serviço são hoje muito pequenas.

O faturamento da fabricante de armas Taurus dobrou desde que Jair Bolsonaro se tornou presidente. O lucro quintuplicou.[185]

Não são apenas as receitas dos fabricantes de armas e seu apoio a políticos que explicam a boa relação entre Bolsonaro e o lobby armamentista. É também uma cooperação ideológica, segundo a qual a seguran-

---

182 Ribeira, Ludmila & Valeria Oliveira (2021).

183 https://www.cartacapital.com.br/carta-capital/ao-ameacar-lula-parlamentares-aticam-a-matilha-bolsonarista-armada-ate-os-dentes/

184 https://exame.com/brasil/registro-de-novas-armas-no-brasil-bate-recorde-e-cresce-mais-de-300/

185 https://blogs.oglobo.globo.com/malu-gaspar/post/sob-bolsonaro-taurus-tem-faturamento-e-lucro-recordes-na-venda-de-armas.html

ça pública deve basear-se no poder das armas de fogo e na sua posse pelo maior número possível de cidadãos. Essa tentativa de solucionar uma série de problemas sociais bem mais complexos se espelha na Lei de Talião – olho por olho, dente por dente – e é individualista, violenta e imediatista.

Do lado de fora do palácio da Alvorada, em Brasília, eu conversava com um policial militar. Nós dois aguardávamos ansiosos a chegada do presidente, e ele me contou que agora os policiais não estavam mais com medo. "Medo de quê?", fiquei imaginando. A resposta pareceu um tanto vaga a princípio, mas o conteúdo não era difícil de entender. Com Bolsonaro na presidência, a polícia não tem mais medo de ser investigada por ações violentas e violações de direitos humanos. "É como diz o presidente", concluiu ele, "bandido bom é bandido morto".[186]

A bancada evangélica tem sido o mais importante grupo político de apoio a Bolsonaro. Sem o apoio das igrejas evangélicas, Jair Bolsonaro não teria sido eleito presidente.

O Brasil é o maior país católico do mundo. Se tomarmos o número de pessoas que professam o catolicismo, ninguém chega aos pés do Brasil, com seus bem mais de 100 milhões de católicos – seguido por México, Filipinas e Estados Unidos. O país europeu de maior população católica, a Itália, vem em quinto lugar.[187]

---

186 Conversa, Brasília, 22/nov/2021.

187 https://www.pewresearch.org/religion/2013/02/13/the-global-catholic-population/

A Igreja Católica foi um pilar na colonização portuguesa do Brasil. O chamado do Papa para salvar as almas ímpias do Novo Mundo motivou e justificou a conquista e a opressão. Durante meio milênio, o catolicismo predominou, mas hoje a proporção de fiéis vem diminuindo. Em 1994, 75% dos brasileiros se diziam católicos. Em 2020, eram somente 50%.[188] A queda começou brusca e está aumentando.

A forma de cristianismo que mais cresceu no mesmo período é o protestantismo. No Brasil, os protestantes são mais conhecidos pelo termo "evangélicos". Em 1994, as igrejas evangélicas perfaziam 17% da população; hoje este número aumentou para 31%. Ao mesmo tempo, 10% dos brasileiros declaram que não têm religião, 3% que são espíritas e 2% que pertencem a religiões afro-brasileiras, como candomblé e umbanda. Outras religiões como islamismo, judaísmo, hinduísmo e budismo têm menos importância estatística.

A tendência no Brasil é que os católicos se convertam em protestantes, não luteranos, progressistas, como na Noruega: a maioria adota uma das muitas denominações evangélicas que professa um cristianismo fundamentalista com uma forte ênfase na redenção pessoal e no arrependimento. Estamos falando, portanto, de adventistas, batistas, presbiterianos ou pentecostais. A grande maioria desses fiéis vai parar em alguma das grandes igrejas pentecostais lideradas por pregadores carismáticos. Se a tendência continuar, haverá tantos evangélicos quanto católicos no Brasil

188 https://www1.folha.uol.com.br/poder/2020/01/cara-tipica-do-evangelico-brasileiro-e-feminina-e-negra-aponta-datafolha.shtml

já em 2032,[189] numa reviravolta que já transformou a sociedade e a política brasileiras.[190]

Dois homens simbolizam essa mudança melhor do que ninguém: Silas Malafaia e Edir Macedo. Silas Malafaia é o pastor que oficiou o matrimônio de Jair Bolsonaro e sua terceira esposa, Michelle, e tem sido um dos defensores mais leais do presidente. Na campanha eleitoral de 2018, nas redes sociais e fora delas, ele cobriu Bolsonaro de elogios e a esquerda de críticas, inclusive no episódio do atentado a faca, quando acusou, sem provas, Dilma Rousseff e o PT de estarem por trás do crime.

Como pastor, Silas Malafaia tem enorme influência, inclusive política e eleitoral. Ele é o líder *de facto* de centenas de igrejas evangélicas abrigadas sob o guarda-chuva da Assembleia de Deus, cujas raízes estão no trabalho de missionários pentecostais, incluindo suecos, que vieram para o Brasil no início do século XX.[191] A Assembleia de Deus hoje reúne milhares de pequenas e grandes congregações em todo o Brasil. De acordo com o último censo, de 2010, ela conta com doze milhões de membros; mas a própria igreja afirma que atualmente tem mais de vinte milhões de fiéis.[192]

Edir Macedo fundou a denominação Igreja Universal do Reino de Deus em 1977. Ela é ainda mais radical em sua teologia e em sua liturgia do que a

---

189 https://www1.folha.uol.com.br/poder/2020/01/evangelicos-podem-desbancar-catolicos-no-brasil-em-pouco-mais-de-uma-decada.shrml

190 Leira, Torkjell (2014).

191 Leira, Torkjell (2014).

192 https://pt.wikipedia.org/wiki/Assembleias_de_Deus_no_Brasil

Assembleia de Deus, e ainda mais agressiva em seu proselitismo. Com origem no Rio de Janeiro, a Igreja Universal se espalhou rapidamente. Em 2010, o censo determinou que possuía 1,9 milhão de seguidores, mas, segundo a própria igreja, hoje eles superam os sete milhões.[193] Edir Macedo está a caminho de se tornar um dos homens mais ricos do Brasil. Já vendeu mais de dez milhões de livros, incluindo sua autobiografia, e a estadunidense *Forbes* estimou em 2013 que ele tinha uma fortuna privada de mais de um bilhão de dólares, quantia em boa parte relacionada à propriedade da segunda maior emissora de TV do Brasil, a Record.[194]

A Assembleia de Deus e a Igreja Universal pertencem a duas gerações diferentes de igrejas pentecostais. A Assembleia de Deus é a maior das igrejas pentecostais tradicionais. A Igreja Universal é a principal representante da nova geração, chamada *neopentecostal*.

As denominações mais jovens costumam ser mais hierárquicas e enxutas em sua estrutura, mais comerciais em seus cultos e mais agressivas em suas críticas a outras religiões, especialmente em relação àquelas de matriz africana. As divindades ali são frequentemente comparadas a Satanás, e tanto seus líderes religiosos quanto seus membros costumam ser atacados verbalmente por fiéis mais radicais. Nos casos mais graves, há agressões físicas e os locais de culto são incendiados.

---

193 https://noticias.r7.com/brasil/universal-completa-43-anos-com-10-milhoes-de-fieis-pelo-mundo-09072020

194 https://www.forbes.com/profile/edir-macedo/

A Assembleia de Deus e a Igreja Universal são as pontas de lança de uma revolução religiosa no Brasil. Hoje, as igrejas pentecostais são encontradas em todos os cantos e recantos desse enorme País, desde favelas em grandes metrópoles a aldeias nos territórios indígenas no coração da Amazônia. São igrejas – muito conservadores em questões teológicas e morais, e muito à direita do espectro político – que investem bastante em comunicação e na construção de grandes plataformas de mídia, e não escondem suas aspirações políticas.

As igrejas pentecostais brasileiras estão difundindo uma nova teologia, importada dos Estados Unidos sob o nome de *evangelho da prosperidade*. Em norueguês, referimo-nos a ela por "teologia do progresso" ou "evangelho da glória", mas esses rótulos subestimam o importante aspecto econômico que têm. Talvez "teologia da prosperidade" seja um nome mais adequado. De qualquer forma, é uma teologia em que redenção espiritual e salvação financeira são dois lados da mesma moeda. Os cultos são como programas de TV bem dirigidos, nos quais música gospel, sermões, exorcismo, oração, glossolalia e arrecadação de fundos andam de par.

A *teologia da prosperidade* contrasta fortemente com os movimentos cristãos anteriores, tanto brasileiros como latino-americanos. Católicos e protestantes costumavam tomar o partido dos excluídos sociais em oposição aos donos do poder. Essa foi a base de um grande movimento teológico chamado *teologia da libertação*, muito influente nas décadas de 1970 e 1980. No Brasil, essas correntes foram uma das principais razões para a Igreja Católica, que apoiou o golpe de 1964, ter-se tornado gradualmente uma opositora do regime.

Igrejas pentecostais vendem milagres. Os pastores não dizem isso abertamente, mas milagres e salvação são o produto que comercializam quando afirmam que Deus está presente ali na igreja, e se o fiel fizer um sacrifício, ou seja, desembolsar algum dinheiro, seus problemas e aflições serão resolvidos. Quanto maior o sacrifício, maior a chance de salvação. Esse evangelho é o que mais se aproxima da teologia do capitalismo.[195]

No Rio de Janeiro, participei de um culto da Assembleia de Deus liderada por Silas Malafaia Filho e foi uma experiência e tanto. O enorme salão, com capacidade para cerca de 1.500 pessoas, estava lotado. O serviço foi aberto pela esposa de Malafaia Filho, a cantora gospel Rachel Malafaia. Ela cantou duas baladas sobre Deus e Jesus, acompanhada de banda e transmissão ao vivo com legendas num telão ao fundo. Toda a congregação cantou junto e vários fiéis nos bancos atrás de onde eu estava sentado gritavam suas preces e mensagens para Deus.

O ponto de partida no sermão de Malafaia Filho foi o relato da criação e a ordem de Deus para reinar sobre a Terra. "Deus quer que sejamos muitos! Deus quer que cresçamos! Criemos. Multipliquemos. Produzamos", gritou ele para os fiéis. Então, de maneira muito elegante, passou para a parábola da multiplicação dos pães. "Jesus também quer que compartilhemos!" Menos de cinco minutos depois da pregação, chegou a hora das primeiras ofertas. Todos os

195 Entrevista, Ole Jakob Løland, Oslo, 31/mar/2022.

fiéis receberam um envelope, enquanto o telão exibia o endereço na internet e um enorme código QR que direcionava para a página de arrecadação da igreja. Aceitavam-se cartões de crédito ou Pix. Malafaia Filho disse que ninguém era obrigado a doar, mas a pressão social era formidável. Vale lembrar que essas ofertas são adicionais ao dízimo que os membros da igreja já pagam. Dez por cento do salário, todo mês.

O culto parecia um show, com música alta, holofotes e som de qualidade e mudanças de cenário entremeando as músicas e os sermões. Pastores diferentes traziam mensagens diferentes. Outra cantora gospel também subiu ao palco e foi recebida com uma chuva de aplausos. Os sermões estão reservados apenas para homens. Os pastores são exclusivamente do sexo masculino.

Na forma, tudo era bem produzido e profissional, mas mesmo assim saí da igreja com a sensação de que o conteúdo era banal demais. Achei o foco no dinheiro agressivo. Embora a experiência religiosa dos 1.500 outros presentes possa ter sido verdadeira e intensa, fiquei com uma dúvida sobre o que era mais importante: os sermões, o arrependimento e a salvação, ou a arrecadação de fundos para construir novas igrejas e tornar os pastores milionários.

O Brasil de hoje pode ser visto como um mercado religioso, com diversas denominações cristãs oferecendo seus serviços e produtos. A demanda é grande, e, se a Igreja Católica teve o monopólio durante séculos, os fiéis hoje estão à vontade para escolher ou rejeitar uma série de alternativas. Em comunidades mais antigas e estáveis, a Igreja Católica é o esteio que sempre foi. Mas desde a década de 1950, o Brasil vem passando por ondas importantes de urbanização e industrialização. Dezenas de milhões de pessoas se mudaram do campo para grandes áreas urbanas. Muitas novas cidades surgiram quase do zero.

As igrejas pentecostais floresceram mais rapidamente nas favelas das grandes cidades e nas novas cidades ou novos bairros do interior, onde a Igreja Católica já não tinha a mesma força que nas comunidades mais antigas e estáveis. Segundo pesquisadores brasileiros, são os "novos pobres" que mais absorveram esse evangelho, ou seja, a parcela da população que não conseguiu sair da pobreza migrando para as metrópoles. Hoje, os fiéis neopentecostais são menos instruídos e têm salários menores do que os católicos e os protestantes mais tradicionais. Se olharmos para a demografia, a maioria são mulheres afro-brasileiras.[196]

Na disputa por essa fatia do mercado religioso, Igreja Universal e Assembleia de Deus são concorrentes, mas na eleição presidencial de 2018 elas se uniram. Pela primeira vez, as duas denominações apoiaram um mesmo candidato: Jair Bolsonaro.

Jair Bolsonaro tem um nome do meio: Messias.

O motivo é que o parto foi tão difícil que sua mãe, Olinda Bonturi, achou que ambos só sobreviveram por milagre. Ela, portanto, queria honrar Deus dando ao filho o mesmo nome de Jesus. Seu pai estava mais

196 https://g1.globo.com/politica/noticia/2020/01/13/50percent-dos-brasileiros-sao-catolicos-31percent-evangelicos-e-10percent-nao-tem-religiao-diz-datafolha.ghtml

interessado em futebol, daí o prenome Jair, uma das maiores estrelas do futebol da década de 1950. Ambos os nomes provavelmente pesaram nos ombros do jovem Jair Messias.

A família de Bolsonaro, no entanto, não era estritamente religiosa: eram católicos não praticantes. Em Eldorado, cidade da infância de Bolsonaro, o pastor Alessandro me assegurou que a família nunca ia à igreja. Suas lojas e comércios contribuíam para as campanhas de arrecadação de fundos da congregação, mas eles próprios nunca estavam presentes.[197] Jair Bolsonaro, que se dizia católico, não visitou a igreja em Eldorado nem durante a campanha eleitoral. Em compensação, não perde uma oportunidade de se exibir ao lado de pastores evangélicos. Em 2016, foi batizado pelo pastor Everaldo, da Assembleia de Deus, e não num lugar qualquer, mas logo no rio Jordão, em Israel.

A socióloga brasileira Christina Vital da Cunha acredita que figurar como aliado das igrejas evangélicas é uma grande estratégia para Jair Bolsonaro e outros políticos católicos de extrema direita. É assim que eles alcançam mais eleitores.[198] Outros estudiosos apontam que essa ambiguidade religiosa não é encarada como um problema pela maioria dos líderes evangélicos, embora as igrejas neopentecostais no Brasil sejam geralmente mais dogmáticas e literais do que as outras[199], e sugerem que a coincidência de visões conservadoras, tanto morais quanto políticas, supera as diferenças teológicas.

197 Entrevista, Alessandro da Silva Nascimento, Eldorado, 11/nov/2021.

198 Cunha, Christina Vital da (2020).

199 Almeida, Ronaldo de (2020).

Christina Vital da Cunha acredita que o episódio em torno do chamado *kit gay*, em 2011, foi o ponto de inflexão na relação entre a bancada evangélica e Bolsonaro. Ele deixou de ser um político de nicho concentrado em interesses militares para se tornar um defensor dos chamados valores familiares cristãos. Ao mesmo tempo, houve também uma mudança marcante no perfil da bancada evangélica no Congresso, que deixou de ser um conjunto de interesses e opiniões difusas para se tornar um grupo de lobby mais monotemático e poderoso, que obtém mais visibilidade e impacto externando sua visão moral e política conservadora, ao mesmo tempo que se distancia, segundo Cunha, da diversidade de opiniões existente entre os eleitores evangélicos.[200]

A Constituição brasileira afirma que o País é laico. O Estado do Brasil não tem religião oficial, todos os cidadãos gozam de plena liberdade religiosa. O Estado não pode, portanto, financiar a construção de igrejas nem de quaisquer outras infraestruturas religiosas, nem dar dinheiro a líderes religiosos, mas o que as igrejas obtêm de prestígio e isenções fiscais é uma quantia difícil de aquilatar. Todas as denominações são isentas de impostos sobre propriedade e circulação de mercadorias, e não precisam pagar contribuição patronal.[201] Isso significa que todas as contribuições que recebem e toda a renda resultante da venda de livros, música, roupas, viagens e serviços vai 100% para os líderes religiosos. Ter uma igreja no Brasil se tornou um grande e lucrativo negócio.

200 Cunha, Christina Vital da (2020).

201 Løland, Ole Jacob & Yuri Kasahara (2021).

É vedado a líderes religiosos fazer proselitismo político-partidário em recintos da igreja, mas isso não impede que as igrejas pentecostais façam campanha para determinados candidatos e consigam eleger um grande grupo de representantes no Congresso.

Igreja Universal, Assembleia de Deus e muitas outras igrejas evangélicas vêm realizando um trabalho estratégico há décadas. Primeiramente, compraram estações de rádio locais e passaram a transmitir programação gospel e cultos. Depois, adquiriram estações de TV locais e começaram a transmitir cultos ao vivo. As maiores denominações passaram a controlar empresas de mídia de abrangência nacional, então hoje existem centenas de emissoras de rádio e televisão evangélicas transmitindo cultos, música, entretenimento e notícias 24 horas por dia. Na última década, as igrejas investiram pesadamente nas mídias sociais. Juntas, têm uma rede de alcance que poucos podem igualar, e usam essa influência para obter o apoio de candidatos políticos, num processo que teve início ainda na década de 1980.

Na primeira eleição parlamentar livre após a ditadura militar, foram eleitos 32 políticos evangélicos. O número elevado surpreendeu os analistas. Desde então, vem crescendo de forma constante e atingiu um recorde de 91 representantes na eleição de 2018, correspondendo a apenas 15 por cento do número total de parlamentares – mas sua influência excede em muito o tamanho da bancada. O motivo é a boa organização.

Se há uma palavra para descrever as bandeiras da bancada evangélica esta palavra é "família", compreendida aqui na sua acepção cristã, tradicional e heterossexual. Eles são contra o casamento entre pessoas do mesmo sexo (embora ele tenha sido permitido pelo STF em 2011),[202] contra a adoção de crianças por gays e lésbicas (algo que atualmente é proibido no Brasil) e contra o aborto autodeterminado (hoje só é permitido em caso de estupro, se a vida da mãe estiver em risco ou se o feto tiver danos cerebrais graves). Os evangélicos também lutam para ampliar os benefícios fiscais a que já têm direito e pelo perdão de suas dívidas com o erário. Além disso, defendem posições conservadoras como penalidades mais severas para crimes, redução da idade mínima penal e liberação da venda de armas.

A expressão que melhor descreve aquilo contra o que dizem combater deriva de um conceito criado pelas próprias igrejas: ideologia de gênero. Denominações católicas e protestantes conservadoras afirmam que a esquerda e ativistas gays promovem a homossexualidade e violam a ordem de Deus e da natureza. Tudo aquilo que as igrejas abominam em questões de gênero e sexualidade, e muito do que consideram ilegal ou repulsivo, é expresso no conceito de "ideologia de gênero". Silas Malafaia, o homem-forte da Assembleia de Deus, é um bom exemplo de como a ideologia professada pelos pastores pentecostais pode ser extremada: "Pedofilia, sexo bestial, incesto – sexo entre pai e filha, entre mãe e filho ou entre irmãos – tudo isso é ideologia de gênero!"[203] A esquerda é acusada de empurrar goela abaixo essa chamada ideologia de gênero nas escolas e na sociedade, enquanto as próprias de-

202 https://www12.senado.leg.br/radio/1/noticia/2022/01/18/garantia-do-casamento-homoafetivo-no-pais-ainda-nao-foi-concedida-por-lei

203 https://www.youtube.com/watch?v=5FmK6QoVpZo

nominações se apresentam como defensoras da família e dos valores tradicionais.

Desde que Jair Bolsonaro e a bancada evangélica se encontraram, em 2011, uniram-se numa simbiose que já rendeu muitos frutos a ambos. A bancada evangélica conseguiu um defensor intransigente de seus interesses, que não poupa meios para conseguir seus objetivos, Alguém que chega a afirmar que o Brasil não é um Estado laico, mas um Estado cristão.[204]

Os benefícios para Bolsonaro foram muitos. Indiretamente, vemos que dezenas de milhões de brasileiros foram expostos, por meio das igrejas neopentecostais, a um tipo muito particular de lógica religiosa. A teologia da prosperidade popularizou uma ideia de redenção imediatista e pessoal proporcionalmente relacionada a doações em dinheiro, e defende soluções individuais para os problemas da sociedade, preparando o terreno para uma mensagem política ultraliberal de direita. A submissão das igrejas pentecostais a uma autoridade religiosa – um pastor, do sexo masculino, eloquente e carismático – apontava para a ascensão de uma figura messiânica também na política.[205]

Bolsonaro também se beneficiou diretamente do crescimento das igrejas pentecostais. A maior parte da estrutura nacional de igrejas, pastores, missas e sermões trabalhou a seu favor. As redes sociais e emissoras de rádio e TV das igrejas fizeram o mesmo, o que lhe permitiu penetrar um universo ainda maior. Além

204 Gospel+ (2017).

205 Entrevista, Ole Jakob Løland, Oslo, 31/mar/2022.

disso, a bancada evangélica no Congresso proporcionou a Bolsonaro aliados poderosos e uma plataforma política eficaz.

Durante a campanha eleitoral de 2018, a bancada evangélica e a grande maioria das igrejas evangélicas pediram votos para o candidato Bolsonaro.

A primeira aparição pública de Jair Bolsonaro após a vitória eleitoral foi na Igreja de Silas Malafaia, no Rio de Janeiro.

"Deus vai transformar o destino deste povo", trovejou o pastor Malafaia diante da congregação. "A miséria, a violência, o desemprego, a corrupção, a tragédia. Em nome de Jesus, esses príncipes do inferno terão que deixar a nossa nação!"[206]

O presidente recém-eleito foi mais contido.

"Quero agradecer a Deus..." começou ele, visivelmente emocionado, com os olhos marejados, antes de fazer uma longa pausa. "Quero agradecer a Deus por estar vivo", disse então com uma voz mais firme, referindo-se à facada de quatro semanas antes. Em seguida, agradeceu a Deus pela tarefa de tirar o Brasil de uma crise ética, moral e econômica. Também agradeceu aos eleitores evangélicos e prometeu que governaria o País "de acordo com os valores da família cristã".

O simbolismo desse evento é claro. Bolsonaro estava dirigindo-se à base, aos seus apoiadores mais fiéis: Silas Malafaia e as igrejas pentecostais. A razão

206 https://noticias.uol.com.br/politica/eleicoes/2018/noticias/2018/10/30/bolsonaro-culto-preparado-por-deus-silas-malafaia.htm

é óbvia. O apoio das igrejas evangélicas e do eleitorado foi pré-requisito para que pudesse vencer a eleição. Dos católicos brasileiros, metade votou em Jair Bolsonaro e a outra metade no rival, Fernando Haddad. Enquanto isso, dois terços dos eleitores evangélicos deram o voto a Bolsonaro. O peso do voto evangélico a favor dele foi de 11 milhões, correspondente à sua vantagem sobre Haddad depois de apuradas as urnas. Em outras palavras, foram os votos evangélicos que deram a vitória eleitoral ao presidente.

Na presidência, Bolsonaro não deixa passar uma só oportunidade de afirmar que o Brasil não é um Estado laico, mas o País ainda goza de liberdade religiosa e não adota nenhuma religião estatal. Na prática, porém, os brasileiros têm presenciado uma mudança sistemática nas prioridades do Estado em favor das religiões cristãs e em detrimento de outras crenças e visões de mundo.

O prejuízo maior tem sido às religiões afro-brasileiras. Elas já contaram com uma forte defensora do financiamento estadual para a cultura afro-brasileira, a Fundação Cultural Palmares. Quando Bolsonaro chegou ao poder, deu posse ali a um novo dirigente, que ao assumir declarou que não daria um tostão às religiões afro-brasileiras enquanto estivesse no cargo. Ao mesmo tempo, chamou o movimento afro-brasileiro de "escória", e Zumbi dos Palmares, herói rebelde afro-brasileiro que dá nome à instituição, de "filho da puta".[207] Essa foi a pessoa escolhida por Bolsona-

[207] https://noticias.uol.com.br/ultimas-noticias/agencia-estado/2020/06/03/educafro-entra-com-representacao-contra-sergio-camargo-no-mpf.htm

ro para presidir o órgão estatal de fomento à cultura afro-brasileira.

A maneira como enxerga a realidade e se manifesta em público lembra as declarações do próprio Bolsonaro equiparando os quilombolas de Eldorado a semoventes preguiçosos que não servem sequer para se reproduzir. Essa retórica da parte de autoridades qualificadas estimulou a violência contra líderes religiosos e templos não cristãos. Durante o mandato de Bolsonaro, o número de ataques por motivos religiosos a pessoas e templos explodiu. Na maioria das vezes, as vítimas são afro-brasileiras.[208]

Em março de 2022, uma revelação trazida pela *Folha de S. Paulo* mostrou claramente como o governo Bolsonaro priorizou ilegalmente denominações e políticos evangélicos. A reportagem publicou uma declaração do então ministro da Educação, Milton Ribeiro, na qual admite que o governo prioriza a liberação de verbas a municípios de acordo com demandas intermediadas por dois pastores evangélicos, Gilmar Santos e Arilton Moura. Os dois religiosos não têm função ou cargo no aparato estatal, mas negociaram com os municípios as transferências da União para creches, escolas, quadras e equipamentos esportivos. O ex-ministro da Educação diz que vai priorizar os "amigos do pastor Gilmar" seguindo instruções que lhe deu o próprio presidente. A demanda dos municípios poderia ser, inclusive, apoio financeiro para a construção de igrejas.[209]

208 https://www1.folha.uol.com.br/cotidiano/2019/09/guia-de-intolerancia--aponta-para-disseminacao-de-ataques-de-cunho-religioso.shtml

209 TV Cultura (2022).

É uma afronta à Constituição brasileira, que afirma a secularização do Estado e a equivalência de todas as religiões. É também uma violação das normas de igualdade de tratamento e das disposições do Código Penal sobre corrupção. Milton Ribeiro foi forçado a renunciar ao cargo de ministro depois que o caso veio a público, e o Supremo Tribunal Federal autorizar que ele seja investigado.[210]

Também na política externa o novo governo deu uma guinada em relação ao cristianismo e à extrema direita. Um diplomata brasileiro diz que o Itamaraty já começou a questionar a palavra inglesa *gender* (gênero) nas negociações internacionais. Também já ouviu novos colegas dizerem que não desejam que meninas recebam educação sexual, pois será o começo do fim da civilização ocidental.[211] Esses são argumentos inspirados diretamente pelo novo guru da direita brasileira, Olavo de Carvalho.

A pandemia de coronavírus também levou a conflitos religiosos. Em função da quarentena e do fechamento do comércio e das instituições, o governo Bolsonaro quis incluir as igrejas entre os serviços essenciais que poderiam ficar abertos, como mercados e farmácias. O STF foi de opinião diferente e anulou a decisão. Ainda há limites para a concentração de poder, até no Brasil.

Edir Macedo, poderoso líder da Igreja Universal, declarou no início de 2022 que é impossível ser um

210 https://www.bbc.com/portuguese/brasil-60842429

211 Conversa com diplomata brasileiro que deseja permanecer anônimo.

"verdadeiro cristão" e votar na esquerda.[212] Mesmo assim, o campo evangélico atualmente não está fechado com Bolsonaro como antes. Muitos que o apoiaram em 2018 estão menos entusiasmados agora. Várias grandes igrejas e pastores poderosos estão em cima do muro. Os eleitores evangélicos também se tornaram mais céticos em relação a Bolsonaro. A gestão desastrosa da pandemia e a deterioração da situação econômica do País são as duas principais razões. A terceira é que o ex-presidente Lula da Silva está de volta ao páreo. Bolsonaro pode ter recebido dois terços dos votos evangélicos na última eleição, mas as pesquisas de opinião agora mostram que o apoio está dividido igualmente entre os dois principais candidatos presidenciais. As projeções indicam que Lula, em 2022, deve obter dois terços dos votos católicos, cuja metade foi para Bolsonaro em 2018.[213] E, apesar das declarações de Edir Macedo, para quem os verdadeiros cristãos não podem votar na esquerda, não faz muito tempo que seu próprio partido, o Republicanos, fez parte da coalização do governo de Dilma Rousseff e do PT. Não há como negar que as igrejas neopentecostais são pragmáticas e têm um pendor pelo poder.

Por trás da sigla BBB encontramos três dos grupos de interesse mais poderosos e conservadores do Brasil: o lobby dos latifundiários, o lobby das armas e o lobby pentecostal, mas Bolsonaro dependia de um último segmento poderoso para chegar ao palácio pre-

212 https://www.universal.org/noticias/post/5-motivos-que-mostram-que-e-impossivel-ser-cristao-e-ser-de-esquerda/

213 http://media.folha.uol.com.br/datafolha/2022/03/25/Intencao_de_voto_presidente_mar_22.pdf

sidencial: a elite industrial e financeira de São Paulo. Embora não tenha um grupo defensor de seus interesses no Congresso tão definido como o BBB, o apoio desse setor é pré-requisito para o sucesso de qualquer candidato presidencial que se preze. Bolsonaro esteve excluído desse ambiente por muito tempo, e a chave para ingressar nele se chamava Paulo Guedes.

Jair Bolsonaro e Paulo Guedes se conheceram a menos de um ano da eleição presidencial. Assessores de ambos agendaram uma reunião numa das torres gêmeas do exclusivo Hotel Sheraton, na Barra da Tijuca, não muito longe da casa de Bolsonaro no Rio de Janeiro. A reunião durou quase cinco horas, e Paulo Guedes falou 90% do tempo.[214] Guedes contou que cresceu numa família de classe média em que a mãe era funcionária pública e o pai, vendedor, e procurou cair nas graças de Bolsonaro dizendo que havia frequentado o Colégio Militar de Belo Horizonte. Tendo concluído seu doutorado em economia pela Universidade de Chicago, transformou-se num *Chicago boy*, discípulo de Milton Friedman, pai do neoliberalismo. Guedes se gabou de sua experiência internacional na década de 1980, na Universidade de Santiago, no Chile, então sob o controle direto do ditador Augusto Pinochet. Bolsonaro praticamente não abriu a boca, mas depois confidenciou a seus assessores: "Este é o nosso homem."[215]

Antes desse encontro, Paulo Guedes já era um economista renomado, mas controverso. Podia ser o investidor de sucesso que era, mas a academia lhe fechava as portas por causa das ideias radicais que de-

---

214 Oyama, Thaís (2019).

215 Oyama, Thaís (2019).

fendia, entre elas a privatização de todas as empresas estatais, a desregulamentação de todos os mercados, a eliminação de todas as restrições à importação de produtos e serviços e o corte de aposentadorias e outros benefícios públicos. Em suma, ele advogava uma versão extrema do neoliberalismo: Estado mínimo e economia sem nenhum lastro regulatório.

Guedes havia muito ambicionava o poder político, mas ninguém se atrevia a apostar nele. Para os políticos de esquerda, ele representava a antítese do Estado de bem-estar social que tinham em mente, mas até partidos e candidatos da direita achavam que suas opiniões iam além da conta. Além disso, Guedes era reputado como alguém de personalidade difícil, mas, como tal, compartilhava uma característica importante com Bolsonaro: era um *outsider*.

Aos olhos de Bolsonaro, isso estava longe de ser um defeito. Tampouco os eleitores enxergaram nisso um defeito; a eleição em 2018 seria uma eleição de protesto. Além disso, Bolsonaro e Guedes compartilhavam a mesma trajetória pessoal, sentiam que havia muito tempo que eram excluídos e tratados injustamente pelo sistema. Agora era a vez deles.

Mariano Steinert trabalha num banco de investimentos de São Paulo e tem uma boa perspectiva do moderno mercado econômico brasileiro. Enquanto Paulo Guedes é um velho *Chicago boy*, Steinert integra a nova elite econômica do Brasil, os *Faria Limers*, assim chamados em função da avenida Faria Lima, que concentra empresas financeiras em São Paulo. Depois do expediente, encontrei-o no bar Rei dos Drinks, e ele me confirmou que Paulo Guedes é determinante na conversão do mundo financeiro brasileiro ao bolsonarismo. Muitos anteviam problemas em Bolsonaro por causa de sua retórica agressiva e suas visões extremistas. Além disso, não tinham certeza da política econômica que ele seguiria. Bolsonaro sempre teve uma visão mais estatizante e votou alinhado ao nacionalismo bem mais do que gostariam os círculos financeiros, mas com Paulo Guedes eles tinham emplacado um ultraliberal como ministro da Fazenda. Um governo social-democrata do PT significaria uma economia mais regulada, com mais controle estatal.

Nem todos os empresários eram partidários do neoliberalismo de Guedes. Um grande segmento da indústria brasileira amarga uma luta inglória contra a concorrência internacional, e muitos afirmam que o País está em fase de franca desindustrialização. Não é apenas o crescimento da agricultura que torna o lobby dos latifundiários tão poderoso hoje; a derrocada da indústria também é um fator importante. A perspectiva de restrições de importação mais brandas e da redução dos incentivos governamentais deixou setores da indústria inseguros em relação à dupla Bolsonaro e Guedes. Guedes também não era unanimidade no mundo financeiro: "Paulo Guedes nunca teve credibilidade no Brasil. A única razão pela qual ele foi para o Chile foi porque não conseguiu emprego aqui", afirma Steinert. No entanto, ele estima que 95% do mercado financeiro votou em Bolsonaro. Em seguida, acrescenta: "Mas a razão mais importante foi provavelmente a rejeição ao PT."

Paulo Guedes se tornou peça importante na campanha eleitoral de Jair Bolsonaro. O economista recebeu carta branca. O candidato presidencial disse em várias ocasiões que não tinha a menor noção de economia; tudo era responsabilidade de Paulo Guedes. Não importava tanto se ele resolvesse implementar uma política econômica completamente diferente da linha mais nacionalista e protecionista, que Bolsonaro defendeu ao longo de sua carreira política. Bolsonaro também prometeu fundir ministérios, dando a Guedes um poder maior do que teve qualquer outro ministro da Fazenda desde a ditadura militar.

BBB. Mais um P, de Paulo. Esses foram os grupos de apoio mais importantes de Jair Bolsonaro. Em contrapartida, ganharam espaço privilegiado no programa político do novo presidente. Muitas de suas propostas foram absorvidas *ipsis litteris* em seu plano de governo, tornado público durante a campanha eleitoral de 2018. A doutrina e as prioridades dos grupos de lobby também podem ser reconhecidos a partir do título do programa: *O caminho da prosperidade.*[216]

Foi assim que Bolsonaro foi às urnas, defendendo uma agenda extremamente conservadora, marcada pela luta do lobby dos latifundiários pela agricultura industrial e por sua atitude hostil ao meio ambiente e aos direitos dos povos indígenas, encampando a demanda do lobby de armas por distribuir armas à toda a população e o lobby das igrejas evangélicas em defesa de estritos "valores familiares e religiosos". A essa agenda foi então acrescentada uma política econômica neoliberal extrema, feita sob medida para e pela elite financeira do País. Finalmente, ele arrematou tudo isso com suas próprias atitudes autoritárias, seus ar-

216 Bolsonaro 2018.

roubos patrióticos e seu profundo fascínio pelos regimes militares. Essa somatória se transformou no que hoje é o *bolsonarismo*.

Mas como ele conseguiria vender essas ideias para a população? Felizmente para Jair Bolsonaro, vários chefes de Estado ao redor do mundo apontavam o caminho. E, no Brasil, o populismo de direita global carecia de um líder.

CAPÍTULO 8:

As tropas de Trump

Uma das mudanças políticas mais determinantes do século XXI foi o surgimento de novos partidos, movimentos e lideranças populistas. Líderes com essas características afloraram em todo o mundo: Rodrigo Duterte nas Filipinas, Narendra Modi na Índia, Recep Erdoğan na Turquia, Viktor Orbán na Hungria, Andrés Manuel López Obrador no México, Hugo Chávez na Venezuela, Jair Bolsonaro no Brasil e, por último mas não menos importante, Donald Trump nos Estados Unidos. Além disso, movimentos políticos como *Syriza* na Grécia, *Podemos* na Espanha e toda a campanha do *Brexit* no Reino Unido podem ser descritos como expressões de populismo. Dentro do mesmo país, movimentos e líderes políticos diametralmente opostos são descritos como populistas: Donald Trump e Bernie Sanders nos Estados Unidos, Jair Bolsonaro e Lula no Brasil. Na Noruega, tanto o Partido do Progresso quanto o Partido do Centro, o Partido dos Pedágios e o Partido Vermelho são acusados de populismo. Como explicar num só conceito e de maneira racional fenômenos tão diferentes?[217]

"Populismo" vem de *populus*, palavra latina para *povo*. O termo populismo existe há tanto tempo quanto pessoas aversas a ele, mas, afinal de contas, o

217 AGORA (2020).

que significa? Uma ideologia? Uma prática política? Uma retórica política? Há quem diga que a ausência de uma definição comum dificulta uma discussão sensata sobre o populismo. Outros acreditam que o termo é hoje tão difundido e indevidamente utilizado que perdeu sua razão de ser; tornou-se um clichê ao qual se recorre apenas quando se quer criticar adversários políticos de maneira simples e superficial. Outros ainda acreditam que, uma vez que falar em nome do povo é um fundamento da democracia, é difícil distinguir o populismo da política cotidiana.

No entanto, sem o conceito de populismo, é difícil entender os fenômenos políticos mundiais que marcaram as últimas décadas. Ele também se presta muito bem ao entendimento da relação entre Jair Bolsonaro no Brasil e outros líderes e regimes populistas de direita mundo afora.

O entendimento hoje comum nas ciências sociais é que o populismo não é uma ideologia ou um tipo de política que possa ser localizada num eixo direita-esquerda. A tendência dos especialistas é de se referir ao populismo como uma *estratégia política*, ou seja, uma forma de fazer política. Há também um vasto consenso de que o surgimento de movimentos populistas pode ser em grande parte explicado por condições locais. Eles ocorrem sobretudo em contextos históricos especiais. Regra geral: o populismo encontra em épocas turbulentas condições muito mais favoráveis para prosperar do que em períodos estáveis. Os teóricos políticos Ernesto Laclau e Chantal Mouffe chamam de "tempo populista", por exemplo, quando reivindicações sociais deixam de ser atendidas e a legitimidade da política tradicional começa a ser questionada.[218]

O populismo baseia-se no fato de que existe uma oposição fundamental entre o "povo" e a "elite". A percepção de quem é povo e quem é elite, entretanto, pode variar, implicando que o populismo pode ser usado para propósitos diferentes e, às vezes, conflitantes. Isso nos leva a diferentes versões do populismo atual, em que a distinção mais proeminente é entre populismo de esquerda e populismo de direita. Na América Latina, a Venezuela de Hugo Chávez e o Brasil de Jair Bolsonaro são bons exemplos de populismo de esquerda e de direita, respectivamente.

O sociólogo britânico Rogers Brubaker traça uma distinção útil para analisar diferentes versões do populismo: opostos horizontais e verticais.[219] Numa visão de mundo populista de esquerda, a suposta elite compreende, na maioria das vezes, as classes superiores – econômicas, políticas e culturais – tradicionais de um país. São categorias frequentemente retratadas como ricas, poderosas e amorais, muitas vezes corruptas. Vivem apartadas dos problemas reais, têm boas conexões, cuidam de si e de seus amigos e pouco se importam com a maioria das pessoas. Em oposição a essa elite encontra-se o povo, retratado como trabalhador, desfavorecido financeiramente, porém decente, capaz e dotado de bom senso. A elite está no topo, o povo, na base. É uma contraposição vertical.

O populismo de direita desenha uma oposição horizontal entre o povo e a elite. Todos ocupam o mes-

218 Laclau, Ernesto (2005).

219 Brubaker, Rogers (2020).

mo nível, mas as pessoas "de bem" se encontram no âmbito de uma determinada comunidade política, cultural ou de valores, ao contrário dos outros que estão à margem. As elites são as que estão no cerne do poder político, e são acusadas de trair o povo "real" em favor de "estranhos", sejam eles imigrantes, muçulmanos, beneficiários da seguridade social ou quaisquer outros que venham "de fora".

Brubaker enfatiza que o quadro é, na realidade, obviamente mais complexo. Por exemplo, os populistas de direita muitas vezes se distanciam verticalmente de uma elite no topo, mas também de pessoas na base, consideradas parasitárias ou indignas de receber apoio da sociedade. Na Noruega, temos bons exemplos dessa retórica no Partido do Progresso, que nas últimas décadas direcionou sua artilharia contra mães solteiras, imigrantes e muçulmanos, sucessivamente. Os populistas de esquerda costumam traçar uma linha horizontal separando o povo das elites, e muitas vezes veem em tudo que é "externo" uma ameaça: o neoliberalismo, o livre comércio ou a União Europeia. Na América Latina, o imperialismo dos EUA cumpre o papel de principal ameaça externa.

Os objetivos dos movimentos populistas variam. Todos se apresentam como democráticos, como expressão da vontade "real" do povo. Os populistas de esquerda gostam de trabalhar por sociedades mais inclusivas, no sentido da equalização econômica e da implementação de políticas favoráveis às classes sociais mais baixas. Os populistas de direita querem sociedades mais voltadas a um povo que é definido com base em valores, cultura, etnia ou religião. Todavia, o próprio populismo, entendido como estratégia política, não pode ser dimensionado num eixo direita-esquerda.

A distinção básica do populismo é entre povo e elite. Há movimentos populistas marcadamente de direita e de esquerda, mas ambos possuem muitas outras características distintas.

Segundo Brubaker, a maioria dos fenômenos populistas têm como marca registrada um líder forte, que pode ou não ser apoiado por movimentos mais ou menos organizados, em vez de partidos e organizações formalmente constituídos. Seu objetivo é repolitizar questões que estão fora da pauta de países ou organismos supranacionais como a União Europeia ou a Organização Mundial do Comércio. Ao mesmo tempo, os movimentos populistas costumam ser opositores dessas mesmas instituições, sejam elas a UE, a ONU ou a corte suprema do país; eles preferem apropriar-se do controle político direto da situação. Muitos têm traços autoritários claros.

Uma característica do populismo de direita é a defesa dos interesses da maioria em detrimento das minorias, o que se reflete, por exemplo, numa oposição aos direitos dos povos indígenas ou aos esquemas de cotas para negros, pobres ou mulheres. Além disso, muitos movimentos populistas, de direita e de esquerda, são partidários do protecionismo, nas esferas econômica, de segurança e cultural. Na prática, isso geralmente se reflete em incentivos a empresas estatais e oposição ao livre comércio, grandes investimentos nas forças armadas justificados por argumentos nacionalistas e uma forte defesa de valores tradicionais e conservadores, também chamados de "valores familiares".

Uma característica final tem a ver com o estilo: os populistas gostam de sobressair. Eles deliberadamente adotam um estilo "baixo", isto é, popular, em oposição a um estilo "alto" ou cultivado. Esse estilo é expresso nas roupas que vestem, na comida que comem, até mesmo no corte de cabelo que usam e, principalmente, na linguagem em que se expressam. Os populistas preferem a linguagem direta e popular, os argumentos simples e empíricos, por vezes manifestados em forma de provocação e insulto, em franca oposição às formulações mais intelectuais, teóricas e moderadas com que os políticos tradicionais costumam expressar-se.

Embora o termo "populismo" abra margem a discussões e seja de difícil compreensão, é fácil dar o rótulo de "populista de direita" a Jair Bolsonaro. Ele gabarita praticamente todos os requisitos. Chegou ao poder criticando uma suposta elite de "comunistas" e "radicais de esquerda", que teria levado o País a uma crise econômica, política, cultural e, sobretudo, moral. O povo, na visão de Bolsonaro, são pessoas comuns trabalhadoras que abraçam valores cristãos tradicionais e que estão cansadas das tentativas da esquerda de fomentar a homossexualidade e beneficiar injustamente negros e indígenas. Aqui vemos uma combinação de linhas divisórias horizontais e verticais da parte de Bolsonaro. Seu "povo" inclui brasileiros brancos, heterossexuais, cristãos e conservadores. A oposição horizontal é entre essas pessoas e os cidadãos urbanos, de esquerda, com formação universitária, preocupados com diversidade, direitos humanos e igualdade – as "elites". Mas ele também cria um contraste vertical hostilizando aqueles que estão na base da pirâmide social, como imigrantes e miseráveis. Ele usa a clássica ferramenta populista de direita para criticá-los e insultá-los, enquanto ao mesmo tempo culpa a elite justamente pela atenção que ela dispensa aos menos favorecidos. Um exemplo claro disso é a afirmação de Bolsonaro de que os refugiados são "a escória do mundo".[220]

Também é fácil dar o termo "populista" à mobilização que levou Bolsonaro ao poder. Foi um movimento de massas, tanto *online* quanto presente nas ruas. Contou com uma série de organizadores locais e um pequeno exército de infantaria *online*. Bolsonaro é o líder forte e inconteste. Por algum tempo, esse movimento chegou a ter um frágil vínculo com instituições e partidos organizados, mas em detrimento disso foi crescendo e se mobilizando dispersamente, através das redes sociais. Tanto o homem quanto o movimento têm características autoritárias claras.

Bolsonaro diz defender os interesses da maioria, isto é, presume e assume que a classe média branca e cristã é a maioria da população. Se olharmos para a demografia no Brasil, esse grupo sempre foi uma minoria numérica.[221] No entanto, sempre exerceu o domínio político, econômico e cultural; mas agora essa hegemonia está sendo desafiada. Precisamente isso e a insatisfação que daí decorre – a ameaça percebida

220 https://exame.com/brasil/bolsonaro-chama-refugiados-de-escoria-do-mundo/

221 I dag definerer over 50 prosent av brasilianerne seg selv som «svarte» eller «fargede» i folketellinger.

em grupos anteriormente oprimidos – são uma importante força organizadora e aglutinadora no Brasil. Foi exatamente esse mal-estar que expressaram Donald Trump com o slogan *"Make America Great Again"* ["Faça a América grande novamente"] e a campanha do *Brexit* com seu *"Take Back Control"* ["Tome o controle de volta"]. Os termos-chave aqui são "novamente" e "de volta". É com elas que esses slogans manifestam um anseio por uma suposta era perdida, quando os Estados Unidos eram *Great* e a Grã-Bretanha detinha o controle de tudo. O fato de que toda essa grandeza e controle repousava na escravidão, em leis racistas e no imperialismo é um detalhe que não é mencionado. No Brasil, Bolsonaro usa os mesmos mecanismos quando demonstra sua nostalgia da ditadura militar, afirmando que foi uma época de prosperidade econômica e harmonia cultural, e que a vida e a segurança de então só eram ameaçadas por um bando de comunistas armados.

Também vemos protecionismo na política e na retórica de Bolsonaro. Durante a maior parte de sua vida parlamentar, ele foi um defensor do protecionismo econômico, mas o início da campanha eleitoral de 2018 marcou uma ruptura acentuada com esse passado, quando ele então anunciou que sua política econômica seria liderada pelo arquiliberal Paulo Guedes. Bolsonaro provavelmente não mudou de ideia sobre a política econômica, tratava-se acima de tudo de uma manobra estratégica para obter apoio da elite econômica no Brasil.

O protecionismo em relação à segurança é evidente na visão que Bolsonaro tem da Amazônia. Lá, o ex-capitão deseja uma presença militar maciça. O protecionismo cultural também é óbvio. Sinais claros disso são sua defesa absoluta da família nuclear heterossexual, sua forte oposição ao aborto e à homossexualidade, seu desprezo pela cultura afro-brasileira e seu ceticismo em relação à arte contemporânea. Uma das primeiras coisas que fez quando chegou ao poder foi fechar o Ministério da Cultura.

E além disso há o estilo. Na aparência, Jair Bolsonaro é um populista de escol. Seu estilo é tão chulo que às vezes causa repulsa até entre seus seguidores. Ele gosta de usar camisa de times futebol, bermuda e jaquetas ordinárias. Prefere comer num fast-food do que num bom restaurante. A linguagem é direta e chã, repleta de palavrões, piadas e trocadilhos. As mensagens são curtas, simples e superficiais. E sempre procuram o conflito.

Não creio que esse seja um comportamento adquirido. Tendo seguido os passos de Bolsonaro; conversando com seus amigos, seguidores e com ele mesmo, fiquei com a impressão definitiva de que esse é seu jeito natural de ser. Ao mesmo tempo, é um comportamento que ele aperfeiçoou e desenvolveu, ajudado pelas mídias sociais. Foi isso que facilitou sua trajetória ao palácio da Alvorada.

Nessa trajetória, não há como superestimar a importância da vitória eleitoral de Donald Trump nos Estados Unidos, em 2016, que extrapolou o território do possível. O fato de que um homem assim, com aquela retórica, pudesse governar os Estados Unidos estarreceu a maioria das pessoas. Para os aliados de Bolsonaro, deve ter sido uma verdadeira anunciação, pois se foi possível no país mais poderoso do mundo também deveria sê-lo no Brasil. Para os eleitores de direita, foi um sinal de que a maioria dos candidatos extremistas tinha chance, não era mais preciso estar no centro da política para ganhar as eleições. Por algum tempo durante a presidência de Trump, foi um alívio surpreendente, mesmo para os mais céticos, constatar que os Estados Unidos continuavam funcionando apesar do caos e dos escândalos causados pelo novo presidente. O exemplo de Donald Trump mostrou cabalmente que um candidato como Bolsonaro poderia vencer a eleição e que o Brasil poderia seguir existindo sob seu comando.

Além disso, Donald Trump era um verdadeiro manual ambulante do populismo de direita. O ódio à elite, a liderança forte, o protecionismo e o ceticismo diante da cooperação internacional, a demonização dos adversários políticos, o enfraquecimento dos direitos das minorias, os traços autoritários claros: tudo isso era um manancial de inspiração para a nova direita brasileira.

O próprio Donald Trump teve lições com populistas de direita e líderes autoritários europeus. Ele nunca escondeu sua admiração pelo russo Vladimir Putin, e também Silvio Berlusconi, da Itália, e Viktor Orbán, da Hungria, contribuíram para o modelo trumpista. Eles aprenderam uns com os outros.

Fã declarado de Donald Trump, Jair Bolsonaro não precisou atravessar a fronteira do rio Grande para beber nessa fonte.

"Em poucas outras áreas o pioneirismo da América Latina é tão reconhecido como no caso do populismo e dos estudos sobre o tema." É assim que os cientistas políticos Benedicte Bull e Francisco Sánchez iniciam um estudo sobre elites e populismo na região.[222] Desde a década de 1930, os regimes no continente são caracterizados pelo populismo e, desde a década de 1950, os cientistas sociais latino-americanos se destacam na teorização e na abordagem acadêmica desse fenômeno.

Os líderes populistas mais famosos de meados do século XX foram o mexicano Lázaro Cárdenas del Río, o argentino Juan Perón e o brasileiro Getúlio Vargas. Todos eram líderes fortes que se alinhavam com o "povo" em oposição às várias "elites". Todos venceram eleições democráticas, mas Perón e Vargas mais tarde conspiraram com as Forças Armadas para manter o poder, o que vai ao encontro da questão que mais atrai especulações sobre o assunto na América Latina de hoje: é o populismo um passo em direção ao autoritarismo? Alguns pesquisadores acreditam que a resposta é não, e afirmam que o populismo amplia o espaço político para que mais grupos participem da democracia. Outros acreditam que a história mostra que a resposta é sim, citando Alberto Fujimori, no Peru, e Hugo Chávez, na Venezuela, como exemplos contemporâneos.

No Peru, Alberto Fujimori venceu de surpresa a eleição presidencial em 1990, disputando contra o Nobel de Literatura Mario Vargas Llosa. Sua campanha retratou Vargas Llosa como um membro da elite e ele próprio como pertencente ao povo. Como presidente,

222 Bull, Benedicte & Francisco Sánchez (2020).

Fujimori enfrentou forte oposição ao programa político neoliberal que queria implementar, tanto no Congresso quanto entre a maioria da população. Em 1992, ele decidiu dar o que se chamaria depois de *autogolpe*, no qual, com a ajuda dos militares, fechou o Congresso e colocou o Judiciário sob sua tutela pessoal. Em 1995, ganhou novamente as eleições presidenciais e em 2000 quis, contrariando as disposições da Constituição, concorrer pela terceira vez. A essa altura, a oposição que ele enfrentava era tão grande, e as evidências de corrupção tão claras, que ele foi obrigado a deixar o país e pedir asilo político ao Japão. Posteriormente, foi extraditado do Chile para o Peru e condenado a 25 anos de prisão por ordenar assassinatos, sete anos de prisão por desvio de recursos públicos e seis anos de prisão por corrupção e peculato.[223]

Hugo Chávez era um oficial do Exército Venezuelano. Em 1992, liderou um golpe militar malsucedido e teve que cumprir dois anos de prisão. Após ter sido libertado, organizou um movimento político e venceu a eleição presidencial de 1998 numa onda de insatisfação com a pobreza e a corrupção. A campanha eleitoral e o movimento político basearam-se numa forte distinção entre as elites nacionais e o "povo". Nos anos seguintes, Chávez e seu movimento ganharam várias eleições, mas um abismo foi se abrindo entre eles e a oposição. Em 2002, setores das Forças Armadas tentaram um golpe e nomearam o líder da oposição, Pedro Carmona, presidente. As forças leais a Chávez conseguiram reverter a situação e restituíram a Chávez o poder. O episódio levou a um governo cada vez mais autoritário e corrupto na Venezuela, até a mor-

223 https://www.britannica.com/biography/Alberto-Fujimori

te de Chávez, em 2013. Seu sucessor, Nicolás Maduro continuou no mesmo rumo.

O Brasil também teve experiência de populismo nas décadas recentes. A primeira eleição presidencial direta após a ditadura militar (1964-1985) foi vencida pelo novato Fernando Collor. Em 1989, ele derrotou Lula no segundo turno e obteve uma vitória apertada. Collor também se apresentava como um homem do povo, que vinha de fora para fazer uma faxina no aparato governamental corrupto de Brasília. Não foi bem assim. Dois anos depois, ele foi condenado por corrupção e sofreu um impeachment.

Fernando Collor foi conduzido ao palácio do Planalto em 1989 por uma conjugação de interesses de empresários, agropecuaristas e da mídia, receosos de que as ideias radicais do esquerdista Lula virassem pelo avesso a economia, e sociedade e os privilégios. Grande parte da população compartilhava esse receio. A sociedade brasileira sempre se caracterizou por posturas conservadoras.

Há semelhanças notáveis entre a eleição de Collor e a de Bolsonaro. O pano de fundo conservador e calcado em valores era o mesmo. Também a crise econômica era semelhante, com o mesmo drama social decorrente. Além disso, a corrupção era generalizada e a confiança das pessoas no sistema político era baixa. Ambas as campanhas eleitorais ocorreram em condições que Ernesto Laclau e Chantal Mouffe classificam de "tempo populista".

A nova direita do Brasil tem um padrinho. Chama-se Olavo de Carvalho e foi responsável por criar a superestrutura ideológica de que o bolsonarismo precisava. Embora os dois só se tenham conhecido pessoalmente em 2019, Olavo, como costuma ser chamado no Brasil, nomeou vários ministros no governo de Jair Bolsonaro.

Olavo de Carvalho se opôs à ditadura militar e se autodenominava comunista na década de 1960. Mais tarde, ensinou astrologia, cortejou o islamismo, até se estabelecer como jornalista, na década de 1990. Em 2005, mudou-se para os Estados Unidos como correspondente de um jornal brasileiro. Depois disso, Olavo embarcou em seu derradeiro projeto: formar uma nova geração de líderes da extrema direita no Brasil.

Foi através da internet que ele ficou conhecido. Autoproclamado filósofo, começou a postar vídeos caseiros no YouTube sobre filosofia política – em português, voltados para o público brasileiro. Sua premissa era de que o Ocidente havia sido tomado pela esquerda, cuja intenção era estabelecer um governo mundial ateu e comunista. Segundo Olavo, eram as ideias de hegemonia cultural do marxista italiano Antonio Gramsci que ameaçavam o mundo. Gramsci, que viveu numa Itália sob o fascismo de Benito Mussolini, acreditava que a classe dominante mantinha o poder controlando a cultura e os valores que promoviam o *status quo*, adquirindo assim uma hegemonia cultural. Uma estratégia para mudar esse equilíbrio de poder era transformar a cultura. Os comunistas conseguiram isso, segundo Olavo, e de tal sorte que agora controlam o mundo inteiro, infiltrando-se nas universidades e na mídia e dominando a cultura e a política. Essa análise, responsável por transformar o conceito de "marxismo cultural" num anátema para a extrema direita, representa uma visão de mundo em que a direita, encurralada, está travando uma batalha civilizatória contra comunistas hegemônicos e globalistas. Olavo de Carvalho e outros ideólogos inspiraram-se nas ideias de Gramsci para lançar um contra-ataque.

Segundo o próprio Olavo, seu curso de filosofia chegou a ter mais de 20 mil alunos. O conteúdo das palestras é uma variação do mesmo tema: agressões à esquerda em geral e aos comunistas em particular, diatribes contra a ciência, incluindo o conhecimento acumulado sobre a pandemia de Covid-19, e agressões gratuitas a cientistas renomados. Ele, por exemplo, afirmou que Albert Einstein plagiou outros estudiosos e se referiu a Isaac Newton como "islamista cristão".[224] As palestras de Olavo costumam ser recheadas de referências a teóricos, políticos e artistas, conhecidos e desconhecidos, que ele cita num ritmo tão acelerado que é difícil acompanhar. Mais difícil ainda é verificar a veracidade de suas afirmações.

Olavo facilita o trabalho de seus críticos de outra maneira. Suas aulas do YouTube estão repletas de informações falsas e teorias da conspiração. Entre outros disparates, ele já afirmou que a Terra não é plana, que o nazismo era uma ideologia de esquerda, que há substâncias extraídas de fetos abortados na fórmula da Pepsi-Cola, que Theodor Adorno escreveu canções dos Beatles, que o príncipe Charles, da Inglaterra, é muçulmano e que Barack Obama não é cidadão norte-americano.[225]

224 Retrato Narrado *Bolsonaro* (2020).

225 https://istoe.com.br/analise-olavo-de-carvalho-o-pioneiro-das-modernas-fake-news-no-brasil/

Visto de fora, pode parecer estranho que visões tão estapafúrdias tenham ganho tanto espaço na política brasileira – chegando até ao palácio presidencial. Mas o fato é que a visão de mundo defendida por Olavo de Carvalho encontra ressonância em boa parte do Brasil. Ele toca em temas como "valores familiares" tradicionais e conservadores – é contra o aborto, contra a igualdade e contra todas as formas de coabitação que não a família nuclear heterossexual –, manipula muitas pessoas de classe média e alta de modo a que percebam indígenas, negros e pobres como privilegiados e detentores de direitos especiais, e joga com o racismo estrutural que ainda predomina no Brasil – tudo isso para transmitir a mensagem de que a globalização e o politicamente correto foram longe demais, enquanto as vozes que se insurgem contra essa realidade são oprimidas. Há um sentimento difuso porém real de exclusão que se tem mostrado enormemente potente, no Brasil e no resto do mundo.[226]

O primeiro contato entre Olavo de Carvalho e Jair Bolsonaro se deu por meio do primogênito Flávio. Ele assistiu a algumas das palestras de filosofia *online* e, como deputado estadual no Rio de Janeiro, já em 2012 outorgou a maior honraria do Estado a Olavo de Carvalho, mesmo galardão que teve a iniciativa de propor para homenagear o miliciano e assassino Adriano da Nóbrega. Mais tarde, o terceiro filho de Jair, Eduardo, fez o curso e se converteu num admirador incondicional de Olavo, a ponto de visitá-lo pessoalmente nos EUA, em 2017. No Brasil, Eduardo

226 Entrevista, Per Kristian Bjørkeng, Oslo, 22/mar/2022.

Bolsonaro é conhecido hoje como o discípulo que superou o mestre.[227]

Quando Jair Bolsonaro fez seu primeiro discurso à nação após a vitória eleitoral, em transmissão ao vivo pelo Facebook, havia quatro livros estrategicamente colocados na mesa à sua frente: a *Bíblia*, a Constituição brasileira, uma biografia de Winston Churchill e o best-seller de Olavo de Carvalho, *O mínimo que você precisa saber para não ser idiota*. Olavo foi tão importante para Bolsonaro, e para o crescimento da nova direita brasileira, que em 2019 o presidente lhe concedeu a mais alta condecoração da nação brasileira, a Grã-Cruz da Ordem Rio Branco.

Os dois se encontraram pessoalmente pela primeira vez nos Estados Unidos, em 2019, poucos meses depois da transição de poder. Jair Bolsonaro fez sua primeira viagem ao exterior rompendo com a tradição preterindo a visita ao maior país vizinho, a Argentina, em favor da superpotência ao norte, os EUA. Durante um jantar oficial na embaixada brasileira em Washington, Olavo de Carvalho sentou-se num lugar de honra, ao lado direito de Bolsonaro. O presidente o descreveu como uma grande fonte de inspiração em seu trabalho para libertar o Brasil da "sinistra ideologia de esquerda" e como um farol na contrarrevolução que estava em andamento.[228] Bolsonaro também citou outras personalidades que o inspiraram. À esquerda do presidente estava Steve Bannon, estrategista-chefe de Donald Trump.

---

227 Retrato Narrado *Bolsonaro* (2020).

228 https://www.pragmatismopolitico.com.br/2019/03/discurso-de-bolsonaro-jantar-eua-olavo.html

Numa palestra disponível no YouTube, Olavo dá a receita de como enfrentar adversários políticos. Ela se intitula "Não respeite os comunistas, destrua-os".[229] A premissa é que não se deve discutir ideologia, política ou modelos sociais, deve-se ameaçar os adversários: "Não se trata de destruir ideias, mas de destruir carreiras e poder dessas pessoas." Especificamente, deve-se ignorar o que elas dizem e confrontá-las, de preferência hostilizá-las em espaços públicos como aeroportos e restaurantes, com direito a claque e insultos. Tudo é permitido.

Essa é uma boa descrição da maneira bolsonarista de fazer política, tanto presencialmente quanto *online*. A advertência para não discutir modelos sociais é um dos pontos centrais da mensagem de Olavo. Em entrevistas, ele diz abertamente que não tem projeto, tudo que lhe interessa é destruir o que existe. Em suas próprias palavras: "Só sei do que sou contra. Do que sou a favor, não sei. Não tenho modelo de sociedade, não tenho modelo para o Brasil, não tenho nada disso."[230]

A visita a ele nos EUA foi a prova de que isso também se tornou a essência do projeto de Jair Bolsonaro. Suas falas ali eram como um eco de Olavo, só que com jargão militar: "O Brasil não é um campo aberto onde podemos construir coisas para a população. Temos que derrubar muito, desconstruir tudo antes de começarmos a construir."[231]

---

229 Carvalho, Olavo de (2016).

230 Retrato Narrado *Bolsonaro* (2020).

231 https://valor.globo.com/brasil/noticia/2019/03/18/nos-temos-e-que-desconstruir-muita-coisa-diz-bolsonaro-durante-jantar.ghtml

Quando o presidente Jair Bolsonaro fala em desconstrução, são as ideias de Olavo de Carvalho que ele tem em mente. Quando o chanceler brasileiro fala contra a globalização na Assembleia Geral da ONU, está seguindo um roteiro de Olavo. Quando o ministro da Educação acusa as universidades de serem um foco de comunistas e viciados em drogas, é Olavo quem fala. E quando o filho de Jair Bolsonaro, Eduardo, posta uma foto no Twitter ao lado de Steve Bannon prometendo combater o "marxismo cultural", a inspiração é Olavo de Carvalho.

O populismo é uma estratégia eficaz para ganhar poder político, mas mesmo o populismo tem suas limitações. Jair Bolsonaro está prestes a conhecê-las.

Primeiramente, ele agora não tem a credibilidade que um dia teve na cruzada contra as "elites". Como presidente do Brasil, o próprio Jair Bolsonaro está no topo da elite brasileira. Ele tenta manter a divisão vertical contra os "comunistas" e "ideólogos de gênero" à esquerda, e a divisão horizontal contra grupos marginalizados na base da sociedade, mas já não tem mais tanto apelo, isto porque o populismo de direita se tornou mais extremado ao longo do tempo.

Anteriormente, o objetivo era dar protagonismo às vozes das pessoas comuns. Muitos populistas de direita agora defendem visões extremas que não são compartilhadas pela maioria das pessoas, como a de que a democracia não vale nada e que a igualdade e a diversidade não são benéficas para a sociedade.[232] No Brasil, a maioria da população, em especial mulheres,

232 Entrevista, Carline Tromp, Oslo, 8/mar/2022.

povos indígenas, *queers* e negros, está total ou parcialmente excluída da sociedade ideal de Bolsonaro.

Uma terceira razão pela qual o populismo de Bolsonaro enfrenta mais dificuldades hoje é que no Brasil não é tão fácil quanto na Europa apontar quaisquer "inimigos externos" como a raiz de todo mal. O Brasil não recebe hoje a mesma quantidade de imigrantes que os países europeus, não há tantos refugiados, o contingente de muçulmanos é muito baixo. Jair Bolsonaro tentou estigmatizar os imigrantes de pele escura, mas isso não se transformou numa questão política importante no Brasil.

Quarto, o estilo popularesco de Bolsonaro às vezes sai pela culatra. Muitos no Brasil acreditam que sua conduta rude e seu desprezo pela liturgia do cargo são apenas motivo de vergonha. As duras críticas a qualquer pensamento contrário e sua veneração por armas e militares também enfrentam resistência. Ele é autoritário demais para ser um bom populista, dizem alguns. Eu concordo. O estilo autoritário pode até chamar atenção, mas para um presidente de um país democrático, a saudade da ditadura costuma ser um tiro no pé.[233]

De onde vem o populismo de Jair Bolsonaro? Antes de prosseguir, gostaria de voltar a duas das figuras centrais da nova extrema direita do Brasil.

A primeira delas é Olavo de Carvalho. Ele foi um dos muitos personagens da extrema direita que acu-

233 Entrevista, Benedicte Bull, Oslo, 9/fev/2022.

saram o Covid-19 de ser uma enganação, sustentando que o vírus era inofensivo e a pandemia não passava de uma tentativa de intimidação da esquerda e das grandes empresas farmacêuticas. Mais tarde, espalhou notícias falsas e teorias da conspiração sobre as vacinas.[234] Em janeiro de 2022, ele próprio foi infectado. Dez dias depois, morreu.

O outro é Eduardo Bolsonaro, terceiro filho de Jair. Ele estava em Washington quando os apoiadores de Trump invadiram o Congresso dos EUA, em 6 de janeiro de 2020. Cinco pessoas morreram no ataque, mais de cem policiais ficaram feridos e o prédio do Capitólio foi depredado. Na noite anterior ao caos, Eduardo participou de uma reunião com o círculo íntimo de apoiadores de Donald Trump no Trump International Hotel, em Washington.[235] Ele negou qualquer envolvimento no ataque, mas numa entrevista alguns meses depois descreveu o episódio da seguinte forma:

"Foi um movimento desorganizado. Foi lamentável. Se estivessem mais organizados, teriam tomado o Capitólio e conquistado seus objetivos [...]. Eles estavam suficientemente bem armados para que ninguém [deles] precisasse morrer, e podiam matar todos os policiais lá dentro, ou os congressistas que eles odeiam tanto."[236]

---

234 https://www.bbc.com/portuguese/brasil-60124170

235 https://congressoemfoco.uol.com.br/area/mundo-cat/eduardo-bolsonaro-golpe-trump-eua/

236 https://internacional.estadao.com.br/noticias/geral,eduardo-bolsonaro--nega-atuacao-em-ataque-ao-congresso-dos-eua,70003641042

Na entrevista, afirmou também que desde então está mais fortalecido: "Queremos uma guerra civil em todos os países do Ocidente."

Essas descrições mostram dois cenários aos quais o populismo radical de direita de Jair Bolsonaro pode levar. Ele pode ficar preso em sua própria retórica, como o próprio Olavo de Carvalho, perdendo apoio e desaparecendo como um extravagante parêntese na história do Brasil. Mas também pode radicalizar-se e evoluir para um governo autoritário, levando, em última análise, a uma guerra civil ou a uma ditadura. Essa é a direção para a qual Eduardo Bolsonaro aponta.

O populismo tem uma longa história. Mas os líderes populistas de hoje têm um trunfo que deixaria os populistas do passado verdes de inveja. Um canal ao vivo que dá acesso imediato e sem filtros a um enorme contingente de pessoas e que se tornou crucial para a vitória eleitoral de Donald Trump e de Jair Bolsonaro: as redes sociais.

CAPÍTULO 9:

O gabinete do ódio

A mídia social foi uma das ferramentas determinantes para a ascensão de Jair Bolsonaro e teve um papel fundamental na definição do vencedor das eleições de 2018. A campanha eleitoral rompeu com a tradição. Não foram mais os meios de sempre (rádio, televisão e jornais) que determinaram quais informações eram repassadas aos eleitores e, por conseguinte, quais argumentos eles teriam para decidir seu voto. Esse espaço foi ocupado pelas redes sociais.

Jair Bolsonaro foi o político que mais tirou proveito desse cenário. Muitos acreditam que Bolsonaro não teria vencido a eleição de 2018 não fossem as redes sociais. Mas de onde veio esse domínio sobre os novos meios? Um tuíte de Nova York ajuda a explicar:

"Foi um grande prazer conhecer STEVE BANNON, estrategista da campanha presidencial de Donald Trump. Tivemos uma boa conversa e compartilhamos a mesma visão de mundo. Ele disse que vê com entusiasmo a campanha de Bolsonaro, e certamente estaremos em contato para lutarmos juntos, principalmente contra o marxismo cultural."[237]

A mensagem foi postada por Eduardo Bolsonaro em 4 de agosto de 2018. Na foto anexa, ele sorri

237 https://twitter.com/bolsonarosp/status/1025718449425788929

confiante para a câmera. Havia muito tempo o terceiro filho de Jair Bolsonaro mantinha conexões nos EUA, e posava então ao lado de Steve Bannon, o cérebro por trás da bem-sucedida campanha eleitoral de Donald Trump. Num cenário corporativo anódino, um elegante Eduardo abraça Bannon, que, em trajes mais casuais e com uma expressão facial mais relaxada, repete o gesto. Pela janela atrás deles, despontam os tijolos vermelhos dos andares superiores de vários arranha-céus tradicionais de Nova York.

Steve Bannon é um controverso guru da extrema direita. Não apenas nos Estados Unidos; em grande parte do mundo, os populistas de direita veem Bannon com uma mistura de admiração e reserva. A admiração decorre, sobretudo, da maneira como Bannon usou as mídias sociais. Em 2016, o ex-investidor e cineasta assumiu a chefia da campanha eleitoral de Donald Trump. Ele levou Trump à vitória, e as redes sociais foram um dos principais meios para tanto. Nessa área, Bannon tinha um currículo sólido. É um dos fundadores do site *Breitbart News*, plataforma do movimento de extrema-direita *alt-right*, que publica, entre outras notícias, artigos racistas, antissemitas e xenófobos. Ele também foi vice-presidente da Cambridge Analytica, uma empresa de consultoria que usou ilegalmente o Facebook para angariar votos para candidatos de extrema direita em eleições em todo o mundo. Após a vitória eleitoral, Bannon tornou-se o principal estrategista e conselheiro mais próximo do presidente Trump, mas foi demitido apenas sete meses depois. Seu radicalismo foi excessivo, mesmo para Trump.

Bannon, por seu turno, tinha planos mais ambiciosos. De acordo com sua própria versão da história, ele havia planejado trabalhar com Trump apenas por um ano, e, então, seguiria em frente para reunir os populistas de direita do mundo numa rede global.[238] Para isso, as mídias sociais seriam extremamente importantes.

Para entender o sucesso de Jair Bolsonaro, é preciso entender o lugar da internet e das mídias sociais na sociedade brasileira. A pesquisadora de mídia Lorena Regattieri é uma estudiosa da questão. Ela pesquisa o que chama de "ecossistema da propaganda digital" no Brasil, com ênfase nas campanhas da extrema direita nas redes sociais. Regattieri afirma que há um traço comum marcante no modo como a internet se espalhou por toda a região. O ingresso na era digital foi rápido e, em muitos lugares, tanto comunidades locais como grandes regiões pularam a etapa da industrialização: deixaram de ser comunidades agrícolas isoladas e tomaram um atalho para mergulhar na comunicação direta com outras pessoas, governos, bancos, compra e venda de mercadorias e acesso a música, cultura, notícias e fofocas de todo o mundo.

O Brasil há muito tem uma indústria de software importante. Ela definhou na competição com gigantes internacionais na década de 1990, mas o conhecimento acumulado lançou as bases para criar seus próprios programas de busca e mídias sociais, muito antes das versões internacionais estourarem no País. Por muito tempo, o melhor buscador do Brasil foi o Cadê, lançado em 1995 e depois comprado pelo Yahoo. Da mesma

238 https://www.thedailybeast.com/inside-bannons-plan-to-hijack-europe-for-the-far-right

forma, os brasileiros se familiarizaram com as redes sociais com o Orkut, bem antes de o Facebook se estabelecer no Brasil.

A digitalização, para a maioria da população, ganhou força depois da vitória de Lula venceu na eleição de 2002. Construir a infraestrutura da internet passou a ser uma questão de governo. Quando o grande *boom* das mídias sociais internacionais chegou ao Brasil, por volta de 2010, os brasileiros já eram "usuários intensos" dos canais de comunicação digital, segundo Lorena Regattieri.

Hoje, a maioria dos brasileiros têm acesso *online*. Dados oficiais mostram que 81% da população com mais de dez anos tem internet em casa. No entanto, há uma grande diferença entre pobres e ricos. No terço mais pobre, apenas 64% têm internet onde moram e, entre estes, nove em cada dez têm no telefone celular o único meio de conexão à internet.[239]

Como no resto do mundo, no Brasil o número de smartphones explodiu na última década. A população pobre do Brasil passou a ter acesso *online* pela primeira vez na vida, o que, por sua vez, resultou no crescimento rápido das mídias sociais no País. Facebook, Instagram, WhatsApp e YouTube lideram o ranking, todos com mais de 100 milhões de usuários. O Brasil também é um dos países do mundo em que as pessoas passam mais tempo *online*. Uma pesquisa de 2021

239 https://agenciabrasil.ebc.com.br/geral/noticia/2021-08/brasil-tem-152-milhoes-de-pessoas-com-acesso-internet

mostra que os brasileiros passam em média 3 horas e 42 minutos nas redes sociais todos os dias.[240]

A plataforma mais importante é o aplicativo de comunicação WhatsApp. Esse serviço se tornou tão importante que um dos argumentos de venda mais fortes das operadoras de celular são os planos que permitem o uso ilimitado do WhatsApp. Em 2021, a plataforma foi instalada em 99% dos novos celulares brasileiros.

No Brasil, Os brasileiros usam o WhatsApp de maneira um pouco diversa dos noruegueses. Enquanto muitos na Noruega o utilizam apenas para enviar mensagens de texto grátis, no Brasil é comum também recorrer a mensagens de voz. Além disso, os grupos do WhatsApp são utilizados para repassar todo tipo de notícias. E aqui começamos a abordar o crescimento de Jair Bolsonaro e a problemática das notícias falsas e teorias da conspiração.

Os brasileiros são mais propensos a acreditar em notícias falsas do que a média mundial, de acordo com um estudo internacional realizado em 2018. Cerca de 62% dos brasileiros entrevistados acreditavam numa notícia – qualquer notícia – se não estivesse acompanhada de um aviso de que poderia ser falsa. Com isso, a ingenuidade brasileira acabou liderando a lista dos 27 países pesquisados.[241]

Ainda mais preocupante é a situação no campo bolsonarista. Imediatamente após o primeiro turno

240 https://www.em.com.br/app/noticia/tecnologia/2021/09/28/interna_tecnologia,1309670/brasil-e-o-terceiro-pais-do-mundo-que-mais-usa-rede-sociais-diz-pesquisa.shtml

241 https://valor.globo.com/brasil/noticia/2018/10/08/brasileiro-e-o-povo-que-mais-acredita-em-boatos-aponta-pesquisa.ghtml

das eleições em 2018, o instituto brasileiro IDEA Big Data investigou como alegações mentirosas de fraude eleitoral feitas por Jair Bolsonaro se espalharam *online*. A propagação foi "absurda", de acordo com o instituto. Em 48 horas, essas alegações atingiram 16 milhões de usuários nas redes sociais. Mais de nove em cada dez eleitores de Bolsonaro visualizaram a notícia e 74% deram crédito a ela. Uma das razões pelas quais os eleitores de Bolsonaro acreditam mais em notícias falsas do que outros é que quase 60% deles têm o WhatsApp ou o Facebook como sua principal fonte de notícias.[242]

A história *online* de Jair Bolsonaro começou em 2010, quando o seu segundo filho, Carlos, começou a publicar um blogue sobre o pai. Tendo percebido que a procura por Jair Bolsonaro nos motores de busca só resultava em fotos e informações negativas, ele quis criar algo que servisse de contrapeso, um site com conteúdo positivo sobre o pai. Foi assim que começou a espalhar a mensagem política de Bolsonaro pela internet.[243] Nessa época, a esquerda e o PT dominavam o debate político *online*. Inspirados pela bem-sucedida campanha de microdoações e apoio via mídia social de Barack Obama na campanha eleitoral de 2008, um grande número de blogues ditos progressistas surgiram para apoiar a esquerda. Quando Dilma Rousseff venceu a eleição presidencial em 2010, teve o apoio da maioria dos usuários nas redes sociais brasileiras, mas então o PT adormeceu sobre os louros da vitória.

242 https://veja.abril.com.br/politica/datafolha-eleitor-de-bolsonaro-e-o--que-mais-se-informa-por-redes-sociais/

243 Retrato Narrado *Bolsonaro* (2020).

Os filhos de Jair Bolsonaro cresceram com a primeira onda de mídias sociais no Brasil. O maior insight que trouxeram para o comando da campanha eleitoral, segundo Lorena Regattieri, foi que um outsider como seu pai, com acesso limitado à mídia tradicional, precisava de um canal direto de contato com seus apoiadores.

No Facebook, o crescimento de Jair Bolsonaro foi meteórico. Em 2014, ele tinha meio milhão de seguidores. O primeiro grande salto ocorreu em fevereiro de 2014, quando o maior canal de TV brasileiro, a *Globo*, exibiu pela primeira vez dois homens se beijando numa novela. Bolsonaro foi implacável. "Isso estimula a homossexualidade!", vociferou ele em entrevistas.[244] As declarações se espalharam como rastilho de pólvora pelas redes sociais e deram um enorme impulso no número de seguidores de Bolsonaro. Nessa questão, ele tomou o partido incondicional das igrejas evangélicas, com as quais havia colaborado durante a campanha contra o chamado *kit gay* alguns anos antes. Nas eleições de 2014, a quantidade de votos em relação à eleição anterior quadruplicou, e ele se tornou o deputado mais votado do Rio de Janeiro.

O salto seguinte no número de seguidores veio quando o Congresso votou o impeachment contra Dilma Rousseff, em 2016, depois da enorme atenção que Bolsonaro recebeu ao dedicar seu voto a um torturador. Naquele ano, ele tinha 2,8 milhões de seguidores no Facebook, um pouco à frente da presidente Dilma, mas atrás de dois outros políticos.[245]

---

244 Retrato Narrado *Bolsonaro* (2020).

245 https://hashtag.blogfolha.uol.com.br/2016/04/04/a-direita-domina-o--faceboook/ ?cmpid=facefolha

Em 2018, Bolsonaro estava isolado na liderança. Ao todo, ele contava com 7,8 milhões de seguidores no Facebook, Instagram e Twitter. Atrás dele vinham Marina Silva, da Rede, com 4,2 milhões e Lula, do PT com 3,6 milhões.[246] Quando a campanha eleitoral começou, Jair Bolsonaro era o rei das redes sociais, não só no número de seguidores, mas também na forma como utilizava as plataformas, batendo recordes de curtidas, corações, comentários, encaminhamentos e outros tipos de interações. O passo seguinte foi arrastar multidões pessoalmente, quando começou a viajar pelo País.

Os apoiadores de Bolsonaro souberam muito bem adaptar suas mensagens para alcançar diferentes grupos. Quem o acompanha ao longo do tempo não demora a se impressionar com suas frequentes declarações contraditórias. Ele pode ser a favor e contra a privatização de empresas estatais. A favor e contra a reforma da previdência. Pode fazer declarações racistas e garantir logo em seguida que todos têm direitos iguais e que ele próprio tem muitos amigos negros. Mas o que muitos percebem como declarações contraditórias, e alguns como evidência da falta de habilidades lógicas e da baixa capacidade intelectual de Bolsonaro, para outros não passa de estratégia deliberada. À medida que direcionava diferentes mensagens para diferentes e cada vez mais numerosos grupos de eleitores, seu eleitorado ia aumentando.[247]

Ana Valeria Ramos Vicente é chefe do departamento de Artes Cênicas da Universidade Federal do

246 https://tecnologia.ig.com.br/2021-11-03/redes-sociais-bolsonaro-seguidores.html

247 Kalil, Isabela Oliveira (2018, p. 6).

Estado da Paraíba. Conhecemo-nos há muito tempo, e a encontrei em João Pessoa no final de 2021. Ela me contou como isso afetou sua própria família. Seu tio, a quem ela se refere como "macho", recebeu principalmente notícias de Bolsonaro discorrendo sobre armas e Forças Armadas. Os religiosos da família receberam notícias de Bolsonaro defendendo ardorosamente a pátria e os chamados valores familiares. Seu irmão, que é negro, recebeu notícias de Bolsonaro defendendo a igualdade racial e dizendo que tinha amigos negros. Ninguém recebia nada que contrariasse seus próprios valores.[248]

Esses são bons exemplos de como as mídias sociais são usadas para atingir diferentes grupos-alvo com mensagens diferentes. A campanha de Bolsonaro utilizou esse recurso com maestria, mas não se contentou apenas com a agenda positiva do próprio candidato. Praticamente todos os brasileiros foram vítimas do que também aconteceu com a família de Ana Valéria: "Todo mundo recebeu *fake news* sobre os outros candidatos."

Notícias falsas são a marca registrada de Steve Bannon. Em que medida elas foram importantes para Jair Bolsonaro ter vencido a eleição? O próprio Eduardo Bolsonaro disse em entrevistas que Bannon teria um papel discreto na campanha. Bannon se colocou à disposição para dar conselhos e "talvez fazer uma análise, interpretar dados, essas coisas".[249] Nada mais se divulgou a respeito. Mas a forma como a campanha

---

248 Entrevista, Ana Valeria Ramos Vicente, Cabedelo, PB, 26/nov/2021.

249 https://oglobo.globo.com/epoca/filho-de-bolsonaro-diz-que-marqueteiro--de-trump-vai-ajudar-seu-pai-22963441

eleitoral de Bolsonaro foi conduzida mostrou sinais claros do que o comando da campanha havia aprendido lição. A mensagem de Jair Bolsonaro era feita sob medida para as redes sociais.

O conteúdo era direto e polarizador. Eram ataques repetidos a Lula, ao PT e à esquerda, acusados de comunistas corruptos, perversos e incompetentes. Outros sacos de pancada favoritos eram os povos indígenas, instituições ambientais e organizações não governamentais. Na forma, eram mensagens curtas e bem-humoradas, voltadas sobretudo para WhatsApp e Facebook.

Além disso, uma torrente de inverdades, mentiras e ataques indiretos tratavam de manchar a reputação da esquerda de todas as maneiras possíveis. Um exemplo é uma notícia enviada pelo WhatsApp com a manchete "Feministas invadem igreja, cagam e fazem sexo".[250] Em anexo, três fotos. Duas deles eram da Noruega. Foram feitas em Oslo, em 2011, quando o grupo ativista Fuck for forest invadiu a Catedral de Oslo para gravar um filme pornô com renda revertida para as florestas tropicais do mundo. Agora, as imagens estavam sendo usadas numa campanha eleitoral para atacar as feministas e a esquerda no Brasil.

Uma análise da Universidade Federal de Minas Gerais e da agência de checagem de fatos Lupa mostrou que as oito *fake news* mais compartilhadas no WhatsApp não mencionavam explicitamente nenhum dos candidatos à presidência. Em vez disso, eram tentativas de criticar ou justificar ideologias. No post

250 https://piaui.folha.uol.com.br/lupa/2018/10/18/imagens-falsas-whatsapp-presidenciaveis-lupa-ufmg-usp/

mais compartilhado, alguém havia inserido a imagem da ex-presidente Dilma Rousseff numa foto ao lado do cubano Fidel Castro, uma prova de que o partido de Dilma, o PT, queria transformar o Brasil numa Cuba comunista. A segunda postagem mais compartilhada mostrava retratos dos cinco ditadores militares do Brasil lado a lado, com o texto "Brasil tem 22 usinas hidrelétricas. Vinte delas foram construídos por esses 'ditadores'".[251] O objetivo era mostrar que a ditadura militar não foi tão ruim quanto a esquerda diz, e que os presidentes militares não mereciam o rótulo de ditadores. A verdade é que o Brasil tem 218 grandes hidrelétricas, 45 inauguradas durante a ditadura militar.

Quem pagou as contas? Bolsonaro teve a princípio um dos menores orçamentos de campanha. Ele mesmo costuma dizer que nunca gastou dinheiro em campanha eleitoral, mas isso é falso. Já durante a campanha eleitoral de 2018, a *Folha de S. Paulo* revelou que várias empresas privadas financiaram o envio por robôs no WhatsApp de dezenas de milhões de mensagens irregulares sobre o rival de Bolsonaro, Fernando Haddad, numa violação flagrante da lei eleitoral brasileira, que desde 2015 veta o financiamento de campanhas eleitorais por empresas privadas. A adoção de uma lei mais rígida visava combater a corrupção.[252]

A jornalista que revelou os disparos de mensagens em massa, Patrícia Campos Mello, foi vítima de uma feroz campanha de ódio. Ela recebeu milhares de

---

251 https://piaui.folha.uol.com.br/lupa/2018/10/18/imagens-falsas-whatsapp-presidenciaveis-lupa-ufmg-usp/

252 https://www1.folha.uol.com.br/poder/2018/10/empresarios-bancam--campanha-contra-o-pt-pelo-whatsapp.shtml

insultos no Facebook, Instagram e Twitter nos quais era chamada de "mentirosa", "puta do PT", "jornalista comunista incompetente". Seu celular foi hackeado. Alguém invadiu seu perfil do WhatsApp e começou a enviar mensagens favoráveis a Bolsonaro. Tanto ela como e seu filho de seis anos foram ameaçados, e a única razão para isso foi ela ter escrito uma matéria num jornal.[253]

Um ano depois, o WhatsApp admitiu que nesse caso a plataforma havia sido mal utilizada por apoiadores de Bolsonaro.[254] Mesmo assim, a família Bolsonaro continuou a atacar Patrícia Campos Mello. Tanto Jair Bolsonaro quanto seu filho Eduardo foram condenados a indenizá-la por difamação. O presidente por insinuar que a jornalista queria prostituir-se para obter informações negativas sobre ele; o filho, por afirmar que ela estava espalhando notícias falsas. Os Bolsonaros recorreram em ambos os casos.[255], [256]

Em 2010, a esquerda dominava o debate político *online*. Em 2018, os papéis foram invertidos. Em poucos anos, floresceu todo um ecossistema de contas nas redes sociais contrárias ao PT e favoráveis a Bolsonaro. Já em 2011, surgiu o blogue *O implicante*,

253 Mello, Patrícia Campos (2020).

254 https://www1.folha.uol.com.br/poder/2019/10/whatsapp-admite-envio-massivo-ilegal-de-mensagens-nas-eleicoes-de-2018.shtml

255 https://g1.globo.com/sp/sao-paulo/noticia/2021/01/21/justica-de-sp-condena-eduardo-bolsonaro-a-indenizar-jornalista-em-r-30-mil-por-danos-morais.ghtml

256 https://g1.globo.com/sp/sao-paulo/noticia/2021/03/27/justica-de-sp-condena-bolsonaro-a-indenizar-jornalista-em-r-20-mil-por-danos-morais.ghtml

que difundia notícias e memes – com fotos satíricas ou vídeos curtos – com críticas à então presidente Dilma Rousseff e ao PT. *O implicante* rapidamente conseguiu um milhão de seguidores, uma imensidão para a época. Em 2015, ele foi fechado, um dia após os jornais terem revelado que seu fundador, Fernando Gouveia, tinha um contrato com o governo estadual de São Paulo. O Estado era então governado pelo PSDB, adversário histórico do PT. Tudo indica que o PSDB usou recursos públicos para atacar o PT, uma clara violação da lei eleitoral e do Código Penal.[257]

Em 2013, foi criado o site *Reacionaria*, um nome autoirônico que brincava com o fato de que as visões radicais de direita eram frequentemente recebidas com acusações de que eram reacionárias. O site publicava temas de direita e seus próprios memes. Um dos membros mais ativos era Felipe Martins. Ele é agora o assessor especial de política externa do presidente Bolsonaro.

A pesquisadora de mídia Lorena Regattieri acredita que os três sites radicais de direita mais importantes da atualidade são *Folha Política.org*, *Jornal da Cidade Online* e *Terra Brasil Notícias*. Têm aparência e nomes de sites de notícia *online*, mas na prática são canais de propaganda de Jair Bolsonaro. O conteúdo é uma mistura de notícias e jornalismo de campanha para a extrema direita e o presidente.

Um exemplo da *Folha Política*: imagens do YouTube mostrando políticos de esquerda e juízes do STF furiosos e descontrolados, enquanto Bolsonaro e seus apoiadores parecem responsáveis e racionais.

---

257 https://www1.folha.uol.com.br/poder/2015/04/1618288-blogueiro-antipetista-recebe-pagamentos-do-governo-alckmin.shtml

Do *Jornal da Cidade*: um editorial sobre o blogueiro de extrema-direita Allan dos Santos termina afirmando que a eleição está chegando e incentiva os leitores a comprar camisetas, bandeiras e banners na loja virtual Shoppingconservador.

O *Terra Brasil Notícias* exibe um slogan quase idêntico ao de Bolsonaro: "Deus acima de tudo e de todos".

"Os bolsonaristas perceberam que precisavam de sites", explica Regattieri. "Eles são as cabeças-de-ponte para as notícias que se espalham nas redes sociais. Esses sites têm milhões de visualizações todos os meses."

Vários blogueiros, influenciadores, youtubers e programadores radicais de direita passaram a fazer parte do estafe de Bolsonaro. Após a vitória eleitoral, muitos deles foram empregados no gabinete do presidente, tudo coordenado pelo segundo filho de Bolsonaro, Carlos.

No palácio do Planalto, Jair Bolsonaro recebe todas as manhãs um briefing desse grupo sobre o que se passa nas redes sociais, além de um texto interpretativo sobre o que está acontecendo no Brasil. Eles também são responsáveis pelos perfis do presidente nas redes sociais, e conquistaram tanto espaço que muitos outros assessores do presidente se sentem desprestigiados. Nos corredores do palácio, o grupo foi apelidado de *Gabinete do Ódio*.

Esse gabinete não existe, assegura a família Bolsonaro. De acordo com a mídia e o inquérito da Polícia Federal, ele é real, e tem sede e endereços IP no palácio presidencial. Lorena Regattieri acredita que o Gabinete do Ódio deve ser compreendido mais como uma metáfora do que como um escritório físico. O Gabinete do Ódio é o núcleo de uma grande rede de ativistas, pagos e voluntários, que trabalham para promover a causa de Jair Bolsonaro.

A estratégia é simples: alimentar os seguidores com notícias e memes todos os dias. Não necessariamente falsos, mas interessantes o bastante para que o público permaneça fiel, preste atenção ao conteúdo das mensagens e as repasse adiante. E relevantes o suficiente para distraí-los de outros assuntos e fontes de notícias. Os seguidores de Bolsonaro não devem ter vontade nem capacidade de obter informações de outras fontes.

Uma dessas táticas é o uso de robôs no Twitter. É simples e barato, mas no contexto político é ilegal. Cerca de seis a oito por cento dos brasileiros usam o Twitter ativamente, mas entre políticos e jornalistas, os chamados líderes de opinião, a participação é alta. A Universidade Federal de Minas Gerais (UFMG) estuda há muitos anos o uso do Twitter pelos aliados e apoiadores de Bolsonaro. Quase todos os dias, alguma hashtag de Bolsonaro está entre as cinco mais dos *trending topics* do Brasil. Esta é uma boa indicação de que os robôs estão em uso, caso contrário a variação seria maior. Um sinal ainda mais claro são os tuítes do vice-presidente, general Hamilton Mourão, encaminhados em média por 50% de seus seguidores – algo altamente improvável de acontecer sem o uso de robôs. E ainda pior: a mesma coisa acontece com as mensagens do Twitter da Secretaria de Comunicação do Estado brasileiro, Secom,[258] perfil que deveria ser usado para divulgar informações úteis e relevantes para a sociedade e os cidadãos do País. Ao arrepio da lei, a Secom passou a fazer propaganda de Jair Bolsonaro.

As redes sociais se transformaram num canal ideal para líderes populistas em todo o mundo, escreve Carline Tromp no livro *Kulturkrig: Det nye ytre høyre og normaliseringen av det ekstreme [Guerra cultural: A nova extrema direita e a normalização do extemismo]*. Agora, é possível alcançar seus seguidores diretamente, sem os filtros da mídia tradicional. Uma forma completamente nova de comunicação surgiu entre políticos e eleitores. Ela é visual, emocional e direta. Os populistas radicais de direita aperfeiçoaram como ninguém essa forma de comunicação.[259]

Por um lado, populistas de direita e empresas de mídia social compartilham os mesmos objetivos e meios: ambos almejam aumentar o tráfego e o número de seguidores. Eles querem reter nossa total atenção pelo maior tempo possível – as redes sociais para ganhar dinheiro, os populistas de direita para ganhar votos. Para conseguir isso, manipulam nossas emoções e fraquezas psicológicas, bombardeando-nos com mensagens simples, rasas e imediatas, sem nenhum compromisso com a verdade.[260]

Na Noruega também é assim. Em 2016, no mesmo ano em que Donald Trump venceu a eleição nos

258 Entrevista, Lorena Regattieri, via Zoom, 18/mar/2022.

259 Tromp, Caroline (2022, p. 14).

260 Entrevista, Per Kristian Bjørkeng, Oslo, 22/mar/2022.

EUA, Sylvi Listhaug, líder do Partido do Progresso, afirmou num notório post no Facebook que o Partido Trabalhista achava que os direitos dos terroristas eram mais importantes do que a segurança da Noruega. Ilustrando a mensagem, uma foto mostrando homens armados, vestidos de preto e mascarados diante de uma paisagem desértica. No canto inferior direito estava escrito "CURTA E COMPARTILHE" em letras maiúsculas. Foi uma confusão. A maioria das pessoas achou que Listhaug tinha ido longe demais, especialmente porque era a ministra da Justiça do país na época. Foram tantos os pedidos de "desculpas a quem se sentiu ofendido" que ela foi obrigada a renunciar. Sete meses depois, a então primeira-ministra Erna Solberg a convidou para voltar a integrar o governo.

Notícias falsas funcionam. Não precisam ter proximidade alguma com a verdade para surtirem efeito. Tivemos um bom exemplo disso durante o período que antecedeu a invasão da Ucrânia pela Rússia, em fevereiro de 2022. Centenas de milhares de brasileiros acabaram dando a Bolsonaro o crédito por ter "impedido a guerra".

O presidente do Brasil visitou Vladimir Putin na Rússia dias antes da invasão. O Itamaraty aconselhou Bolsonaro a não tocar no assunto Ucrânia, afinal essa era apenas uma visita havia muito planejada que se concentraria em outros temas. Mas no WhatsApp, grupos pró-Bolsonaro alegaram que a visita do presidente levou Putin a adotar uma postura mais moderada. O ex-ministro do Meio Ambiente de Bolsonaro Ricardo Salles foi além, forjou uma imagem com o logotipo da CNN e afirmou no WhatsApp e no Instagram que "os esforços do presidente ajudaram o mundo a evitar uma terceira guerra mundial".[261] O próprio Bolsonaro ajudou a propagar essa inverdade falando à imprensa após a visita: "Coincidentemente ou não, parte do Exército Russo deixou a fronteira."[262]

No Brasil, as afirmações renderam reações das mais diversas, desde admiração devota a risos debochados, a maioria rejeitando a hipótese de que Bolsonaro tivesse alguma influência na questão da Ucrânia – mas então algo interessante aconteceu. Diante de tamanha reação contrária, os apoiadores do presidente mudaram os argumentos e alegaram que tudo não passava de uma brincadeira. Dessa forma, também poderiam criticar a mídia e a esquerda por serem atrabiliários e interpretarem tudo literalmente. Ricardo Salles postou uma espécie de entrevista com Putin que era claramente irônica, e chamou a CNN de "ridícula" quando a rede de TV explicou que a imagem original publicada por Salles era falsa.

Tudo isso é uma lição de como os aliados de Bolsonaro espalham *fake news*: alguém escreve algo, cria um meme ou forja uma imagem e envia para os seguidores mais fiéis do WhatsApp. Depois, a mensagem se espalha para milhões de pessoas em várias mídias sociais. O presidente joga nos dois times, dando declarações deliberadamente ambíguas. Se a maioria das pessoas pensa que a coisa foi longe demais, segue-se a retratação, em geral com a desculpa de que não passava de brincadeira. De qualquer forma, milhões de pessoas acabam sendo influenciadas. Uma pesqui-

261 https://twitter.com/rsallesmma/status/1493587289905246215

262 https://oantagonista.uol.com.br/brasil/bolsonaro-diz-que-por-coincidencia-ou-nao-tropas-deixaram-fronteira-durante-sua-visita/

sa mostrou que 22% dos brasileiros que curtiram, comentaram ou encaminharam o caso sobre o suposto sucesso de Bolsonaro como mediador da paz acreditavam que ele merecia o crédito pela Rússia supostamente ter recuado suas forças.[263]

No final, como é sabido, a Rússia acabou invadindo a Ucrânia de qualquer maneira. Assim, a menção de que Bolsonaro teria impedido a guerra se transformou numa notícia falsa anabolizada.

A postagem do ex-ministro do Meio Ambiente Ricardo Salles, de que Bolsonaro impedira uma terceira guerra mundial, foi removida pelo WhatsApp e pelo Instagram. No lugar, um quadro preto avisava que se tratava de *fake news*. Furioso, Salles ameaçou processar ambos.[264]

É um sintoma de que algo aconteceu. As mídias sociais foram pressionadas a assumir mais responsabilidade pelo conteúdo que veiculam. A postura inicial do proprietário do Facebook, Mark Zuckerberg, segundo a qual as mídias sociais são apenas plataformas, ou seja, canais que não podem ser responsabilizados pelo conteúdo, não é mais válida. A eleição de Donald Trump em 2016 foi um ponto de inflexão. A disseminação de notícias falsas foi tão extensa e determinante para o resultado das eleições que ficou evidente que era preciso fazer algo. Quando os proprietários das redes sociais foram confrontados com ameaças de multas e fechamento

263 https://www.cnnbrasil.com.br/politica/22-acreditam-em-noticia-falsa-sobre-recuo-de-tropas-russas-a-pedido-de-bolsonaro-mostra-pesquisa/

264 https://twitter.com/rsallesmma/status/1494809722381377536

em vários países ao redor do mundo, eles resolveram agir. Agora ficou mais difícil, tecnicamente falando, recorrer a robôs. Novos recursos permitem aos usuários denunciar mentiras, notícias falsas, teorias da conspiração e outros conteúdos impróprios. E o próprio monitoramento das plataformas remove tanto conteúdo falso quanto perfis falsos.

No Brasil, isso ficou evidente. Em julho de 2020, o Facebook e o Instagram desbarataram juntos uma rede de 87 contas que espalhavam notícias falsas a favor de Jair Bolsonaro. O Facebook nunca fornece detalhes sobre tais operações, mas o Digital Forensic Research Lab, afiliado ao *think tank* Atlantic Council, dos EUA, afirmou que as contas foram criadas e administradas por filhos de Bolsonaro, funcionários do palácio presidencial e políticos do partido do presidente, o PSL. No total, os perfis tinham 1,8 milhão de seguidores.[265]

Durante a pandemia, Facebook, Twitter e Instagram apagaram postagens de Jair Bolsonaro por elas terem divulgado informações incorretas sobre medicamentos.[266] O canal do presidente no YouTube foi congelado por ter divulgado a informação de que pessoas que tomassem a vacina contra o coronavírus contrairiam AIDS com mais facilidade.[267]

265 https://g1.globo.com/economia/tecnologia/noticia/2020/07/10/veja-paginas-removidas-pelo-facebook-por-promoverem-desinformacao-e-que-foram-apontadas-em-investigacao.ghtml

266 https://www.brasildefato.com.br/2020/03/30/twitter-facebook-e-instagram-apagam-publicacoes-de-bolsonaro-dano-real-as-pessoas

267 https://tecnologia.ig.com.br/2021-11-03/redes-sociais-bolsonaro-seguidores.html

No entanto, há muitos absurdos que as plataformas deixam passar, e, daquilo que conseguem filtrar, nem tudo decidem ocultar. Frances Haugen, ex-funcionária que vazou segredos do Facebook, revelou que quase seis milhões de usuários receberam tratamento VIP e puderam violar os regulamentos do Facebook sem receber sanções. Além disso, a plataforma recusou-se a publicar pesquisas que diziam que uma em cada três meninas com transtornos de imagem corporal achavam que o Instagram agravava o problema.[268] O dinheiro é a única razão que impede Facebook e Instagram, ambos de propriedade de Mark Zuckerberg, de tomar providências mais efetivas. Menos controvérsia cria menos tráfego, o que, por sua vez, reduz a receita de publicidade.

No Brasil, tanto o Congresso quanto o Supremo têm encampado a luta contra as *fake news*. Em 2019, cada um nomeou sua própria comissão para investigar o assunto, e a do STF começou a mostrar serviço. Segundo o ministro Alexandre de Moraes, há uma organização criminosa por trás da produção, da publicação e do financiamento de *fake news* "com o claro propósito de atacar instituições, a democracia e o Estado de Direito".[269] Vários líderes empresariais, políticos e influenciadores digitais, cujo denominador comum é apoiarem Bolsonaro, estão sob investigação.[270] O inquérito da Polícia Federal até agora aponta para o

268 https://www.aftenposten.no/kultur/i/KzG3nX/dette-er-avsloeringene-som-stammer-fra-frances-haugens-facebook-lekkasje

269 https://www.cnnbrasil.com.br/politica/6-pontos-para-entender-a-investigacao-de-fake-news-no-stf-que-chegou-a-bolsonaro/

270 https://noticias.uol.com.br/politica/ultimas-noticias/2021/08/21/quais-as-diferencas-entre-inqueritos-das-fake-news-e-das-milicias-digitais.htm

próprio gabinete do presidente. Eles acreditam que os ataques são coordenados pelo Gabinete do Ódio.[271]

A engrenagem está movendo-se também no mundo empresarial. A organização Sleeping Giants, que trabalha para que empresas privadas deixem de anunciar em sites de notícias falsas, convenceu mais de 700 empresas brasileiras a interromper esse fluxo de dinheiro. Segundo o Sleeping Giants Brasil, gigantes como Coca-Cola, Microsoft e PayPal cancelaram anúncios e deixaram de pagar mais de 50 milhões de reais a esses sites.[272]

Os esforços das autoridades e dos proprietários das plataformas contra notícias falsas tiraram um pouco do fôlego dos bolsonaristas, mas Jair Bolsonaro ainda está bem a frente de seus adversários políticos no número de seguidores nas redes sociais. Em março de 2022, ele tinha 14,5 milhões de seguidores no Facebook, contra 4,8 milhões de Lula. No Instagram, a vantagem é ainda maior. Bolsonaro tinha 19,2 milhões de seguidores, enquanto Lula tinha 4 milhões. No Twitter, a disputa é mais equilibrada, mas, com seus 7,3 milhões de seguidores, Bolsonaro ainda tem mais que o dobro de Lula.[273]

O sucesso nas redes sociais não é medido apenas pelo número de seguidores. É mais adequado aferir número de interações, ou seja, quantas pessoas cur-

271 https://www1.folha.uol.com.br/poder/2022/02/pf-diz-ao-stf-que-milicia-digital-usa-gabinete-do-odio-e-delegada-se-licencia.shtml

272 https://sleepinggiantsbrasil.com/

273 https://www.metropoles.com/colunas/guilherme-amado/bolsonaro-tem-cinco-vezes-mais-seguidores-que-lula-nas-redes-sociais

tem, comentam ou encaminham uma postagem. Aqui, a liderança de Bolsonaro diminui. No final de 2021, houve empate entre Lula e Bolsonaro no Facebook. No Instagram, a liderança de Bolsonaro encolheu. E no YouTube, o candidato Ciro Gomes, do PDT, estava no encalço de Bolsonaro.[274]

A relevância disso tudo, no entanto, é difícil precisar, porque a realidade nas mídias sociais está mudando constantemente, não apenas com a chegada de novos perfis e grupos, mas também de novas plataformas. Somente nos últimos anos foram lançados o TikTok chinês, o Telegram russo, o Parler e o Gettr dos EUA, assim como o Truth Social, que pertence a Donald Trump. Alguns têm uma morte rápida, enquanto outros se fortalecem. Além disso, a tecnologia está evoluindo, de modo que as funções mudam.

No Brasil, os bolsonaristas são muito mais rápidos que os adversários na adoção de novos canais. O presidente criou perfis no TikTok e no Telegram antes da maioria, e tem muito mais seguidores lá do que os outros candidatos presidenciais, uma estratégia que serve também para contornar o que ele chama de "censura" nas redes sociais já estabelecidas. Bastante sintomático disso é que a primeira coisa que Bolsonaro traz em sua biografia no Facebook é o novo endereço do Telegram.

O Telegram se tornou o novo queridinho de muitos dos grupos pró-Bolsonaro. A plataforma russa é uma mistura de mensagens e mídias sociais muito semelhante ao WhatsApp, que permite o envio de

274 https://www.correiobraziliense.com.br/politica/2021/12/4973312-fgv--aponta-que-bolsonaro-perde-o-protagonismo-nas-redes-sociais.html

mensagens e notícias para indivíduos ou grupos, com a diferença que o WhatsApp limita os grupos em até 256 participantes, enquanto o Telegram permite até 10.000. O potencial de propagação é, portanto, exponencialmente maior. Nele também é mais fácil usar robôs e mais fácil evitar o monitoramento. Não há ferramentas para que os usuários denunciem conteúdo ilegal ou falso. O Telegram é uma verdadeira dádiva para quem quer espalhar notícias falsas. Até recentemente, o serviço também não tinha representação no Brasil, mas até isso está mudando.

O Supremo Tribunal Federal e a Polícia Federal começaram a acompanhar as *fake news* no Telegram. Com o objetivo de que métodos ilegais não sejam usados nas eleições presidenciais de 2022 como foram em 2018. Ninguém crê que terá 100% de sucesso, mas de qualquer maneira é um passo na direção certa.

As redes de fibra ótica e as mídias sociais levaram à disseminação de notícias falsas na velocidade da luz para bilhões de pessoas em todo o mundo. Nos últimos anos, a pandemia de coronavírus deu margem às mais incríveis teorias da conspiração, e em poucos lugares no mundo encontraram terreno tão fértil como o Brasil para se reproduzir. Muitos países têm uma população com baixo nível de escolaridade, poucas fontes de notícias e excesso de confiança nas notícias nas redes sociais. Mas uma coisa faz o Brasil se destacar entre todos eles: o próprio presidente do País foi um dos superdifusores de *fake news* e teorias da conspiração sobre a pandemia.

CAPÍTULO 10:

Crimes contra a humanidade

A imagem correu o mundo. Jair Bolsonaro de pernas escanchadas vestindo uma camisa bege e comendo pizza numa esquina de Nova York. Ao redor dele está um grupo de homens de meia-idade. Alguns olham para a câmera e sorriem, outros, numa pose mais infeliz, encaram o guardanapo com a boca cheia de comida.[275]

Aparentemente nada fora do comum, mas o contexto era especial. Era setembro de 2021, e o presidente do Brasil estava nos Estados Unidos para abrir a Assembleia Geral da ONU. De volta ao Brasil, ele declarou inúmeras vezes que não se tinha vacinado contra a Covid-19, e chegava a se gabar disso. Em vez disso, ele recomendou uma série de medicamentos sem efeito contra o coronavírus. Em Nova York, todos os bares e restaurantes exigiam certificados de vacinação, por isso ali estava ele, acompanhado de seu primeiro escalão, jantando na calçada.

A foto foi divulgada por amigos de Bolsonaro no Instagram. Para eles, era uma mostra do pragmatismo e do desprendimento do presidente. Ao mesmo tempo, para eles não era nada razoável um adulto saudável e capaz não poder agir como bem entendesse. Para ou-

[275] https://g1.globo.com/mundo/noticia/2021/09/20/bolsonaro-e-comitiva-comem-na-rua-em-ny-cidade-exige-vacinacao-contra-covid-em-restaurantes.ghtml

tros, porém a imagem foi um testemunho de um presidente rejeitado internacionalmente, que se recusava a ouvir o que a ciência tinha a dizer sobre a doença e a vacina. Era também um símbolo de algo maior: uma política de enfrentamento à pandemia completamente fracassada que causou milhares, talvez centenas de milhares, de mortes desnecessárias no Brasil.

Um ano antes, outra fotografia havia viajado pelo mundo. Era uma imagem feita por drone de um cemitério na cidade de Manaus. Ali, escavadeiras trabalhavam para deixar o terreno pronto para receber novos caixões. Na margem da foto estavam as sepulturas enfileiradas, como num cemitério de guerra.

O Brasil tem o segundo maior número de mortes por coronavírus no mundo, perdendo apenas para os Estados Unidos. Quando este livro foi escrito, mais de 670.000 pessoas haviam perdido a vida por causa da pandemia. Se olharmos para a taxa de mortalidade, ou seja, quantas pessoas morreram de Covid-19 em relação ao conjunto da população, o Brasil também está na liderança mundial.[276]

Por trás dos números estão centenas de milhares de histórias pessoais de doença, sofrimento, dor e perda. Além disso, milhões de pessoas estiveram à beira da morte, entubados num hospital, dentro de uma ambulância, numa fila quilométrica diante de postos de saúde lotados ou mesmo em casa. Muitos dos sobreviventes terão que conviver com sequelas graves. Todas essas histórias afetam familiares, amigos, colegas e vizinhos; então, no total, dezenas de milhões

276 https://coronavirus.jhu.edu/data/mortality

de pessoas no Brasil vivenciaram de perto as piores consequências da pandemia. A palavra "tragédia" costuma ser usada sem justificativa, mas neste caso ela é absolutamente pertinente.

Uma dessas histórias é a de Marlúcia Ribeiro Segundo. Marlúcia nasceu no Piauí, mas depois de uma vida inteira trabalhando como operária, auxiliar de limpeza, cozinheira, diarista e pedreira em vários lugares do Brasil, atualmente vive na cidade de Águas Lindas, em Goiás, não muito distante da capital Brasília, onde trabalha como empregada doméstica. Para se deslocar ao trabalho, ela acorda às quatro da madrugada e entra no ônibus às quatro e meia. Duas horas depois, está na rodoviária no centro da capital. Se tiver sorte, consegue pegar um ônibus direto para o Lago Norte, onde trabalha numa casa de classe média alta. Se não tiver sorte, precisa pegar mais uma condução. Entre oito e nove horas da manhã ela chega no trabalho.

Marlúcia contraiu o coronavírus em julho de 2020, durante a primeira onda, quando vários de seus parentes e vizinhos já haviam perdido a vida.

"Fiquei muito doente. Caí de cama por 18 dias. Tive febre e tosse, fiquei com o corpo inteiro dolorido, não conseguia comer direito. Achei que fosse morrer."[277]

Marlúcia se valeu de uma mistura de superstição e desinfetantes domésticos. Depois de duas semanas de cama, ela sonhou com o avô. Ele tinha uma fábrica de charutos no Piauí e fumava como uma chaminé.

---

277 Entrevista, Marlúcia Ribeiro Segundo, 29/abr/2022.

Chegou aos 99 anos e dizia que o segredo era a *Creolina*, um desinfetante usado para limpeza no interior do Brasil há mais de um século. No início da pandemia, circularam na internet notícias falsas de que ela poderia curar o coronavírus. O fabricante rapidamente veio a público desmentir a informação:

"A Creolina é um produto exclusivamente para uso externo e não deve ser usada em animais ou humanos. É um agente desinfetante, com efeito bactericida e fungicida comprovado apenas para uso veterinário, e com efeito comprovado como desinfetante em estabelecimentos rurais como galinheiros, porciúnculas, granjas, currais, estábulos, canis e galpões."[278]

No sonho, o avô pedia a Marlúcia que pingasse três gotas de Creolina num copo d'água e a bebesse, assim como ele mesmo fazia em vida. Marlúcia seguiu o conselho.

"A água ficou completamente branca, como se tivesse farinha nela. Cheirava e tinha um gosto horrível, mas no dia seguinte eu estava curada!"

Os médicos do hospital de Águas Lindas recomendaram que os pacientes tomassem *Cloroquina* e *Ivermectina*. Dois amigos de Marlúcia seguiram esse conselho, mas acabaram entubados num respirador num quarto de hospital. E então morreram.

"O presidente Bolsonaro estava todos os dias na TV pedindo para as pessoas tomarem esses remédios.

---

278 https://www.bahia.fiocruz.br/e-fake-que-produto-veterinario-creolina-cure-covid-19/

E o povo acredita no que o presidente fala, né?", conta Marlúcia. "Todo mundo em Águas Lindas comprou", prossegue ela. No começo o preço disparou, mas mesmo assim as farmácias ficaram sem estoque. Muitos que tomaram esses medicamentos morreram. "Perdi muitos parentes e amigos. Gente jovem também. Tenho saudades deles. Mas com a ajuda de Deus felizmente consegui sobreviver."

Jair Bolsonaro ganhou fama de um dos piores líderes mundiais no combate ao coronavírus, seja banalizando a gravidade da doença, isentando-se de responsabilidade, sabotando as medidas sanitárias, disseminando desinformação ou duvidando da eficácia das vacinas. Examinando-se a gestão Bolsonaro no contexto da linha do tempo da Covid-19 no Brasil e no mundo, isso fica ainda mais nítido.

Em 11 de março de 2020, a OMS declarou haver uma pandemia global de Covid-19. Desde janeiro, países de todo o mundo introduziram medidas de controle sanitário, como proibições de viagens, uso de máscaras faciais e distanciamento social. No Brasil, os estados adotaram medidas diversas, como restrições ao número de contatos próximos. O Ministério da Saúde brasileiro declarou estado de crise sanitária. A primeira coisa que o presidente do Brasil fez foi criticar as medidas de contenção dos estados, chamar a pandemia de "gripezinha" e acusar a mídia de disseminar o pânico.

Bolsonaro e o governo não conseguiram impor diretrizes nacionais e transferiram a responsabilidade para os estados. Era um sinal do que estrava por vir.

O presidente se recusou a assumir a responsabilidade. Deixar de fazer algo é uma escolha tão consciente quanto fazer algo. Não adotar medidas de abrangência nacional necessárias contra a pandemia foi uma política deliberada. Ignorar o conselho da ciência foi política de governo.

Um bom exemplo da irresponsabilidade de Bolsonaro veio em abril de 2020. Naquela época, o número de mortes no Brasil chegava aos 5.000 e, com isso, o País ultrapassava a China em vítimas fatais. Quando um jornalista pediu um comentário ao presidente, a resposta foi: "E daí? Lamento, mas quer que eu faça o quê? Sou Messias mas não faço milagre."[279]

Então ele começou a sabotar as medidas de controle sanitário dos estados e as recomendações de seu próprio ministro da Saúde. Enquanto os estados introduziam uso de máscara, educação remota em domicílio, *home office* e impunham restrições mais rígidas ao contato próximo, o presidente exortava as pessoas a continuar levando a mesma vida de antes. Ele participou de manifestações contra quem denunciava a gravidade da doença, sem máscara. Divulgou fotos e vídeos de si mesmo no interior de um shopping center, sem máscara. Saiu às ruas para conversar com apoiadores, sem máscara. Pilotou uma moto aquática nas praias do Rio de Janeiro e cumprimentou as pessoas, sem máscara. Durante uma visita à cidade natal, Eldorado, pediu às pessoas que tirassem as máscaras se quisessem tirar fotos com ele.[280] Depois de o Con-

---

279 https://g1.globo.com/politica/noticia/2020/04/28/e-dai-lamento-quer-que-eu-faca-o-que-diz-bolsonaro-sobre-mortes-por-coronavirus-no-brasil.ghtml

280 Entrevista, Alessandro da Silva Nascimento, Eldorado, 11/nov/2021.

gresso ter aprovado um projeto de lei com diretrizes nacionais para impedir a proliferação da doença, Bolsonaro vetou várias medidas importantes. Recusou-se a impor o uso de máscaras em locais públicos, como lojas e igrejas. E foi contrário à distribuição de máscaras para os mais pobres. Ele não apenas desacreditou a ciência médica e os esforços dos estados contra a propagação do vírus, mas também se expôs a um grande e desnecessário risco de infecção.

Por fim, acabou também sendo infectado. Em 7 de julho de 2020, mais de 1.300 novas mortes por coronavírus foram registradas no Brasil em 24 horas. O número chegava a 67.000.[281] Naquele dia, o presidente informou a algumas emissoras de televisão amigas que havia sido contaminado. Bolsonaro aproveitou para recomendar o uso do antimalárico Cloroquina, medicamento que comprovadamente não tem efeito contra a Covid-19.[282]

Esse foi apenas um dos inúmeros exemplos de desinformação da parte do presidente. No início, tratava-se principalmente de medicamentos que teriam um suposto efeito contra a doença. Primeiro foi a Cloroquina, depois um antiparasitário, a Ivermectina. Mais tarde, o assunto passou a ser um spray nasal israelense recém-desenvolvido, depois um certo "tratamento precoce" um tanto incerto. Entre um e outro, o presidente voltava a citar a Cloroquina. Todos esses fármacos têm uma coisa em comum: são

---

281 https://g1.globo.com/bemestar/coronavirus/noticia/2020/07/07/casos--e-mortes-por-coronavirus-no-brasil-7-de-julho-segundo-consorcio-de-veiculos-de-imprensa.ghtml

282 https://g1.globo.com/jornal-nacional/noticia/2020/07/07/jair-bolsonaro-confirma-que-contraiu-coronavirus-e-diz-estou-muito-bem.ghtml

absolutamente ineficazes no tratamento da infecção pelo Covid-19.

Então vieram as vacinas. Elas têm efeito comprovado. Elas evitam ou dificultam a contaminação. Elas atenuam os sintomas. Elas salvam vidas. Mas em relação a elas Bolsonaro foi de um ceticismo ímpar. O governo havia destinado recursos para a aquisição das vacinas, mas na prática houve uma demora excessiva na elaboração do contrato com os laboratórios. Não foi por falta de oferta. Ainda em junho de 2020, o governo teve a chance de comprar a vacina CoronaVac, fruto de uma parceria entre cientistas chineses e brasileiros. O Brasil poderia então ter garantido 60 milhões de doses antes do fim do primeiro semestre de 2021. O governo recusou a oferta.

Em agosto de 2020, quando mais de 100.000 brasileiros haviam sucumbido à doença, veio a primeira oferta da Pfizer/Biontec. Seria possível receber o primeiro lote de 1,5 milhão de doses ainda em dezembro do mesmo ano, com entregas subsequentes que somariam um total de 70 milhões de doses em junho de 2021, por metade do preço que os EUA e a UE pagaram. O governo Bolsonaro não se interessou.[283]

As justificativas foram várias, uma delas seria a intenção da Pfizer de se eximir de responsabilidade por eventuais efeitos colaterais. As cláusulas contratuais do laboratório eram as mesmas que uma série de outros países haviam acatado. Outra justificativa dada pelo governo foi a de que as negociações com os laboratórios Moderna e AstraZeneca já estavam em

283 https://www1.folha.uol.com.br/equilibrioesaude/2021/06/bolsonaro-recusou-vacina-a-50-do-valor-pago-por-eua-e-uniao-europeia.shtml

curso, mas isso não seria um argumento impeditivo para fazer negócios com concorrentes. O Brasil terminou comprando o imunizante da Pfizer mesmo assim, pelo preço inicialmente proposto, mas com um atraso de seis meses.

Caso tivesse adquirido as doses antes, poderia ter rapidamente vacinado os grupos de risco e evitado inúmeras mortes. O epidemiologista Pedro Hallal, da Universidade de Pelotas, no Rio Grande do Sul, fez as contas. Ele acredita que uma em cada cinco vítimas poderia ter sido salva caso o governo tivesse adquirido os imunizantes na primeira hora. Ao menos 95.000 vidas teriam sido poupadas, disse ele em maio de 2021, quando o total de mortes se aproximava de meio milhão.[284] Projetando-se esse cálculo, teríamos tido 130.000 vítimas a menos segundo as estatísticas mais recentes.

Apesar do avassalador número de mortes e do desenvolvimento em tempo recorde de vacinas comprovadamente eficazes, Bolsonaro continuou a alardear os benefícios inexistentes de medicamentos ineficazes. Mais de uma vez ele repetiu que não se vacinaria, sistematicamente externou seu ceticismo em relação às vacinas e criticou os estados que, por iniciativa própria, firmaram contratos com laboratórios para comprar imunizantes. Em várias ocasiões, coube ao STF pressionar as autoridades a agir; em outras, o Supremo teve que anular atos do governo por serem inconstitucionais. Redes sociais como Facebook e Twitter chegaram a bloquear as contas do presidente devido às notícias falsas e teorias conspiratórias que ele tinha divulgado.

284 https://www.bbc.com/portuguese/brasil-57286762

No governo, a gestão da pandemia foi uma catástrofe. Já em abril de 2021, Bolsonaro demitiu seu primeiro ministro da Saúde. Ele defendia o distanciamento social, que o presidente não aprovava. O ministro seguinte preferiu pedir as contas ele mesmo, quatro semanas depois, após terem se desentendido em relação à Cloroquina. Então um militar da ativa, especialista em logística, sem o menor conhecimento sanitário, assumiu o cargo.

É difícil compreender por que Bolsonaro agiu como agiu durante a pandemia. O que ele tinha a ganhar ao permitir que a população sofresse além do necessário? Não temia ele por seu próprio futuro político?

O cientista social Guilherme Casarões acha que havia uma estratégia por trás disso tudo, a qual chamou de "populismo medicinal".[285] Casarões é professor da Fundação Getúlio Vargas no Rio de Janeiro. Ele observa que duvidar de remédios, vacinas e medidas sanitárias é precisamente o que o presidente faz em outros setores da vida social. Bolsonaro cria incertezas onde não existem e cresce ao promover a polarização entre "povo" e "elite". No caso da pandemia de Covid-19, a elite eram as farmacêuticas globais, a Organização Mundial da Saúde, a ciência médica e os governos estaduais, enquanto o povo era quem precisava ir trabalhar pelo seu ganha-pão. Ao construir um conflito entre o povo e a elite e afirmar que tomava o partido do povo acima de tudo, ele procurava angariar apoio e silenciar críticas.

285 https://www.bbc.com/portuguese/brasil-56759301

A gestão da pandemia também faz todo sentido quando analisamos sua relação leviana com os fatos. Espalhar mentiras faz parte de seu *modus operandi*. Ele mente sobre os opositores. Ele mente sobre a ditadura militar. Ele mente sobre o STF. Ele mente sobre o desmatamento da Amazônia. Mentir sobre a pandemia de coronavírus se encaixa num padrão de falsidades e teorias conspiratórias a que Bolsonaro sempre recorre para disseminar dúvidas e oferecer soluções simplórias.

Se, por acaso, elas resultarem em sofrimento e dor, isso não parece causar-lhe nenhuma preocupação. Felizmente, porém, outros se preocupam.

Em 20 de outubro de 2021, o Senado brasileiro divulgou um relatório de mais de mil páginas com acusações jamais dirigidas a um presidente no exercício do cargo. O Senado recomendou a investigação do presidente Bolsonaro por nada menos que nove crimes relacionados à gestão da pandemia. A acusação mais séria é a de crime contra a humanidade: genocídio. Em três casos o Senado afirmou que os atos do presidente configuram essa conduta: ao ignorar a necessidade de proteger povos originários contra a pandemia, ao não fazer o que era necessário para conter a crise sanitária de Manaus, onde faltou até oxigênio para abastecer os hospitais, e ao usar meios oficiais para tratar a população com o uso de medicamentos comprovadamente inócuos.

Não é pouca coisa, nem mesmo para os padrões políticos brasileiros. Diante de acusações tão graves, algum tipo de investigação já deveria estar em curso, mas nada aconteceu. O pedido formal para que o presidente e outros membros do primeiro escalão do governo sejam investigados deve ser feito ao procurador-geral da República, Augusto Aras, que foi nomeado por Bolsonaro e tem-se mostrado de uma lealdade canina ao presidente, à sua família e aos seus aliados. Nenhuma ação que possa afetar o clã Bolsonaro foi levada adiante por Aras. O Congresso pode, de forma independente, abrir um processo no STF contra o presidente caso suspeite que ele violou o texto constitucional, mas isso exige uma maioria de dois terços. Bolsonaro tem apoio suficiente no Congresso para evitar um impeachment. O Supremo Tribunal Federal pode, em alguns casos, abrir um inquérito, e neste caso o fez.

No entanto, quando este livro foi impresso, nem o presidente nem qualquer outro político de alto escalão haviam sido investigados. Meio ano depois que o Senado apresentou seu relatório devastador, quase ninguém se lembra dele.

Nossa memória nem sempre é confiável, as lembranças que permanecem nem sempre são acuradas. Temos uma tendência de enfeitar a realidade quando nos recordamos do passado, e de nos lembrar apenas das belas paisagens dos invernos nevados e das férias ensolaradas de verão.

Nossa memória da pandemia de coronavírus decerto é afetada da mesma forma. É no mínimo surpreendente a velocidade com que esquecemos as medidas drásticas a que estivemos submetidos não faz tanto tempo. Isolamento, quarentena, testagens em massa, *home office* e escola em casa, proibição de visitas a hospitais e centros de terceira idade, funerais com poucos presentes, mulheres dando à luz sem um parceiro ao seu lado. A maioria de nós passou por isso, e agora queremos seguir em frente.

E este é o ponto: Jair Bolsonaro aposta suas fichas no esquecimento, ou quem sabe no relevamento, desse passado nefasto. Sua reprovação nunca desceu abaixo do patamar do período em que o número de mortos esteve no auge. Em março e abril de 2021, quando cerca de 3.000 brasileiros morriam de Covid-19 todos os dias, a popularidade do presidente chegou ao fundo do poço.[286]

Agora as pessoas estão esquecendo disso tudo. É com a economia e com os empregos que os eleitores estão mais preocupados, a saúde deixou de ocupar o primeiro lugar. Quando o coronavírus deixar de ser uma ameaça, os brasileiros, que enfim acabaram sendo vacinados, poderão viver como antes. Encontrando familiares e amigos, sem máscaras no rosto, comemorando aniversários como de costume. É provável que a economia se recupere. Que mais pessoas consigam empregos. No dia da eleição, é possível que o homem que, segundo o Senado, teria cometido crimes contra a humanidade sofra as consequências.

Mas não é certo que isso aconteça. A memória de tantos mortos cala fundo em todos os entes queridos que testemunharam esse sofrimento. Eram familiares, parentes, amigos, vizinhos e colegas. Talvez Bolsonaro tenha cavado sua própria cova política cavando também as mais de 100.000 sepulturas desnecessárias de mortos por coronavírus.

---

286 https://oglobo.globo.com/politica/com-disparada-da-covid-pandemia-no-pior-momento-apoio-politico-bolsonaro-derrete-entenda-em-4-pontos-24940364

CAPÍTULO 11:

A arte de matar uma democracia

Em 2018, os professores Steven Levitsky e David Ziblatt, de Harvard, publicaram o livro *Como as democracias morrem*. Nele, mostram que a maioria dos colapsos democráticos desde o fim da Guerra Fria não se devem a golpes militares nem a guerras; são as ações dos líderes eleitos que solapam as democracias. Um dos principais pontos defendidos pelos autores é que as democracias não morrem sozinhas. Elas são assassinadas.

Há um paradoxo trágico no modo como isso se dá, escrevem eles. Os assassinos da democracia, ou seja, os dirigentes eleitos do país, "usam as próprias instituições da democracia – gradual, sutil e até legalmente – para matá-la".[287]

Nas últimas décadas, vários países ao redor do mundo tomaram um rumo autoritário. Os Estados Unidos sob Donald Trump e a Rússia sob Vladimir Putin são os exemplos mais conhecidos. A Índia de Narendra Modi, a Turquia de Recep Erdoğan, a Hungria de Viktor Orbán e as Filipinas de Rodrigo Duterte são outros exemplos. Na América Latina, a Venezuela sob Hugo Chávez e a Nicarágua sob Daniel Ortega evoluíram de democracias frágeis para estados autoritários. Jair Bolsonaro está a caminho de fazer o mesmo com o Brasil.

---

287 Levitsky, Steven & David Ziblatt (2018, p. 8).

As democracias morrem porque forças poderosas assim o desejam. Quais são essas forças? Elas variam de país a país, é claro, mas se examinarmos o mundo nos anos 2000, identificaremos poderosos latifundiários e interesses comerciais em conluio com forças militares – muitas vezes com o apoio de grandes empresas midiáticas ou líderes religiosos. Como sempre, as elites tradicionais de um país. Quando desafiadas por outros setores da sociedade, elas respondem fechando as portas democráticas.

Em muitos países, essas forças são lideradas por populistas autoritários da extrema direita. Orbán, Putin, Trump e Bolsonaro são exemplos disso. Sob seu governo, os países que lideram deram passos largos na direção oposta à democracia. As evoluções autoritárias nesses lugares são tão semelhantes que várias comunidades internacionais de pesquisa referem-se agora a uma receita autoritária de direita. Levistky e Ziblatt listam quatro características de líderes autoritários:

Rejeitam as regras do jogo democrático.

Negam a legitimidade dos adversários políticos.

Toleram ou encorajam a violência.

Restringem as liberdades de seus adversários, incluindo a liberdade de imprensa.

Não é difícil verificar todas essas características em Orbán, Putin, Trump e Bolsonaro, assim como não é difícil constatar que eles aprendem uns com os outros. Trump foi uma espécie de estrela-guia para todos os populistas de direita autoritários durante o período em que presidiu os Estados Unidos. Bolsonaro é seu fã declarado. O próprio Trump estudou países europeus como Itália, Hungria e Polônia antes de chegar ao poder. Nos últimos anos, Steve Bannon, ex-estrategista-chefe de Trump, viajou pelo mundo com o objetivo de congregar forças autoritárias e nacionalistas. Não foi por acaso que o primeiro-ministro Orbán convidou Donald Trump para uma visita ao país antes das eleições húngaras, em março de 2022. Também não foi por acaso que o presidente do Brasil, Bolsonaro, visitou a Rússia e a Hungria em fevereiro do mesmo ano.

Na Hungria, Bolsonaro resumiu a identificação ideológica com Orbán em quatro palavras. Três delas são um slogan fascista da década de 1930: "Deus, pátria e família". Na Europa, este foi o grito de guerra dos regimes de Benito Mussolini, na Itália, e António de Oliveira Salazar, em Portugal. Inspirado no fascismo europeu, o mesmo slogan já havia sido adotado pela Ação Integralista Brasileira (AIB). O movimento, fundado em 1932, lutava por uma política nacionalista, autoritária e ultraconservadora, e considerava os comunistas seu principal inimigo. Inspirados nos Camisas Negras de Mussolini, seus membros vestiam camisas verdes e se cumprimentavam com o braço estendido, repetindo a saudação nazista.

Hoje, Jair Bolsonaro passou a assinar documentos públicos com "Deus, pátria e família", consciente da referência tanto à AIB quanto a Mussolini.[288] Ele gosta de encerrar seus discursos com a mesma saudação. Na Hungria, ele acrescentou mais uma palavra às outras: liberdade. A grande questão, dada a opressão

288 https://www.brasildefato.com.br/2021/09/09/deus-patria-familia-bolsonaro-usa-lema-da-acao-integralista-brasileira-em-carta-a-nacao

a *queers* e demais minorias em ambos os países, é: liberdade para quem?

O oposto da democracia é chamado de autocracia. Desde a Segunda Guerra Mundial, tivemos duas ondas de democratização: uma logo após a guerra e outra após a queda do Muro de Berlim. Também tivemos duas ondas autocráticas. A primeira, por volta de 1970, ano que na América Latina coincidiu com uma sucessão de golpes militares. A segunda, estamos vivendo agora.

O Instituto V-Dem da Universidade de Gotemburgo é uma das instituições acadêmicas mais reconhecidas no estudo da democracia. Todos os anos, o V-Dem faz uma ampla comparação entre todos os países do mundo para identificar tendências globais. O relatório de 2022 começa com uma triste constatação. O processo de autocratização foi tão longe que o progresso alcançado pela democracia desde a Guerra Fria foi zerado. Setenta por cento da população mundial agora vive em autocracias, isto é, em várias formas não democráticas de governo, desde ditaduras como China e Coreia do Norte a estados autoritários como Rússia e Venezuela.[289]

O Instituto V-Dem também aponta grandes semelhanças entre países que estão sendo conduzidos num rumo autoritário por líderes democraticamente eleitos. De maneira até jocosa, como se fosse um manual, o relatório do V-Dem menciona as fases dos "aspirantes a ditadores":

289 V-Dem Institute (2022).

Em primeiro lugar, procuram controlar os meios de comunicação e cercear as universidades e a sociedade civil.

Em seguida, atacam oponentes políticos, que são tratados como inimigos, ganham projeção sob essa polarização e usam o aparato estatal para espalhar desinformação.

Finalmente, minam os alicerces da democracia liberal: as eleições e outras instituições formais.[290]

É claro que esse processo não ocorre sem maiores problemas, nem segue necessariamente a mesma ordem em todos os países. Muitas vezes vários desses fenômenos são concomitantes. Mas o conteúdo coincide e a direção é a mesma. O resultado a longo prazo é a queda da democracia.

O Brasil é um dos países que mais caíram nos índices de democracia nos últimos anos.[291], [292] O principal motivo é Jair Bolsonaro. Ele chegou ao poder de forma democrática. É certo que também chegou lá pelo uso ilegal das redes sociais, mas ninguém duvida que a maioria dos brasileiros votou nele. É o modo como Jair Bolsonaro exerce a presidência que corrói a democracia. Seu modo de agir é copiado letra por letra do manual do Instituto V-Dem.

A primeira fase consiste em controlar a mídia, as universidades e a sociedade civil. É assim que o presi-

290 V-Dem Institute (2021).

291 https://www.bfna.org/democracy/

292 https://www.eiu.com/n/democracy-index-2021-less-than-half-the-world-lives-in-a-democracy/

dente quer assumir o controle da verdade. As ofensas contra a mídia parecem seguir uma estratégia de três frentes. Em primeiro lugar, pressão e ameaças diretas contra jornalistas e meios de comunicação. A Federação Nacional dos Jornalistas (Fenaj) documentou uma "explosão" em agressões verbais e físicas a jornalistas nos últimos anos. Quem está por trás da maioria deles é Jair Bolsonaro. Nos seus primeiros três anos no poder, Bolsonaro atacou jornalistas e meios de comunicação nada menos que 562 vezes.[293] Ele chama os jornalistas de "idiotas", "babacas" e "mentirosos", trata-os como pessoas inferiores e ordena que calem a boca. Jornais e emissoras de TV que fazem perguntas críticas são chamados de "hostis", "mentirosos" e "imprensa de merda", e acusados de fazer campanha contra ele. Referindo-se ao caso da *rachadinha*, em que Jair Bolsonaro e seu filho Flávio são suspeitos de desvio de fundos públicos, um jornalista perguntou a Jair por que sua esposa, Michelle, havia recebido em conta bancária transferências suspeitas no valor de centenas de milhares de reais. O presidente brasileiro respondeu ameaçando quebrar-lhe a cara.[294]

Em segundo lugar, o governo está cortando as verbas públicas de veículos de comunicação que adotam uma linha crítica às políticas de Bolsonaro, como o conglomerado Globo e a *Folha de S. Paulo*. Os recursos são canalizados para emissoras mais amistosas, como Record, SBT e Jovem PAN. Vale destacar que apenas os órgãos de comunicação críticos são

---

293 https://fenaj.org.br/ataques-a-jornalistas-e-ao-jornalismo-mantem-patamar-elevado-e-somam-430-casos-em-2021/

294 https://g1.globo.com/fantastico/noticia/2020/08/23/bolsonaro-ameaca-jornalista-minha-vontade-e-encher-tua-boca-na-porrada.ghtml

alvos dos ataques de Bolsonaro. Os mais dóceis costumam ser elogiados por fazerem jornalismo "real" e "verdadeiro".[295]

O terceiro ponto diz respeito ao próprio fluxo de informações do governo. Uma das primeiras coisas que Bolsonaro fez como presidente foi mudar a Lei de Acesso Público à Informação para que o governo pudesse decidir por si só o que deveria ser mantido em segredo. A sucursal brasileira da Transparência Internacional é uma das muitas entidades preocupadas com o aumento do sigilo, o desmantelamento de órgãos de controle como o Conselho de Controle de Atividades Financeiras (Coaf) e a interferência política na Polícia Federal.[296] Quando a pandemia de coronavírus estava em seu pior momento, o governo decidiu omitir as estatísticas sobre o número de infectados e mortos, divulgando apenas o número de doentes recuperados, numa óbvia tentativa de inverter a realidade a seu favor. Além disso, o presidente e vários ministros utilizam os canais de rádio e televisão do Estado, destinados a divulgar informações de interesse público, para autopromoção.

Fazer jornalismo crítico transformou-se numa atividade especialmente sensível desde que Jair Bolsonaro chegou ao poder, conclui a organização Repórteres Sem Fronteiras:

A marca registrada do presidente Bolsonaro é insultar, degradar, estigmatizar e humilhar os jorna-

---

295 Amorim, Ana Paula (2021).

296 https://transparenciainternacional.org.br/retrocessos/

listas. Qualquer revelação da mídia que ameace seus próprios interesses ou os interesses do governo desencadeia uma nova rodada de ataques verbais violentos que promovem um clima de ódio e desconfiança em relação aos jornalistas.[297]

As universidades públicas brasileiras também foram afetadas. Bolsonaro e seus apoiadores acusam sistematicamente a academia de ser um foco do chamado marxismo cultural. Ecoando a doutrina de Olavo de Carvalho, o modelo ideológico dos bolsonaristas, pinta-se um quadro das universidades federais como campos comunistas hostis que se ocupam apenas de espalhar propaganda gay e cultivar maconha

Olavo teve a honra de nomear os dois primeiros ministros da Educação de Bolsonaro, Ricardo Vélez Rodríguez e Abraham Weintraub. O primeiro foi demitido após quatro meses no cargo, depois de ter proposto, entre outras coisas, que todas as crianças em idade escolar no País cantassem o hino nacional todas as manhãs e recitassem o slogan da campanha eleitoral de Bolsonaro, "Brasil acima de tudo, Deus acima de todos". Os professores deveriam filmar e enviar ao Ministério da Educação esse arroubo patriótico. Também propôs mudar os livros de História porque não se referiam ao golpe militar de 1964 da maneira que lhe agradava.[298] Nada disso foi feito. As propostas tiveram enorme repercussão negativa, eram abertamente inconstitucionais e nunca chegaram ao Congresso, mas

---

297 https://rsf.org/en/brazil

298 https://g1.globo.com/politica/noticia/2019/04/08/planalto-anuncia-demissao-de-ricardo-velez-rodriguez-do-ministerio-da-educacao.ghtml

eram parte da “escola sem partido” defendida com unhas e dentes por Bolsonaro durante a campanha.

O outro ministro da Educação teve que deixar o cargo depois de ter ameaçado prender os juízes do STF. Seus 14 meses como ministro de Estado foram repletos de insultos diários, contra tudo e contra todos, desde o mundialmente famoso educador brasileiro Paulo Freire, passando por especialistas em educação e jornalistas, até o presidente francês Emmanuel Macron. Ele também construiu uma relação particularmente turbulenta com diretores, professores e alunos das universidades federais.[299]

O terceiro ministro da Educação, Milton Ribeiro, teve que deixar o cargo após o escândalo de intermediação de verbas públicas por pastores evangélicos sem vínculo algum com o Estado.[300]

Essas mudanças bruscas têm reflexos profundamente negativos em todo o setor educacional no Brasil. Para as universidades, os conflitos com o governo também se refletem em cortes no financiamento. As transferências para universidades federais foram reduzidas em um quarto desde que Bolsonaro assumiu a presidência.[301] O dinheiro público para pesquisa desapareceu quase totalmente. Os fundos que restaram destinam-se principalmente a disciplinas técnicas, em detrimento das ciências sociais e humanas.

---

299 https://www1.folha.uol.com.br/educacao/2020/06/abraham-weintraub-e-demitido-por-bolsonaro-apos-insultar-supremo.shtml

300 https://www1.folha.uol.com.br/poder/2022/03/assessor-de-ministro-de-bolsonaro-e-demitido-apos-revelacao-sobre-pastores.shtml

301 https://www.brasildefato.com.br/2022/02/16/universidades-federais-perdem-12-do-orcamento-durante-governo-bolsonaro

O presidente Bolsonaro parece ter um ressentimento especial contra a sociedade civil, particularmente em relação às organizações que trabalham com o meio ambiente e os direitos dos povos indígenas na Amazônia. O Brasil tem uma sociedade civil ativa, cujo papel na luta contra a ditadura foi decisivo. A exemplo da Noruega, inúmeros profissionais altamente qualificados trabalham em organizações não governamentais (ONGs).

Grande parte do conflito entre a Noruega e o Brasil sobre o dinheiro destinado à proteção da floresta tropical amazônica gira em torno do ceticismo do governo Bolsonaro em relação às ONGs. A Noruega aloca dinheiro no bilionário Fundo Amazônia, que por sua vez redistribui esses recursos para vários projetos ambientais na floresta tropical. Mesmo antes de Bolsonaro ter assumido a presidência, seu assessor especial Onyx Lorenzoni veio a público exigir uma revisão dos projetos liderados por ONGs. A situação se agravou quando o governo recém-empossado demitiu o corpo diretivo do Fundo Amazônia, um comitê consultivo amplamente representado, inclusive por ONGs. Bolsonaro e seu então ministro do Meio Ambiente, Ricardo Salles, queriam assumir o controle total, algo inaceitável para os maiores contribuintes do fundo que, juntamente com o aumento do desmatamento na Amazônia, levou a Noruega e outros financiadores a congelar os repasses.

Este é apenas um pequeno exemplo das dificuldades que as ONGs vêm enfrentando sob Bolsonaro. Mais grave ainda são os cortes no financiamento de projetos públicos e os ataques frontais do presidente. Bolsonaro tem-se referido repetidamente a essas organizações usando termos como "ladrões" e "bandidos" que usam o meio ambiente e os direitos humanos como fachada para desviar dinheiro. Muitas vezes ele acusa as ONGs de agir em benefício de outros países, contra os interesses brasileiros. "Não consigo eliminar o verdadeiro câncer que são essas ONGs na Amazônia" é uma das inúmeras declarações hostis do presidente.[302]

Esse mesmo e indisfarçável ódio sobressai contra o Movimento Sem Terra (MST) e o Movimento Sem Teto (MTST). Os dois movimentos sociais estão entre os maiores da América Latina e juntos agregam um contingente de mais de um milhão de pessoas do estrato mais pobre do Brasil: as famílias de agricultores de subsistência e os sem terra no campo, e os sem teto nas cidades. As estratégias adotadas por ambos os movimentos é controversa. Seu principal meio de pressão é ocupar terrenos baldios e prédios vazios para conseguir que as autoridades realizem a reforma agrária prevista na Constituição e forneçam moradias aos mais pobres. Em relação a ambos, Bolsonaro não mostra nada além de desprezo. Pouco antes do segundo turno das eleições de 2018, ele esbravejou: "Bandidos do MST, bandidos do MTST; o que vocês fizeram será considerado terrorismo. Ou vocês seguem a linha e se submetem às leis, ou fazem como Lula e acabam presos em Curitiba."[303]

A fase dois do manual de aspirante a ditador diz respeito à polarização e à escolha de inimigos. Jair

[302] https://oglobo.globo.com/brasil/bolsonaro-chama-ongs-de-cancer-entidades-contra-atacam-24624003

[303] https://veja.abril.com.br/brasil/esses-marginais-vermelhos-serao-banidos-de-nossa-patria-diz-bolsonaro/

Bolsonaro foi às urnas prometendo jogar no lixo tudo que existia. Sua campanha eleitoral foi um golpe de mestre. Ele conseguiu convencer os eleitores de que, depois de 27 anos como deputado federal, era um antipolítico sem vínculos com a velha política, carcomida pela corrupção e pelo toma lá da cá. Parte desse pacote consistia em tratar os opositores políticos como inimigos do Brasil e ameaçar matá-los ou expulsá-los do País. "Vamos acabar com essa raça do PT. Vamos acabar com esses mentirosos", esbravejou ele para seus apoiadores durante um comício eleitoral no Acre. Diante do fato de que essas ameaças eram inaceitáveis, os assessores de Bolsonaro responderam que era apenas uma brincadeira.[304] Pouco antes do segundo turno das eleições, Bolsonaro disparou esta: "Esses bandidos vermelhos serão banidos da nossa pátria. Ou se mudam para o exterior, ou vão acabar na prisão!"[305]

Como presidente, ele segue no mesmo caminho, atacando os adversários políticos como inimigos do Brasil. Sistematicamente se refere aos simpatizantes da esquerda como "bandidos", "corruptos" e "criminosos". Gente sua está por trás de campanhas de ódio e difamação contra opositores nas mídias sociais. Isso é o que Levitsky e Ziblatt chamam de *negar a legitimidade dos oponentes políticos*.

Bolsonaro aposta no dissenso ao humilhar mulheres, negros, gays e indígenas. Emprega a mesma retórica belicista contra ONGs e outras entidades que têm uma visão de nação diferente da sua. Quando o

---

304 https://oglobo.globo.com/politica/campanha-confirma-video-em-que-bolsonaro-fala-em-fuzilar-petralhada-do-acre-foi-brincadeira-23033857

305 https://veja.abril.com.br/brasil/esses-marginais-vermelhos-serao-banidos-de-nossa-patria-diz-bolsonaro/

tema é religião, muitas de suas declarações são absolutamente destrutivas. Ele sempre enfatiza que tanto ele como o governo e o País são cristãos, apesar de a Constituição afirmar que o Brasil é um Estado laico.

Ameaçar os outros de morte nunca foi uma maneira de construir pontes. Bolsonaro sabe disso, portanto se trata de uma estratégia deliberada. Jamais ele deu um passo para trás, respirou fundo e disse que deseja governar para todo o Brasil, para todos os brasileiros. A polarização promovida por Bolsonaro divide o País e prejudica a democracia.

Como presidente, Jair Bolsonaro tem usado o aparato de informação do Estado para espalhar desinformação. Eis um exemplo gritante, de junho de 2021. A TV Brasil transmitiu uma *live* de duas horas no Facebook em que Bolsonaro, sem qualquer tipo de prova, fez acusações grosseiras contra o sistema eleitoral brasileiro. No dia anterior, o presidente havia prometido apresentar documentação sólida de que as urnas eletrônicas utilizadas no Brasil não eram confiáveis. No final da transmissão, no entanto, ele admitiu: "Não temos provas." O caso levou o Tribunal Superior Eleitoral a abrir uma investigação sobre a gestão do canal de TV por ter espalhado notícias falsas e feito campanha eleitoral ilegal.

A investigação da Justiça Eleitoral foi baseada, entre outras coisas, em um relatório dos próprios jornalistas da TV Brasil, documentando que centenas de transmissões programadas foram retiradas do ar para abrir espaço para exibir discursos e visitas do presidente. "Muitos desses eventos televisionados careciam de interesse público e não atendiam aos critérios jornalísticos. Eram formaturas em escolas militares, cultos e inaugurações de equipamentos públicos, com uma forte marca de publicidade eleitoral", escreveram os jornalistas.[306]

A terceira fase do manual de aspirante a ditador envolve ataques aos sistemas eleitorais e às instituições democráticas. O objetivo é remover empecilhos e estorvos e assegurar a manutenção do poder, de preferência indefinidamente.

Jair Bolsonaro tem minado consistente e propositalmente a confiança nas instituições democráticas do Brasil. As agressões mais visíveis foram contra o Supremo Tribunal Federal, com as quais o presidente repreendeu repetidamente juízes e questionou a imparcialidade do tribunal. Ele participou de protestos de rua que exigiram o fechamento do STF e manifestou-se publicamente em favor dos manifestantes.

A Procuradoria da República e o Ministério Público Federal (MPF) também têm sido alvos do presidente, sobretudo quando a família Bolsonaro ocupa o centro das atenções, como no caso da *rachadinha*. Nove meses depois de Bolsonaro ter assumido o poder, porém, essa tensão diminuiu, depois que ele nomeou o novo procurador-geral: Augusto Aras, um homem que, acima de tudo, mostrou lealdade ao chefe de governo e à sua família.

A Polícia Federal há muito tem sido uma pedra no sapato do presidente. É essa força policial a responsável por investigar os crimes mais graves e de abran-

---

306 https://istoe.com.br/o-uso-ilegal-da-maquina/

gência nacional, e isso às vezes envolveu a família de Bolsonaro. O presidente fez tudo para obter informações sobre as investigações em curso, inicialmente sem sucesso. Tal foi o empenho do mandatário que o ministro da Justiça, Sergio Moro, deixou o cargo em 2020, alegando que Bolsonaro estava tentando influenciar ilegalmente o trabalho da Polícia Federal. Desde então, o presidente nomeou vários novos chefes da PF.

Episódios como esse mostram em que medida o presidente avançou contra as próprias instituições do Estado, às vezes por motivações inteiramente pessoais. Igualmente grave é o sucateamento e o fechamento de diversos órgãos de cooperação entre o Estado, as empresas e a sociedade civil. Lenta, mas progressivamente, o Brasil vinha consolidando um sistema de comitês, comissões e conselhos para tornar as políticas públicas mais eficientes e relevantes. Três meses depois de Bolsonaro ter chegado ao poder, ele assinou um decreto presidencial extinguindo centenas deles. A medida, segundo o presidente, visava a reduzir despesas e "despetizar" o Estado.[307] Exemplos de órgãos que desapareceram da noite para o dia foram o Conselho de Desenvolvimento Econômico e Social, o Fórum do Trabalho e Previdência Social, o Comitê Gestor da Internet, a Comissão Nacional da Diversidade Biológica e o Conselho Nacional da Pessoa com Deficiência. Na prática, ele impediu toda a sociedade civil brasileira de colaborar com o Estado na melhoria dos serviços oferecidos à população do País. Bolsonaro e seus aliados querem decidir tudo sozinhos.

---

307 https://oglobo.globo.com/politica/decreto-do-governo-bolsonaro-mantem-apenas-32-conselhos-consultivos-23773337

Há alguns anos o presidente do Brasil vem fustigando, de forma bastante sistemática, o sistema eleitoral. Aqui vemos um claro paralelo com Donald Trump, nos EUA. Bolsonaro põe em xeque a segurança das urnas eletrônicas. Diz que teme que sejam hackeadas e, muito especificamente, exige que imprimam um recibo de votação para comprovar que o voto foi computado corretamente. Todos os mais renomados e isentos especialistas brasileiros no assunto estão confiantes de que as urnas são seguras e confiáveis. Os resultados das eleições nunca foram questionados devido a razões técnicas. A motivação de Bolsonaro para criticar o sistema eleitoral parece clara: ele quer disseminar incertezas e ter respaldo para rejeitar o resultado, se perder – exatamente como fez Trump.

Bolsonaro atende a todas as características da receita do Instituto V-Dem para aspirantes a ditador, mas há uma distinção importante entre ele e os demais ditadores referidos no texto: uma certa *gradação* na maneira como atuam. Os ataques de Bolsonaro, de seu governo e de seus apoiadores ocorrem num amplo espectro e de uma só vez.

Se o Instituto V-Dem faz uma abordagem global e quantitativa sobre o desenvolvimento da democracia, o The GroundTruth Project, com sede nos EUA, examina determinados países valendo-se de um método jornalístico. Eles também acreditam que podem identificar uma receita que se repete em países liderados por populistas da extrema direita. Os sete ingredientes do que chamam de *manual do líder autoritário* são os seguintes: Use o medo como arma. Ataque "os outros".

Sabote as instituições. Reescreva a história. Explore a religião. Divida e conquiste. Destrua a verdade.[308]

O Brasil é um dos países que o Projeto GroundTruth mais está investigando. Jair Bolsonaro tem pontuação alta em todos os sete quesitos, mas é principalmente no uso do medo como arma que ele se destaca.

A violência policial tem sido um tema importante no Brasil desde sempre, mas foi apenas sob o presidente Bolsonaro que essa violência se converteu em política pública, de acordo com a jornalista brasileira do The GroundTruth Project, Letícia Duarte. Ela ressalta que o número de assassinatos cometidos pelas forças policiais aumentou durante seu mandato e que o presidente apoia abertamente a conduta brutal da polícia. Bolsonaro propôs dificultar a punição de policiais que cometem assassinato em serviço, pôs mais armas na mão de servidores públicos do que de forças policiais.

O assassinato da ativista e política Marielle Franco e sua repercussão entre os bolsonaristas foram um prelúdio disso, acredita Duarte. Meses após o assassinato, os apoiadores de Marielle penduraram placas na rua com a inscrição "Rua Marielle Franco". Eram azuis, no padrão de sinalização comum em cidades brasileiras, e traziam um pequeno texto biográfico. A placa de Marielle dizia: "Vereadora, defensora dos direitos humanos e dos direitos das minorias, assassinada covardemente em 14 de março de 2018." Era uma forma de homenagear sua memória e, ao mesmo tempo, sinalizar apoio aos grupos que ela representava:

308 https://thegroundtruthproject.org/the-authoritarians-playbook-seven-steps-populists-worldwide-are-taking-to-undermine-the-democracies-that-elected-them/

mulheres, negros, favelados, gays e lésbicas. Na campanha eleitoral de 2018, os bolsonaristas arrancaram essas placas das ruas. Dois candidatos apoiados por Bolsonaro no Rio chegaram a quebrar uma placa de Marielle durante um comício do candidato a governador, Wilson Witzel.[309] Os três foram eleitos.

Ao destruir as placas de rua de Marielle, os apoiadores de Bolsonaro sinalizam que o assassinato de políticos de esquerda e ativistas de direitos humanos é aceitável. Eles atemorizam. Na favela do Vidigal, perto da famosa praia carioca de Ipanema, a ativista local Bárbara Nascimento diz que o assassinato de Marielle foi um alerta. "Se eles fizeram isso com uma política eleita, o que podem fazer conosco?", ela se pergunta. O assassinato foi uma mensagem clara: muito cuidado ao escolher quem você critica. "O medo é permanente", diz Nascimento.[310]

A lista de ativistas, defensores dos direitos humanos e políticos sobre os quais pairam ameaças de morte é extensa. O ex-deputado federal Jean Wyllys, do PSOL, único congressista abertamente gay do Brasil, optou por renunciar ao mandato e deixar o País depois que Marielle Franco foi assassinada. Ele se deu conta de que tinha que levar a sério as ameaças de morte que recebia dos simpatizantes de Bolsonaro. Na Amazônia, dezenas de líderes indígenas, ambientalistas e defensores de direitos humanos são assassinados todos os anos. Os mais recentes da trágica série foram o jornalista britânico Dom Phillips e o especialista in-

---

309 https://oglobo.globo.com/fato-ou-fake/e-fato-que-deputados-eleitos-pelo-psl-quebraram-placa-com-nome-de-marielle-franco-em-comicio-de-wilson-witzel-23140096

310 The GroundTruth Project (2019).

dígena brasileiro Bruno Pereira. Trata-se de uma luta pelos recursos naturais. O presidente Bolsonaro e seu governo estão do lado de madeireiras, grandes fazendeiros e mineradoras.[311]

O ex-presidente Lula também recebe ameaças. Em abril de 2022, um congressista do partido de Bolsonaro posou com uma arma para "dar as boas-vindas ao Lula". Um aliado estadual de Bolsonaro afirmou que "mandaria Lula e sua quadrilha para o inferno". No ano anterior, outro político bolsonarista tinha postado um vídeo em que atirava repetidamente numa fotografia de Lula.[312] O objetivo é intimidar os adversários políticos a ficarem calados, de preferência entregando os pontos.

Certas ações das Forças Armadas se encaixam perfeitamente nesse padrão. Em 2018, o chefe do Exército, general Villas-Boas, tuitou que suas forças não aceitariam a impunidade. Uma manifestação percebida pela maioria das pessoas, com exceção dos bolsonaristas e dos próprios militares, como uma sinalização ao Supremo Tribunal Federal de que os militares eram a favor da prisão de Lula.

Outro episódio que mostra essa política de medo data de 2021, quando o Congresso deveria votar um polêmico projeto de lei sobre mudanças no sistema eleitoral, última tentativa de Bolsonaro em sua campanha de longa data para questionar a credibilidade das urnas eletrônicas. Exatamente na mesma data, os militares realizaram um grande desfile militar, com

311 https://brasileira.no/trusler-og-forsvinninger-i-amazonas-hva-ligger-bak/

312 https://www.cartacapital.com.br/carta-capital/ao-ameacar-lula-parlamentares-aticam-a-matilha-bolsonarista-armada-ate-os-dentes/

centenas de soldados armados, tanques e outros veículos militares, bem diante do Congresso. Esses desfiles são muito raros na capital, e muitos perceberam isso como uma tentativa de coagir o Congresso a votar a proposta de Bolsonaro. Os líderes militares alegaram que se tratou de "mera coincidência de datas".[313]

O projeto foi rejeitado, mas apenas algumas semanas depois ocorreu um dos mais graves ataques à democracia de todo o governo Bolsonaro. Na véspera da data da Independência do Brasil, 7 de setembro, o presidente e seus apoiadores se mobilizaram agressivamente para arrastar multidões às ruas em protesto contra o sistema eleitoral. O discurso foi agressivo. O próprio presidente disse que estavam preparando um "golpe necessário" contra o Congresso e o STF. Diversas pessoas, no Brasil e no resto do mundo, ficaram genuinamente preocupados com o fato de Bolsonaro estar planejando um "autogolpe", ou seja, que ele usaria as Forças Armadas para ampliar seus poderes e passar por cima do Congresso e do Supremo Tribunal Federal,[314] uma conduta comum a vários líderes latino-americanos do passado, incluindo Getúlio Vargas, no Brasil de 1930, e Alberto Fujimori, no Peru de 1990.

As manifestações estavam repletas de cartazes, faixas e slogans antidemocráticos, como "Pelo fechamento do STF", "Pela criminalização do comunismo" e "AI-5 com Bolsonaro no poder" – este último se referindo ao decreto de 1968 que fechou o Congresso e inaugurou o ano mais sangrento da ditadura militar.

313 https://g1.globo.com/politica/noticia/2021/08/10/comandante-da-marinha-diz-que-desfile-militar-no-dia-da-votacao-do-voto-impresso-foi-coincidencia-de-datas.ghtml

314 https://www.theguardian.com/world/2021/sep/06/brazil-warning-bolsonaro-may-be-planning-military-coup-amid-rallies

O próprio Bolsonaro participou dos protestos em Brasília e São Paulo, vociferando contra o STF, exortando as pessoas a descumprir decisões judiciais e declarando que só Deus poderia tirá-lo da presidência. Alexandre de Moraes, juiz do STF, foi o alvo principal. Ele conduz o caso das *fake news* no STF, um caso que implica diretamente a família Bolsonaro numa série de ilegalidades. O presidente não se contentou apenas em chamá-lo de "idiota" e "imbecil", e foi ainda mais longe: "Sai daí, Alexandre de Moraes, deixa de ser babaca e pare de oprimir o povo brasileiro." No dia anterior, ele havia chamado o juiz do STF de "filho da puta".[315]

No 7 de Setembro de 2021, Bolsonaro provou ser o político autoritário, antidemocrático e glorificador da ditadura que sempre foi. Suas declarações não foram piores ou mais extremadas do que as anteriores, pelo contrário. Ele já havia se manifestado a favor do assassinato de presidentes, do fechamento do Congresso e do exílio forçado de opositores políticos, mas agora, vestindo a faixa presidencial, ele era bem mais visado. Suas palavras tinham um peso bem maior. Ele se declarava assim o líder supremo do país.

Ameaças e retórica violenta abrem caminho e normalizam a violência física. Os ataques verbais e físicos às minorias também aumentaram durante o período de Bolsonaro.[316] Na internet, mais pessoas vêm sendo expostas a campanhas sistemáticas de ódio, e o número de ameaças de morte está aumentando. É

315 https://www1.folha.uol.com.br/poder/2021/09/relembre-10-frases-de-bolsonaro-no-calor-do-momento-antes-do-7-de-setembro.shtml

316 Cerqueira, Daniel et al. (2021).

a isso que o Projeto GroundTruth se refere quando menciona o uso do medo como arma. É isso que Levitsky e Ziblatt querem dizer quando falam de líderes autoritários incentivando a violência.

Felizmente, não houve golpe militar no feriado da Independência. As manifestações foram menores do que os organizadores esperavam. Bolsonaro também foi forçado a fazer um recuo tático e temporário e se retratar após ter recebido a condenação maciça do Congresso, do Judiciário, da Igreja Católica, das empresas, da mídia e da sociedade civil – para a decepção de muitos de seus apoiadores. Alguns mais extremistas ficaram desapontados com o fato de o golpe não ter acontecido.

Seja como for, isso é profundamente sério. Não apenas mostra como Bolsonaro e seus seguidores usam a violência e o medo como armas na luta pelo poder político. Os episódios também se enquadram num padrão em que o presidente eleito do País mobiliza grupos radicais de direita e militares para ameaçar o Congresso, o Supremo Tribunal Federal e o sistema eleitoral. As engrenagens definitivamente se moveram. Se isso aconteceu sem que o presidente tenha sofrido qualquer consequência além da simples oposição e dos protestos veiculados pela mídia, então o que virá em seguida? O teste final será no dia em que Bolsonaro perder uma eleição.

O último ingrediente da receita do líder autoritário é aniquilar a verdade. Isso é feito por meio de mentiras e trapaças, ou, para usar termos que aprendemos a usar nos últimos anos: notícias falsas e fatos alternativos.

Com a invasão da Ucrânia pela Rússia, vemos novamente que a verdade é a primeira vítima da guerra. Isso não se aplica apenas à propaganda e contrapropaganda sobre batalhas vencidas ou perdidas, sobre navios que afundam ou são torpedeados ou sobre as alegações russas de que os ucranianos encenaram massacres de seu próprio povo. O regime de Putin nunca teria sido capaz de manter um nível de aprovação tão elevado em casa sem espalhar tantas mentiras, deliberadamente e por um longo período de tempo. Os soldados russos talvez não tivessem sido capazes de realizar atrocidades em tal escala sem serem diuturnamente abastecidos com mentiras sobre uma Ucrânia infestada de nazistas.

Mesmo em tempos de paz, controlar a verdade é essencial à manutenção do controle sobre pessoas, recursos e territórios. Políticos sempre mentiram, ao longo de eras, resultando em tragédias maiores ou menores, mas poucas vezes o resultado chegou no nível da Segunda Guerra Mundial. Filósofa estadunidense nascida na Alemanha, Hannah Arendt foi uma das pensadoras políticas mais influentes do século XX. Estudando o nazismo e o stalinismo, ela mostrou como os regimes totalitários da década de 1930 tentaram moldar a visão de mundo da população não apenas espalhando mentiras sobre terceiros, supostos inimigos, mas também tentando descredibilizar a própria verdade. O objetivo era chegar a um ponto em que as pessoas perdessem a fé na existência de uma verdade objetiva, de tal sorte que tudo então poderia ser permitido e possível.[317]

317 Arendt, Hannah (1954).

Em nossa época, Vladimir Putin e Donald Trump elevaram as mentiras proferidas por chefes de Estado a um novo patamar. À luz de como Trump fazia malabarismos com os fatos, o *Dicionário Oxford* elegeu *pós-verdade* a palavra do ano em 2016. A definição é sóbria e precisa. *Pós-verdade* é um substantivo que remete a circunstâncias em que "fatos objetivos são menos importantes na formação da opinião pública do que apelos a emoções e convicções pessoais".[318]

"A pós-verdade é o pré-fascismo", argumentou o historiador do Holocausto Timothy Snyder, em 2017. Quando a multidão invadiu o Senado em Washington em janeiro de 2021, ele acrescentou: "A pós-verdade mina o Estado de Direito e convida a um regime de mitos."[319]

O que Trump fez não foi nada além de copiar o que Putin vem fazendo há muito tempo. Um exemplo disso é a primeira invasão da Ucrânia, a de 2014, quando a Rússia acabou anexando a península da Crimeia. Ao mesmo tempo que as imagens da TV mostravam que as ruas eram patrulhadas por homens de uniformes verdes que falavam russo e empunhavam armamentos russos, os líderes russos negavam que houvesse forças militares russas na Ucrânia. Um ano após a invasão, Putin disse que os militares russos haviam operado na Crimeia, mas que não havia lá tropas russas. O que ele realmente quis dizer com essa afirmação? Não faz sentido. Era algo dito com a deliberada intenção de confundir.[320]

---

318 https://languages.oup.com/word-of-the-year/2016/

319 https://twitter.com/timothydsnyder/status/1348352378827902982

320 Skjeseth, Heidi Taksdal (2018).

Essa confusão é uma estratégia autoritária clássica. Conforme Hannah Arendt demonstrou, o objetivo é que as pessoas percam a fé na verdade. Hoje, os líderes autoritários contam também com uma nova arma, as redes sociais. Elas lhes deram a possibilidade de inundar a arena pública e a consciência das pessoas com inverdades, contradições e escândalos, a ponto de deixar grandes e importantes setores da sociedade entorpecidos e apáticos.

Com título baseado em Hannah Arendt, o jornalista anglo-russo Peter Pomerantsev escreveu o livro *Nothing is true and everything is possible [Nada é verdade e tudo é possível].*[321] Nele, mostra como o regime de Putin assumiu o controle da maioria dos meios de comunicação e está trabalhando sistematicamente para minar a verdade. Sua descrição de como as pessoas perceberam a ocupação da Crimeia em 2014 é muito perspicaz – e, infelizmente, muito relevante:

"Mesmo que você saiba que a justificativa oficial para a guerra na Ucrânia é fabricada, que fatos são torcidos e distorcidos, mesmo quando você entende que tudo isso foi inventado para manter o todo-poderoso Putin no poder e desviar a atenção do público da corrupção e das condições de vida declinantes [...], mesmo que você saiba disso, as mentiras são repetidas com tanta frequência que você se vê concordando eventualmente com elas. É tão difícil entender que eles mintam com tanta frequência e descaradamente – e algo em você acredita que eles não poderiam mentir tanto e com tanta frequência e se safar ilesos –, e mesmo assim o fazem, o que implica dizer que eles

321 Pomerantsev, Peter (2014).

detêm um poder real, eles têm nas mãos o poder de definir o que é verdade e o que não é. Então talvez seja melhor concordar."[322]

A jornalista norueguesa Heidi Taksdal Skjeseth cobriu a eleição estadunidense americana vencida por Donald Trump, em 2016. Mais tarde, publicou o livro *Løgn: Hvorfor Trump lyver og hva det gjør med oss [Mentiras: Por que Trump mente e como isso repercute em nós]*[323] contando como ele se tornou o homem mais poderoso do mundo mentindo desabridamente. Ela discorre como ela e todos os jornalistas a seu lado ficavam transtornados com as inverdades descaradas de Trump, mentiras tão grosseiras e fáceis de perceber que jamais alguém na política norte-americana havia ousado proferi-las. Como, por exemplo, a simples constatação de que havia muito menos pessoas presentes na posse de Trump do que na de Obama. Trump e seus apoiadores, no entanto, insistiram que a cerimônia de Trump fora mais concorrida. As mentiras causaram furor nos centros de imprensa dos jornalistas internacionais, mas hoje ninguém daria nada por elas. Isso é um dos efeitos mais preocupantes. Está em curso uma normalização do extremismo.[324]

No livro, Skjeseth enfatiza que nem sempre a mentira é uma garantia de sucesso: tudo depende de uma série de condições. Muitas vezes, a verdade é desconfortável. A mentira pode aliviar um desconforto, pode responder à necessidade das pessoas de ter uma explicação alternativa. "A mentira precisa de pessoas

322 Pomerantsev, Peter (2014).

323 Skjeseth, Heidi Taksdal (2018).

324 Conversa, Heidi Taksdal Skjeseth, Oslo, 11/abr/2022.

que lhe sejam receptivas", escreve ela. Jair Bolsonaro e seus estrategistas aprenderam tudo isso à risca.

O que acontecerá no dia em que Jair Bolsonaro desaparecer da política brasileira? O bolsonarismo sobreviverá sem ele? Enquanto movimento político populista, construído em torno de um líder forte chamado Jair Bolsonaro, o bolsonarismo provavelmente definhará e morrerá. Isto é, caso ele não decida passar o bastão para um de seus filhos. Esse talvez seja o cenário mais provável. Ele tem três filhos preparados para isso, e qualquer um que se interesse pelo futuro da política brasileira pode anotar os nomes: Flávio, Carlos e Eduardo.

O bolsonarismo como ideologia perdurará, pelo menos em seus componentes individuais. As atitudes radicais e anticientíficas da direita não desaparecerão da política e da sociedade brasileiras. Da mesma forma que a visão de mundo *olavista*, professada por Olavo de Carvalho, está viva, e bem depois da morte de seu ideólogo, a glorificação das armas, a oposição ao meio ambiente e aos direitos humanos, os "valores familiares" profundamente conservadores e a crença no neoliberalismo radical persistirão mesmo depois de Jair Bolsonaro. A retórica extrema que ele normalizou ainda estará lá, assim como a nostalgia delirante da ditadura.

Jair Bolsonaro abriu um caminho e usará tudo que estiver a seu alcance para levar o Brasil adiante numa direção autoritária. A longo prazo, pode matar a democracia brasileira.

Mentiras e trapaças. Líderes democraticamente eleitos que minam a democracia. Estados cada vez mais autoritários. Esse é o *status quo* sombrio dos dias de hoje. Para onde vamos agora?

Levitsky e Ziblatt são cristalinos em sua recomendação. Forças democráticas devem usar meios democráticos. Quem age como líderes autoritários e recorre a ameaças, medo e violência, está dando um tiro no próprio pé ao legitimar tais ferramentas. Ambos os autores também têm fé nas instituições. Embora líderes como Trump e Bolsonaro tentem destruí-las para implementar suas políticas, há uma resiliência no aparato estatal e nas pessoas que ali trabalham que permite às instituições resistir e sobreviver a fases autoritárias.[325]

O Instituto V-Dem de Gotemburgo acredita que a pesquisa e o conhecimento científico sobre a própria democracia são importantes. Eles argumentam que a democracia tem um valor inerente e, ao mesmo tempo, mostram que os países democráticos pontuam melhor do que as autocracias em qualidade de vida, economia e meio ambiente. Suas recomendações são divulgar informações sobre os pontos fortes da democracia, capacitar pessoas e aumentar o conhecimento sobre os sistemas políticos existentes.[326]

O Projeto GroundTruth aposta na mobilização em massa. Ele destaca os protestos populares contra

325 Levitsky, Steven & David Ziblatt (2018).

326 https://www.v-dem.net/media/publications/v-dem_policybrief_19_2018.pdf

tendências autoritárias em países ao redor do mundo e enxerga neles a melhor defesa da democracia.[327]

Tudo isso é razoável e sábio, mas pode soar ingênuo e ineficaz diante de forças autoritárias poderosas e por vezes violentas, pelo menos a curto prazo. Não seria um mero consolo para os ativistas nas favelas do Rio a sugestão de que se concentrem em conscientizar pessoas quando políticos, policiais, milícias e traficantes imperam com violência e ameaças? Não é desanimador para lideranças indígenas e ambientalistas na Amazônia enfrentar ameaças de morte mediante promessas de organização popular? De que valem tantos acadêmicos produzindo ainda mais bibliografia sobre o assunto? As pessoas podem mudar a política de aspirante a ditador com manifestações de rua? É fácil ficar desanimado – e assustado – diante de forças tão destrutivas.

Mas a história nos mostra que os analistas estão certos. Ondas anteriores de autocratização foram contidas e substituídas por democratização, e foram precisamente esses instrumentos que funcionaram: organização popular, manifestações nas ruas, pesquisa e trabalho científico, influência política, processamento correto de casos no aparato estatal. Elementos centrais da própria democracia. Exercitando a democracia – o poder popular – é que podemos protegê-la quando ela é submetida a ataques autoritários. Exercendo nossos direitos democráticos – sobretudo a liberdade de expressão e o direito ao voto – podemos partir para a contraofensiva.

327 https://thegroundtruthproject.org/epilogue-guardrails-of-democracy/

As soluções variam de país a país. Pois, embora as comparações internacionais sejam úteis, elas têm suas limitações claras. Sim, existem claras semelhanças entre o Brasil e Estados autoritários como a Rússia, mas as diferenças são ainda mais numerosas.

No Brasil, a mídia não é inteiramente dominada pelo governo. As instituições estatais não são controladas diretamente pelo presidente. A crítica ao governo não é criminalizada por lei. A oposição política não é proibida. A sociedade civil não é condenada a se calar.

Muitos brasileiros acrescentariam um *ainda* às afirmações acima. Para o País, os últimos quatro anos avançaram muito na direção autoritária, afastando-se da democracia. Como o Brasil poderá frear esse desenvolvimento e depois revertê-lo? O que pensam os próprios brasileiros?

CAPÍTULO 12:

"Fé inquebrantável em seu grande destino"

O Brasil é um país maravilhoso. As pessoas são generosas, criativas e curiosas. Têm uma pulsão criativa, um humor especial e uma grande fé no futuro. É um País rico. Tem a décima maior economia do mundo, uma população jovem e saudável, grandes áreas de terra e recursos naturais virtualmente ilimitados. Mas é também um País pobre. A fome e a miséria afetam milhões. O abismo separando ricos e pobres é enorme. Em setores da população, o racismo e a homofobia ainda são disseminados.

Mesmo assim, o Brasil vinha progredindo na direção certa. Grande parte disso se deve ao fato de que, desde meados da década de 1990, o País vem sendo governado pelo que eu chamaria de geração pós-ditadura,[328] pessoas que cresceram e se tornaram politicamente ativas durante uma violenta ditadura militar de direita. Quando essa geração chegou ao poder, trouxe consigo um projeto de Brasil mais inclusivo e justo, em que o Estado e o governo devem existir para todos. Os presidentes Fernando Henrique Cardoso (1995-2002), Lula (2003-2010), Dilma Rousseff (2011-2016) e, em certa medida, Michel Temer (2016-2018) são expressões desses ideais.

Seus diferentes governos tiveram prioridades diferentes. Alguns eram mais de direita, outros mais

328 Leira, Torkjell (2014).

de esquerda, mas todos tinham os mesmos valores básicos. Eles foram fiéis à democracia e à constituição. Procuraram reduzir a pobreza e combater o racismo. Todos tinham um compromisso com o meio ambiente, os povos indígenas e os direitos humanos. A grande maioria dos brasileiros estava confiante de que esses valores eram comuns e inabaláveis.

Hoje, essa confiança desapareceu.

Quando estive no Brasil em pesquisa de campo para escrever este livro, testemunhei que muitos dos avanços sociais e econômicos do início dos anos 2000 tinham sido revertidos. Foi desolador ver a pobreza e a miséria de volta às ruas. Escutar tantas histórias de mortes causadas pela pandemia de coronavírus. Sentir a frustração que as pessoas carregavam, tanto apoiadores quanto opositores de Bolsonaro. Em mais de trinta anos que conheço o Brasil, nunca vi o País tão polarizado e agressivo.

Um apoiador de Bolsonaro com quem conversei ameaçou atirar no ex-presidente Lula se ele ganhar a eleição. Outro, pastor de uma igreja evangélica, alegou que a esquerda era responsável pelo aborto, pelo comunismo e pelo "treinamento em homossexualidade" para crianças a partir dos dois anos.[329] A maioria dos eleitores de Bolsonaro com quem conversei se referiam à esquerda política, principalmente ao PT, com desprezo e nojo.

Ao mesmo tempo, Bolsonaro também gera desconforto físico. Uma mulher disse que teve que ir para

---

329 Conversa, Anderson Pereira, Rio de Janeiro, 24/abr/2022.

casa e trocar de roupa quando percebeu que poderia ser confundida com uma apoiadora de Bolsonaro. Ela tinha ido trabalhar com um vestido amarelo com detalhes verdes. Um homem de cerca de 50 anos estava aborrecido porque agora não podia mais usar o uniforme oficial da seleção brasileira pelo qual pagara uma pequena fortuna. Os bolsonaristas se apossaram do amarelo e verde que tão bem caracterizam o Brasil.

Alguns até começaram a duvidar de sua própria identidade brasileira. Não conseguem se identificar com um País que elegeu Bolsonaro presidente. Quando mostrei o celular com uma foto minha ao lado de Bolsonaro, um futuro eleitor de primeira viagem, de 17 anos, me disse que tinha vontade de jogar o celular no chão e pisar nele.

Como o Brasil sairá dessa? Claro, não existe uma receita milagrosa, tampouco uma resposta única. Há uma infinidade de pequenas e grandes soluções. Para saber mais sobre o que os brasileiros pensam sobre o futuro, fiz a mesma pergunta a todos que encontrei no Brasil ao escrever este livro: como o Brasil agora, depois de quatro anos com Bolsonaro, pode tornar-se um País mais justo e menos polarizado? Eis aqui algumas das respostas:

Dona Aparecida mora num quilombo no município de Eldorado, onde Jair Bolsonaro cresceu. Ela trabalha como empregada doméstica na sede do município.

"Primeiro, as pessoas precisam cair em si e não deixar Bolsonaro voltar ao poder. Ele já mostrou quem é. Ele não pensa nos povos indígenas, nos pobres e nos negros. Precisamos de um chefe de Estado humano, que tenha compaixão e sentimentos pelo povo. Não precisamos de uma cópia de Putin e da Rússia.

"O governo está armando todo mundo. Quem vai morrer são pobres, negros, lésbicas, travestis, sem-teto e prostitutas, já que Bolsonaro é racista, homofóbico e despreza os pobres.

"Com um governo assim o Brasil não vai para frente. Os pobres vão morrer de fome. Como as pessoas vão pagar aluguel, luz e água? Quanto vai sobrar para comprar comida e remédios? O salário mínimo aqui é 1.200 reais por mês, você já pensou em como a gente sobrevive aqui?"[330]

Padre Alessandro é vigário em Eldorado.

"Todos os cidadãos precisam acreditar no poder da política, no poder real do voto. Estamos presos na ideia de que só temos duas direções, dois caminhos, e isso enfraquece nossa liberdade.

"Aqueles que se dizem representantes do povo têm grande responsabilidade por uma renovação mental, que é necessária. Devem mostrar que priorizam valores como o bem comum, o bem-estar das pessoas. Os representantes do povo devem recuperar a credibilidade, caso contrário desperdiçaremos a dádiva da democracia."[331]

330 Dona Aparecida via WhatsApp, 10/mai/2022.

331 Padre Alessandro via WhatsApp, 16/mai/2022.

Seu Ditão é um dos líderes do Quilombo de Ivaporunduva, localizado no município de Eldorado. Ele enviou um arquivo de áudio via WhatsApp. O som do campo era claro ao fundo. Crianças brincando. Galinhas cacarejando. Barulho de carpintaria.

"Depois de quatro anos com Bolsonaro, o Brasil retrocedeu 10, 15, mais de 20 anos. Será um grande problema para o novo governo, aquele que, esperamos, assumirá. Ele terá que reconstruir tudo. Espero que o atual governo perca e nunca mais volte. As pesquisas parecem boas até agora. A única coisa que tenho medo é de um golpe. Mas espero que o Judiciário brasileiro não deixe isso acontecer."[332]

Maria de Lourdes Braz Vieira dirige um centro de idosos na favela Cidade de Deus, no Rio de Janeiro. A favela é controlada pelo Comando Vermelho.

"Enquanto a esquerda acreditar que só eles estão certos e continuar lutando para que todos ajam e pensem da mesma forma, as coisas não vão mudar. Discursos maliciosos e agressivos não mudam a situação, apenas criam ódio e rejeição. O respeito aos direitos sociais e a luta pelo bem comum devem vir em primeiro lugar. Atitudes radicais não levam a lugar nenhum. Todo mundo perde."[333]

Cristiane Martins é assistente social no Rio de Janeiro. Sua mãe mora na favela Rio das Pedras, um dos focos das milícias armadas no Rio. Lá ela viveu alguns anos, quando criança.

---

332 Seu Ditão via WhatsApp, 10/mai/ 2022.

333 Maria de Lourdes Braz Vieira via WhatsApp, 16/mai/2022.

"Educação. A educação salvou minha vida. Nasci e cresci em uma favela vendo narcotráfico, drogas, violência. Nasci com poucas oportunidades. Mas me concentrei na educação e, devagar e sempre, consegui mudar minha vida.

"O Brasil é corrupto em todos os níveis. Falta política habitacional pública. As favelas onde o esgoto corre a céu aberto não param de crescer. Nós pesquisamos: quem mora nas piores favelas não completou o Ensino Fundamental.

"Para que o Brasil se torne um país menos polarizado, as pessoas devem pensar de forma crítica e autocrítica, devem entender como surgiu a sociedade atual, devem ter uma noção da História e, assim, ter uma base para formar suas próprias opiniões."[334]

João Paulo é dentista na Barra da Tijuca no Rio de Janeiro e não quer revelar o sobrenome.

"Penso na justiça num sentido mais amplo. A justiça é construída com uma economia estável e forte que gera empregos na construção civil, na indústria e na agricultura. O termo 'justiça' implica garantias constitucionais de liberdade, proteção para pequenas empresas e ênfase no conhecimento especializado.

"A polarização é o resultado de conflitos políticos internos, bem como de movimentos culturais recentes e da importação de políticas identitárias de outras sociedades ocidentais. Não acho que isso seja um problema, porque somos um país diverso, um país inclusivo e tolerante, e nossa tendência é tratar tudo

---

334 Cristiane Martins via WhatsApp, 10/mai/2022.

isso de maneira orgânica e pacífica. O que falta agora, depois de quatro anos com Bolsonaro? Simples: mais quatro anos com Bolsonaro!"[335]

Juliana Martins é professora de História e hoje trabalha no comando da campanha eleitoral do candidato a governador Marcelo Freixo, no Rio de Janeiro. Ela questiona minha afirmação sobre a polarização.

"Houve polarização quando ocorreu o conflito entre PT e PSDB. Hoje vemos uma radicalização da extrema direita. Não há um correspondente a isso na esquerda. Portanto, não podemos dizer que o Brasil esteja polarizado.

"Precisamos de um novo presidente que tenha projetos para uma ampla reconstrução do Brasil, que governe para todas as classes, raças, religiões e orientações sexuais, e que não privilegie apenas quem o elegeu. Devemos reconquistar o respeito internacional e voltar a participar do debate global sobre meio ambiente e clima. O novo presidente deve proteger a Amazônia e os povos indígenas de lá. A economia não pode excluir os menos favorecidos, eles devem entrar nos orçamentos de qualquer governo que se preocupe com seu povo."[336]

Sílvio Barreto trabalha como dançarino e educador na cidade do Recife. Quando o assunto é política, ele se retrai, não está tão interessado no assunto, conforme diz.

---

335 João Paulo via WhatsApp, 16/mai/ 2022.

336 Juliana Martins via WhatsApp, 10/mai/2022.

"Mas eu moro aqui, moro no meio disso, e a política está sempre presente. O governo Bolsonaro não tem sido bom. Nem para o país, nem para os artistas, nem para ninguém, talvez com exceção dos políticos que são aliados do governo, para eles certamente está ótimo.

"Espero que Bolsonaro perca a eleição. Espero que nada de terrível aconteça, porque com este governo tudo é possível. Bolsonaro não vai ganhar, mas quem sabe o que eles vão fazer então? Tudo pode acontecer."[337]

Um diplomata brasileiro que deseja permanecer anônimo.

"A polarização ideológica no Brasil é mais emocional do que prática e real. É necessário restaurar a percepção do bem comum, dos grandes objetivos nacionais que são mais importantes que os conflitos e as diferenças. Uma forma pragmática de fazer isso é realizar debates e tomar decisões, em todos os níveis, em comitês e outros fóruns com ampla composição, que incluam atores da sociedade civil organizada."[338]

Roberth Eickhoff é general do Exército e trabalha no Ministério da Defesa, em Brasília.

"O governo Bolsonaro teve azar. Pandemia, guerra na Ucrânia, seca; não tem sido fácil. Tenho certeza de que o governo é honesto. Além de uma possível

---

337 Silvio Barreto via WhatsApp, 16/mai/2022.

338 Conversa com diplomata brasileiro que deseja permanecer anônimo.

deterioração na Amazônia, não vejo um único sinal de que as coisas pioraram durante Bolsonaro.

"Devemos continuar no caminho da prosperidade. Precisamos deixar o governo trabalhar em paz. Está indo mal? Ok, então vamos tirá-lo dali na próxima eleição. Infelizmente, temos pessoas por aí que querem destruir o País para voltar ao poder. E essas pessoas têm a imprensa nas mãos."[339]

André Fernando Baniwa é um dos líderes do povo indígena Baniwa na Amazônia, na fronteira com a Colômbia. Ele agora mora em Manaus devido aos problemas de saúde do filho.

"A primeira coisa que temos que fazer é mudar o presidente. O atual presidente é muito prejudicial para o País. Para a população como um todo, e especialmente para os povos indígenas, quilombolas, outras etnias tradicionais e para os pobres.

"O atual governo quer retirar todos os direitos dos povos indígenas. Pensávamos que tínhamos conquistado de vez esses direitos, e que a manipulação e os ataques a pessoas, culturas e línguas tinham acabado. A Constituição de 1988 é muito importante, mas agora, quase meio século depois de termos conquistado nossos direitos, eles estão sendo ameaçados. Isso é muito triste.

"Apesar de tudo isso, as organizações pertencentes aos povos indígenas foram fortalecidas. Se nosso movimento não fosse tão bem organizado, se-

339 Entrevista, Robert Eickhoff, Brasília 30/abr/2022.

ríamos derrotados. Devemos garantir nossos direitos, mas para isso precisamos de aliados, no Brasil e no exterior."[340]

Débora Pinto é jornalista e vive em São Paulo.

"A primeira palavra que me ocorreu é tão profunda quanto clichê: *diálogo*. Mas em seguida logo penso em *marreta*, depois *queimar a burguesia* e outras soluções não inteiramente pacíficas. Mas se tento deixar de lado meu espírito revolucionário latino-americano, acho que precisamos começar pelas memórias.

"O Brasil precisa aprender a lidar com seus traumas, como a escravidão e a ditadura militar. Um País com uma história mal contada não aprende com seus erros e não consegue se estabelecer como uma sociedade justa. Bolsonaro falsifica a história. Ele nega que tenha havido uma ditadura, apoia torturadores e nega o racismo e a influência dos anos de escravidão."[341]

Erik Moura trabalha com turismo e geração de renda no município de Eldorado, mas tem formação de ator:

"Primeiro, devemos identificar o que nos une como sociedade e como nação. Devemos pesar e medir novas ideias e construir uma alternativa melhor para o futuro. Não basta retirar do poder um líder polarizador; devemos mover a narrativa da identidade para a ideia.

340 André Baniwa via WhatsApp, 30/mai/2022.

341 Débora Pinto via WhatsApp, 16/mai/2022.

"Devemos evitar pensamentos de vingança e polarização. Os adversários devem ser respeitados como atores legítimos no processo político. O Judiciário deve agir de forma independente e imparcial, pois se for percebido como tendencioso pela população, corre-se o risco de que suas decisões sejam questionadas. O Congresso deve agir com responsabilidade e encorajar o diálogo. Deve-se evitar recorrer ao Supremo com tanta frequência, em casos que dividem a sociedade e desacreditam a democracia.

"Isso tudo parece um pouco utópico, certo, meu amigo? Mas a utopia – o sonho de uma boa sociedade – é necessária para que possamos melhorar nossas ações."[342]

"Bem comum" é uma expressão recorrente nas respostas que recebi. Tanto apoiadores quanto opositores de Bolsonaro parecem acreditar que o Brasil precisa valorizar esse bem comum, mais do que valoriza atualmente hoje. Isso está provavelmente relacionado ao fato de que as pessoas creem em utopias semelhantes, mesmo em sociedades altamente polarizadas. O Brasil dos sonhos tem segurança, é um lugar em que se pode andar pelas ruas sem medo de ser assaltado. As pessoas têm mais educação e mais oportunidades. Nessa sociedade melhor, há menos desemprego, pobreza, corrupção e violência. Mais tolerância e alegria.

Talvez a chave para a mudança no Brasil seja formular um sonho comum, uma esperança comum, como disseram muitos daqueles com quem conversei.

342 Erik Moura via WhatsApp, 16/mai/2022.

Certamente uma utopia. O mais importante é que as pessoas possam mais uma vez acreditar que uma sociedade melhor é possível.

Para concluir, gostaria de passar a palavra a Erik Moura e a Débora Pinto.

Erik Moura disse que estava pensando num texto que o presidente Juscelino Kubitschek leu em 2 de outubro de 1956. Nessa data, o presidente recém-eleito lançou a pedra fundamental da nova capital, Brasília, na região conhecida como Planalto Central do Brasil. O texto, do poeta brasileiro Augusto Frederico Schmidt, encontra-se hoje em relevo numa monumental parede dourada na entrada do Palácio da Alvorada:

"Deste Planalto Central, desta solidão que em breve se transformará em cérebro das altas decisões nacionais, lanço os olhos mais uma vez sobre o amanhã do meu país e antevejo esta alvorada com fé inquebrantável uma confiança sem limites no seu grande destino."

Débora Pinto resumiu sua resposta numa frase: "Em primeiro lugar, devemos colocar comida na mesa, aprender a dialogar, defender direitos e parar de nos matar uns aos outros."

POSFÁCIO:

Café da manhã com o presidente

No início da manhã, do dia seguinte ao primeiro encontro que Jorge e eu tivemos com o presidente, passamos pela mesma verificação de segurança do dia anterior. Dois minutos depois, um carro veio apanhar-nos e, em pouco tempo, passávamos majestosamente, a trinta quilômetros por hora, ao lado do espelho d'água e das colunas abauladas que sustentam o Palácio da Alvorada. Não parecia real. Nós, aqui?

Jorge foi meu irmão anfitrião quando morei no Brasil como estudante de intercâmbio. Uma das primeiras coisas que fizemos juntos foi assistir à posse de Fernando Collor como presidente. O ano era 1990, e ficamos no meio da multidão, a cem metros de distância. Agora cá estávamos nós, 32 anos depois, prestes a tomar um café da manhã com o presidente Bolsonaro.

Na garagem iluminada no subsolo fomos recebidos por um jovem ordenança num uniforme impecavelmente branco. Ele nos escoltou solenemente pela escada que levava ao interior do prédio. Dali fomos conduzidos por uma íngreme e monumental rampa, forrada com um tapete vermelho escuro, que se refletia numa parede curva revestida de azulejos dourados do chão ao teto. Na parede as letras douradas em relevo se destacavam; o famoso texto do poeta Augusto Frederico Schmidt sobre a alvorada e a confiança sólida no destino do Brasil grande. No alto da rampa chegamos a um grande salão de recepção que se estendia pela maior parte do andar térreo do palácio. Através das janelas compridas tínhamos uma visão panorâmica dos bem cuidados jardins e gramados em volta.

Seguimos apressados pelo canto e entramos numa sala contígua e lá estava ele, sentado no meio de um conjunto de sofás, o presidente do Brasil em pessoa, Jair Messias Bolsonaro, rodeado por um grupo de oito a dez homens de paletó.

"Puxa, tanta gente assim", foi a primeira coisa que me ocorreu. Na minha ingenuidade achei que seríamos os únicos convidados; nessas condições seria impossível ter uma conversa decente. O presidente rapidamente se levantou, apertou nossa mão e nos levou a outra sala, menor. Lá dentro, a mesa do café estava posta. Tudo bem simples, mas saboroso, exatamente como em qualquer hospedaria decente no Brasil: pães, manteiga, presunto, queijo, ovos mexidos e manga e mamão cortados. Suco de maracujá, café e leite. O presidente nos indicou onde sentar, bem diante dele, dizendo "por favor". Então começamos.

Éramos apenas nós, afinal. Os outros em volta da mesa, apenas homens, sentaram-se e apenas ouviam atentos. Lá estava também o mesmo ordenança de uniforme branco que nos recebeu na garagem, acompanhado dos assessores e seguranças de terno preto e com fones nos ouvidos. Todos em silêncio, escutando as minhas perguntas e as respostas do presidente. De vez em quando, riam das piadas que ele contava. Só diziam algo se ele lhes fazia alguma pergunta direta. Alguns tomavam notas em cadernos pretos. Quando nos aproximamos do fim, com o clima mais descontraído, eles já se arriscavam a fazer algum comentário ao que o presidente dizia, ou completavam alguma frase.

Jair Bolsonaro estava de bom humor. Ele ria alto, até gargalhava, até mesmo quando eu tentava ser engraçado. Mas não era propriamente uma entrevista, conforme ele tinha deixado bastante claro no dia anterior: "Nada de entrevista, tá ok? Sem foto nem gravador."[343]

Assim que entramos na sala do café, ele repetiu a mesma coisa, lembrou-me Jorge, depois. Eu não tinha percebido. Depois que sentamos e nos servimos, presenteei-lhe com meu livro anterior [*A luta pela floresta*, também publicado pela Rua do Sabão] e disse que havia preparado algumas perguntas. O presidente concordou.

O segurança me havia advertido no dia anterior. Se fossem perguntas críticas, o presidente poderia interromper a conversa abruptamente. Como eu sabia que ele costumava insultar jornalistas, mandando-os calar a boca ou que fossem para o inferno, adotei uma linha mais diplomática.

Perguntei tudo que tive vontade, de olho no pouco tempo que tinha à disposição, mas sem fazer comentários às respostas dele, sem corrigir as mentiras que dizia. Tentei não tecer argumentos contrários ao seu ponto de vista. Concentrei-me em procurar saber da sua visão sobre o Brasil e o mundo de viva voz, sem filtros. Não era uma ocasião propícia ao confronto. Tí-

---

343 Conversa com Jair Bolsonaro, Brasília, 22/nove/2021.

nhamos sido convidados à casa onde ele morava, não se tratava de uma entrevista formal.

Mesmo assim, fico imaginando como teria sido caso eu tivesse sido mais incisivo.

"Senhor presidente, qual a principal razão para os brasileiros terem votado no senhor?"

"Em 2014, a Dilma foi reeleita. Eu era independente e percebi que precisava fazer alguma coisa. Não podia deixar as coisas como estavam. Tem um vídeo onde eu digo a quinhentos aspirantes que vou me candidatar. Em 2015, comecei a viajar pelo Brasil, sozinho. Muitas pessoas me abordavam. E então teve a facada. As pessoas queriam me ver no palácio presidencial, e aqui estou eu. Montei meu governo sem ceder a pressões políticas, disse não à corrupção. Tem um vídeo desse evento com os quinhentos aspirantes. Vou enviar ele para você."[344]

Então ele pediu a um assessor que me enviasse o vídeo pelo WhatsApp.

Essa foi a resposta padrão do restante da conversa. Bolsonaro tangenciava minhas perguntas e se atinha a um único raciocínio. Com frequência, fazia digressões e começava a falar de temas relacionados ou de assuntos completamente diferentes. Ao tomar nota do que ele dizia, dei-me conta de que as falas de Bolsonaro eram curtas, tortuosas e às vezes difíceis

344 Conversa com Jair Bolsonaro, Brasília, 23/nove/2021. A conversa não foi gravada, mas tomei notas que foram complementadas depois com ajuda do meu amigo Jorge.

de compreender. Durante todo o tempo que passamos ali, ele não proferiu mais de quatro frases sobre o mesmo assunto. Às vezes podia soar monotemático, até um pouco estúpido, mas não acho que fosse o caso. É dessa mesma forma que ele se perfila nas redes sociais, e é assim também que se exibe na imprensa: com mensagens curtas e simples, sobre um número limitado de assuntos. Num clipe de vídeo curto ou num noticiário de TV, parece algo engenhoso e bem redigido. Numa conversa mais longa, dá a impressão de ser superficial e ignorante.

"Presidente, quem foram os principais aliados na campanha eleitoral?", perguntei, pensando em grupos como o lobby dos latifundiários e a bancada evangélica.

"Foram o Ônix e o Heleno. O Guedes veio depois", respondeu Bolsonaro de forma espontânea.

Onyx Lorenzoni é um político conservador do estado mais meridional do Brasil, Rio Grande do Sul, e um dos aliados mais íntimos do presidente. Esteve à frente da equipe de Bolsonaro na transição após a vitória eleitoral, e já naquela época rompeu com o governo norueguês sobre o apoio ao Fundo Amazônia. Já ocupou quatro cargos diferentes no governo.

Augusto Heleno é um general reformado de quatro estrelas do Exército. Durante a ditadura militar foi um radical, depois liderou, entre outras coisas, as forças de paz da ONU no Haiti. No governo Bolsonaro, ocupou a chefia do Gabinete Institucional, com status de ministro, responsável pela segurança do presidente.

Paulo Guedes é o ultraliberal que se tornou ministro da Fazenda de Bolsonaro.

Esses são os três homens que Jair Bolsonaro considera os seus aliados mais importantes. Onyx Lorenzoni é o zelador que varre o caminho e arruma a casa. O general Augusto Heleno é responsável pela segurança e pelas relações com as Forças Armadas. Paulo Guedes garante o apoio dos poderosos setores financeiros e industriais do País.

Mais uma vez, quis saber quais os principais lobbies que o apoiaram na campanha eleitoral, mas o presidente evitou responder. Em vez disso, falou sobre os eleitores e sobre o arqui-inimigo, o PT.

"Os eleitores acreditaram em mim. Eu sempre digo a verdade, mesmo que seja desagradável. As pessoas estavam cansadas do PT. O povo estava cansado de ideologia de gênero, de ideologia na educação e na política de desarmamento."

"Senhor presidente, quais foram as mudanças mais importantes para o Brasil desde que o senhor assumiu o poder?"

"Escolhi 22 ministros. Dei carta branca a eles para contratarem quem quisessem. Eu sou o treinador, eles são os jogadores. Agora, já são três anos sem corrupção. Pode ser que ainda haja alguma, mas se for o caso vamos investigar. Antes, eram dois casos novos de corrupção por semana."

A corrupção é um assunto tabu para Bolsonaro, e também foi fundamental para os eleitores em 2018.

Eles estavam fartos da corrupção após anos de escândalos em decorrência das investigações policiais originadas na Lava Jato. O ex-presidente Lula foi um dos muitos condenados e presos. Mas a afirmação de Bolsonaro de que já se passaram três anos sem corrupção está errada. Casos de corrupção no governo pipocam a toda hora, envolvendo inclusive sua própria família.

Em seguida, o presidente falou sobre economia e Covid-19: "A inflação está agora em dez por cento. Não só no Brasil, mas em todo o mundo. É o resultado dessa política de ficar em casa. Os governadores fecharam tudo e tentaram me derrubar."

Aqui, Bolsonaro usa uma de suas táticas favoritas: o contra-ataque. Quando nos falamos brevemente, no cercadinho, no dia anterior, ele acusou a Noruega de matar baleias. Era para desviar a atenção da desastrosa política ambiental do Brasil. Agora, ele punha a culpa da inflação na conjuntura internacional, nos governadores e nas medidas sanitárias que adotaram. O ataque é a melhor defesa.

"Ontem o senhor me disse que apanha muito dos noruegueses. O que quis dizer com isso? Como posso explicar isso aos leitores noruegueses?"

"A maioria dos países europeus mete o pau em nós. Há muitos que têm interesses nas questões ambientais no Brasil. Mas vocês estão replantando as florestas na Europa? Não. Aqui no Brasil, estamos reflorestando toda a extensão das nascentes do Rio São Francisco. Se você não fizer isso, as fontes de água podem secar."

Contra-ataque.

“Senhor Presidente, gostaria de fazer uma pergunta mais pessoal. O senhor tem uma maneira muito direta de se expressar, às vezes bastante dura. Também recebe muitas críticas duras; é chamado de fascista, nazista e genocida. Como se sente ao ouvir essas críticas?”

“Quem diz que sou fascista nem sabe o que significa essa palavra”, começou Bolsonaro.

Ele não parecia irritado com a pergunta, muito menos incomodado.

“Estou cagando para o que as pessoas me chamam”, disse ele. Depois passou a criticar as ONGs e a acusá-las de corrupção.

“São esses aí que estão me criticando, principalmente porque o governo cortou o repasse de dinheiro público para ONGs. Tomamos o dinheiro e eles ficaram furiosos.”

“Presidente, tenho uma pergunta um tanto polêmica sobre a Amazônia. Tanto no Brasil quanto no exterior, a política ambiental do governo é muito criticada. Dizem que os incêndios florestais e o desmatamento estão aumentando, muito além da própria meta do governo brasileiro. Qual é a sua resposta a esta crítica?”

“O Brasil responde por 2,7% das emissões globais e é a décima maior economia do mundo. Dois terços do Brasil estão preservados. Na Amazônia, 90% é preservado, não é?”

A fala aparentemente embasada do presidente destina-se a impressionar e ludibriar. Para contestar essas alegações, o interlocutor precisa ter um bom domínio dos fatos. Caso aponte que os números estão errados, a conversa rapidamente envereda na direção de metodologia e fontes, quando na verdade deveria se ater sobre a política do governo.

No entanto, o primeiro número está correto. O Brasil responde por cerca de 2,7% do total mundial de emissões de gases de efeito estufa e, portanto, está em sexto lugar entre os maiores poluidores. Também situa-se na média mundial de emissões *per capita*, mas, diferentemente do resto do mundo, as emissões do Brasil aumentaram acentuadamente durante a pandemia. Isso se deve ao aumento do desmatamento na Amazônia, de longe a maior fonte de emissões do País. As queimadas e incêndios provocados deliberadamente emitem enormes quantidades de CO_2 na atmosfera.

O segundo número também está correto. Dependendo da fonte, o Brasil está entre o oitavo e o décimo segundo na lista das maiores economias do mundo.

Mas quando se trata de quantidade de floresta tropical preservada, o presidente está completamente equivocado. O Brasil é reconhecidamente o país do mundo com a maior área protegida, e ambientalistas, povos indígenas e governos anteriores merecem todo o crédito por isso. O próprio Bolsonaro se opõe frontalmente aos esforços para criar novos territórios indígenas e áreas protegidas. Mas dois terços do país não estão protegidos, o número correto é um terço.[345]

345 https://www.protectedplanet.net/country/BRA

Na Amazônia, chega a 42%, não 90%, como alega o presidente.[346]

"Catorze por cento do território do Brasil é território indígena", continuou Bolsonaro. "E no seu país, quanto é?"

Respondi, um tanto surpreso, que os Sámi têm controle sobre um território significativo no norte da Noruega, embora não tão extenso quanto no Brasil. É verdade que 14% do território brasileiro são territórios indígenas. Nenhum outro País do mundo reservou áreas tão extensas para territórios indígenas como o Brasil. O movimento indígena e os governos anteriores também merecem o crédito por isso. O próprio Bolsonaro cumpriu a promessa eleitoral de que, sob seu comando, os territórios indígenas não seriam ampliados em um só centímetro quadrado.

Confrontar com uma pergunta direta, ou fazer uma pergunta retórica (às vezes é difícil diferenciar uma da outra), é outra característica do discurso de Bolsonaro. Essa estratégia é usada para desnortear o interlocutor ou entrevistador, ou fazer um ataque indireto. Técnica que ele compartilha com seu falecido mentor ideológico, Olavo de Carvalho, e com outros populistas de direita ao redor do mundo.

"Senhor Presidente, outro tema polêmico é a Covid-19. O senhor foi muito criticado por não levar a sério a pandemia, inclusive por dizer que não se vacinou. Por que preferiu tomar um rumo tão diferente de outros chefes de Estado?"

346 RAISG (2020).

"Fui atrás de remédios. Os que estavam disponíveis eram a Cloroquina e a Ivermectina. Não fui eu que descobri a Cloroquina. Mas como são remédios baratos..."

Aqui, Bolsonaro insinua que os líderes mundiais e a indústria não queriam a Cloroquina por se tratar de um medicamento barato. Essa afirmação carrega, implicitamente, uma peculiaridade do Brasil: quanto maior o orçamento de um projeto público, mais recursos podem ser desviados pela corrupção.

"Quando peguei Covid, tomei Cloroquina e fiquei bom. Se eu pegar Covid de novo, tomo de novo."

A Covid-19 foi o assunto sobre o qual Bolsonaro falou por mais tempo. Ele tentava justificar suas próprias decisões, ora afirmando que defendia a autonomia dos médicos e que pessoas vacinadas também transmitem infecção, ora simplesmente mentindo e recorrendo ao puro e simples obscurantismo. Exemplos: "A segunda maior causa de morte da pandemia é o medo." E: "O Brasil é o País que mais vacinou proporcionalmente."

Só quem não conhece o contexto mundial e obtém informações por meio de fontes favoráveis a Bolsonaro cairia nessa armadilha. O presidente não está interessado na verdade. O que ele quer é o máximo de incerteza, o máximo possível de dúvida. São esses os fatores que abrem caminho para chefes de Estado como ele.

"Presidente, qual é o seu plano para ser reeleito em 2022?"

"Não tenho plano. É responsabilidade dos eleitores escolher o presidente certo. Quem vai concorrer? Lula, Ciro [Gomes]? Com todo respeito, só tem merda."

Ele também falou sobre a organização da campanha eleitoral. Disse que não se preocupava em contratar os melhores marqueteiros, já que sempre vendeu seu peixe sozinho.

"Eu nunca gastei dinheiro em campanha eleitoral."

Mais uma mentira.

"Senhor presidente, se o senhor for reeleito os brasileiros vão perceber alguma mudança?"

"Não sei. Vou dar o meu melhor. Digo isso do fundo do meu coração."

As respostas começaram a ficar mais curtas. Estava claro que sua paciência estava esgotando-se. Tentei uma última pergunta.

"Ontem, quando estávamos no cercadinho, o senhor me disse que tinha uma missão. Quem lhe deu essa missão?"

"Foi dada por Deus."

Em seguida, mudou de assunto e começou a contar em detalhes, gesticulando, a facada que levou na campanha eleitoral de 2018. "Foi um milagre eu ter sobrevivido."

Nesse momento, os assessores começaram a acercar a mesa, assentindo empaticamente. Um deles disse que haviam conseguido reabrir o caso. Agora, poderiam investigar mais o autor, considerado incapaz pela Justiça e condenado a internação compulsória por tempo indeterminado.

A notícia de que a facada poderia mais uma vez entrar na pauta do dia, em ano eleitoral, parecia animar todos ao redor da mesa. Em seguida, a conversa prosseguiu mais descontraída. O presidente deu a dica, reclamando: "Essa porra de pandemia fodeu tudo para mim." Citou a verba destinada a hospitais, novas contratações e programas para criar empregos e aumentar a renda da população mais carente. A cifra: 120 bilhões de dólares. Fiquei em dúvida se ele se dirigia mais a mim ou aos assessores.

"Agora temos três crises acontecendo ao mesmo tempo", reclamou ele, tendo em mente talvez a pandemia, a inflação e o desemprego.

"São três pragas", disse ele, fazendo referência à Bíblia. "Significa que eu ainda tenho que enfrentar mais quatro!"

A gargalhada foi geral, e o presidente ria mais alto.

Era a deixa para eu tentar ser um pouco engraçado. Não sei de onde tirei a coragem, mas resolvi aventurar-me dizendo que as quatro pragas seguintes só aparecem no segundo mandato. Tanto o presidente quanto os outros riram bastante.

Bolsonaro continuou falando enquanto terminávamos de comer. Agora, os assessores ao redor da mesa também se serviam. Passamos a falar sobre o financiamento das medidas de combate ao coronavírus e sobre mineração, que, além de turismo e infraestrutura, é sua principal ambição para a Amazônia. Ele até mencionou alguns episódios anteriores à carreira política, como a ocasião em que ficou preso por 15 dias por ter escrito a carta ao leitor para a revista *Veja* reclamando um aumento para os soldados. Ele nunca pediu permissão a seus superiores.

"É como fazer sexo com a filha de alguém. Você não vai pedir permissão ao pai dela para levar ela ao motel, vai?"

Então ele perguntou se eu conhecia a história da noiva. Respondi que conhecia, mas ele me contou assim mesmo.

"Uma ocasião, antes de ser presidente, andei de *jet ski* no rio em Eldorado, São Paulo, onde cresci. Aí eu vi uma festa de casamento numa balsa que estava atravessando o rio. Cumprimentei a noiva e ela reclamou que a travessia estava demorando muito. Se tivesse uma ponte lá, conseguiriam chegar à igreja em meia hora. A balsa levava quase meio-dia. Então eu disse a ela: 'Quando eu for presidente, vou construir essa ponte!' E hoje? Hoje a ponte está quase pronta."

Todos ao redor da mesa assentiram, como se confirmassem a informação.

No início da conversa, ele disse que os turistas deveriam poder andar de moto aquática nos rios da Amazônia. Portanto, não havia necessidade de uma habilitação específica para pilotar essa embarcação.

"Mas, então, presidente, o senhor tem licença de arrais ou motonauta?", perguntei, mais por curiosidade.

O clima ao redor da mesa momentaneamente azedou. Ninguém disse nada, até que Bolsonaro finalmente disse que obviamente tinha, do contrário todos cairiam em cima dele. Não fiquei inteiramente convencido.

O café da manhã terminou ali. O presidente se levantou e todos fizeram o mesmo. Jorge e eu não sabíamos bem para onde ir, então ficamos parados. Um segurança sussurrou algo no ouvido do presidente. O ordenança de uniforme branco lhe deu algumas pílulas, que ele engoliu com um copo d'água. Ele conversou um pouco com os assessores antes de dizer uma última piada para todos ali ao redor da mesa: "Sou mais fodido que o Jean Wyllys! Me fodem todos os dias!"

Por muito tempo, Jean Wyllys foi o único deputado abertamente gay do Brasil. Em 2019, ele se autoexilou em decorrência de anos de assédio de Bolsonaro e após receber ameaças de morte de apoiadores do presidente.[347]

[347] https://www1.folha.uol.com.br/poder/2019/01/com-medo-de-ameacas--jean-wyllys-do-psol-desiste-de-mandato-e-deixa-o-brasil.shtml

AGRADECIMENTOS

Escrever este livro foi uma grande satisfação, e a principal razão para isso foram as pessoas que tive o privilégio de encontrar. Meu maior agradecimento vai para todos aqueles que compartilharam seu tempo e pensamentos comigo, em entrevistas e conversas, no Brasil e na Noruega. Alguns deles são mencionados neste livro, mas a maioria está oculta em algum lugar nas entrelinhas.

No Brasil, recebi ajuda inestimável de muitas pessoas. Muito obrigado pela hospitalidade, pela paciência e pelas conversas em Eldorado, São Paulo, Rio de Janeiro, Brasília, Recife, João Pessoa, Santarém e Belém. Um agradecimento especial a Mayuri e Leonardo, em São Paulo; Renata e Marcelo, no Rio de Janeiro; Mona e Jorge, em Brasília, e Sílvio, em Recife.

Na Noruega, recebi ajuda de muita gente boa. Obrigado a todos que discutiram e comentaram ideias e textos. Obrigado a todos da Casa da Literatura de Oslo. E não menos importante: obrigado a todos na editora *Res Publica*, incluindo revisores, designers e todos envolvidos no processo de feitura do livro. Um agradecimento especial à editora Marte Stubberød Eielsen.

Um livro não se escreve apenas com inspiração e paixão. Obrigado à fundação *Fritt Ord* e à Associação Norueguesa de Escritores e Tradutores de não ficção

(NFFO) pelo apoio financeiro. Sem ele, não haveria livro. Simples assim.

Mais uma vez tenho que agradecer à minha família, que pela terceira vez me apoia nesse árduo processo. Queridos Pia, Sigurd e Sverre: vocês são os melhores do mundo.

BIBLIOGRAFIA

A República das Milícias. (2021) [podcast]. Citado em https://globoplay.globo.com/podcasts/a-republica-das-milicias/0ceedd4b-503a-479e-af28-f-0fb3c12e33b/

Agora. (2020). *Populisme*, *38*(1-2).

Almeida, Carlos Alberto. (2022). "Eleição entediante: 2022 repete 1988 com o sinal trocado" [newsletter via WhatsApp]. Disponível em www.albertocarlosalmeida.com.br/

Almeida, Ronaldo de. (2021). "A religião de Bolsonaro: populismo e neoconservadorismo". *In* Leonardo Avritzer, Fábio Kerche & Majorie Marona (Org.), *Governo Bolsonaro: Retrocesso democrático e degradação política*. Belo Horizonte, Brasil: Auténtica.

Amaral, Oswaldo E. do. (2020). "The Victory of Jair Bolsonaro According to the Brazilian Electoral Study of 2018". *Brazilian Political Science Review, 14*(1), e0004. https://doi.org/10.1590/1981-3821202000010004

Amorim, Ana Paula. (2021). "A imprensa no Governo Bolsonaro sob os ataques à liberdade de expressão". *In* Leonardo Avritzer, Fábio Kerche & Majorie Marona (Org.), *Governo Bolsonaro: Retrocesso democrático e degradação política*. Belo Horizonte, Brasil: Autêntica.

Arendt, Hannah. (1954). *The Origins of Totalitarianism*. Nova York, EUA: Harcourt, Brace & Company.

Avritzer, Leonardo, Kerche, Fábio & Marona, Majorie. (Org.). (2021). *Governo Bolsonaro: Retrocesso democrático e degradação política*. Belo Horizonte, Brasil: Autêntica.

Barroso, Luís Roberto. (2022). "A Democracia sob pressão: o que está acontecendo no mundo e no Brasil". *CEBRI-Revista, 1*(1), 33-56.

Bjørkeng, Per Kristian. (2018). *Kunstig intelligens: Den usynlige revolusjonen*. Oslo: Vega.

Bolsonaro, Flávio. (2017). *Mito ou verdade*. Rio de Janeiro, Brasil: Tiziano Editorial.

Bolsonaro 2018. (2018). *O Caminho da Prosperidade. Proposta de Plano de Governo*. Disponível em https://divulgacandcontas.tse.jus.br/candidaturas/oficial/2018/BR/BR/2022802018/280000614517/proposta_1534284632231.pdf

Brubaker, Rogers. (2020). "Hvorfor populisme?" *Agora, 38*(1-2).

Buer, Ingri B. (2022). *This peace comes with a war that never ends: Favela peace formation amid violent public security processes in Rio de Janeiro* (tese de doutoramento, Universidade de Manchester, Inglaterra). Disponível em http://www.manchester.ac.uk/escholar

Bull, Benedicte & Sánchez, Francisco. (2020). "Eliter, populister og venstrebølgens endelikt i Latin-Amerika". *Agora, 38*(1-2).

Campos, Luiz Augusto. (2021). "Um povo só, uma só raça": a questão racial nos dois primeiros anos de Bolsonaro. *In* Leonardo Avritzer, Fábio Kerche & Majorie Marona (Org.), *Governo Bolsonaro: Retrocesso democrático e degradação política*. Belo Horizonte, Brasil: Autêntica.

Carvalho, Luiz Maklouf. (2019). *O Cadete e o Capitão: A vida de Jair Bolsonaro no quartel*. São Paulo, Brasil:Todavia.

Carvalho, Olavo de. (2016). *Não respeite comunistas, destrua-os!* [vídeo]. Disponível em https://www.youtube.com/watch?v=2dIXgHL7Nlo

Cassis, Rodrigo. (2022). *"Com que moral vão me cassar aqui?" A trajetoria de impunidade de Jair Bolsonaro (1988-2018)*, vol. III. Rio de Janeiro, Brasil: Mórula Editorial.

Castro, Celso. (2009). Em campo com os militares. I Celso Castro & Piero Leirner (Red.), *Antropologia dos militares: reflexões sobre pesquisa de campo*. Rio de Janeiro, Brasil: Editora FGV.

Cerqueira, Daniel et al. (2021). *Atlas da Violência 2021*. São Paulo Brasil: Fórum Brasileiro de Segurança Pública.

Cesarino, Letícia. (2020). "Como vencer uma eleição sem sair de casa: a ascensão do populismo digital no Brasil". *Internet & sociedade, 1*(1), 91-120.

Cunha, Christina Vital da. (2020). "Retórica da perda e os aliados dos evangélicos na política brasileira". *In* José Luis Pérez Guadalupe & Brenda Carranza (Red.), *Novo ativismo político no Brasil. Os evangéli-*

cos do século XXI. Rio de Janeiro, Brasil: Konrad Adenauer Stiftung

D'Araujo, Maria Celina & Castro, Celso. (Red.). (1997). *Ernesto Geisel*. Rio de Janeiro, Brasil: Editora FGV.

Diamint, Rut. (2015). "A New Militarism in Latin America". *Journal of Democracy, 26*(4), 155-168.

Empoli, Giuliano da. (2019). *Os Engenheiros do Caos: Como as* fake news, *as teorias da conspiração e os algoritmos estão sendo utilizados para disseminar ódio, medo e influenciar eleições*. Belo Horizonte, Brasil: Vestígio.

Frizero, Mariana Gonçalves. (2016). *Quilombo Ivaporunduva*. Belo Horizonte, Brasil: FAFICH. Disponível em https://www.gov.br/incra/pt-br/assuntos/governanca-fundiaria/ivaporunduva.pdf

Fry, Stephen. (2013). *Stephen Fry entrevista Jair Bolsonaro – Out There*. [vídeo]. Disponível em https://www.youtube.com/watch?v=03ZBeX9uC8s

Gaspari, Elio. (2002). *As ilusões armadas: a ditadura escancarada*. São Paulo, Brasil: Companhia das Letras.

Gomes, Laurentino. (2019). *Escravidão: do primeiro leilão de cativos em Portugal até a morte do Zumbi dos Palmares*. Vol. I. Rio de Janeiro, Brasil: Globo.

Gospel+. (2017). *O Brasil é um estado cristão, diz Bolsonaro* [vídeo]. Disponível em https://www.youtube.com/watch?v=gHnwzEAmgfU

The GroundTruth Project. (2019). [podcast]. Disponível em https://thegroundtruthproject.org/weaponize-fear-brazil-authoritarianism-authoritarians-playbook/

Halvorsen, Arne. (2019). *Skjebnetimen: Amazonas skjebne i hendene på president Bolsonaro*. Oslo: Kolofon.

Horsfjord, Vebjørn et al. (2018). *Global kristendom: En samtidshistorie*. Oslo: Universitetsforlaget.

Johnsen, Nilas. (2019). *Erdogan: Tyrkias nye sultan*. Oslo: Aschehoug.

Jumbert, Maria G. & Leira, Torkjell. (2020). "A Brief Moment in History or the Beginning of a New Trend? Brazil's Emerging Humanitarian Engagement in a Broader Context". *In* Paulo Esteves, Maria G. Jumbert & Benjamin de Carvalho (Red.), *Status and the Rise of Brazil. Global Ambitions, Humanitarian Engagement and International Challenges*. Cham, Sveits: Palgrave Macmillan.

Kalil, Isabela Oliveira. (2018). *Who are Jair Bolsonaro's voters and what they believe. Report on Brazil's 2018 Presidential Elections* (rapport, vol. 3). Center for Urban Ethnography. São Paulo, Brasil. Disponível em https://sxpolitics.org/who-are-jair-bolsonaros-voters-and-what-they-believe/19224

Laclau, Ernesto. (2005). *On Populist Reason*. Londres, Inglaterra: Verso.

Latinobarómetro. (2021). *Informe 2021. Adios a Macondo* (relatório). Disponível em https://www.latinobarometro.org/lat.jsp

Leira, Torkjell. (2014). *Brasil: Kjempen våkner*. Oslo: Aschehoug.

Leira, Torkjell. (2020). *A luta pela floresta: Como a Noruega ajuda a proteger – e a destruir – meio ambiente no Brasil.* Brasil: Rua do Sabão.

Leirner, Piero. (2020). *O Brasil no espectro de uma guerra híbrida: Militares, operações psicológicas e política emu ma perspectiva etnográfica.* São Paulo, Brasil: Alameda.

Levitsky, Steven & Ziblatt, Daniel. (2018). *How Democracies Die*. Nova York, EUA: Crown publishing.

Løland, Ole Jacob. (2018). "Latin-Amerika: Katolisismen under press". *In* Vebjørn Horsfjord et al. *Global kristendom. En samtidshistorie*. Oslo: Universitetsforlaget.

Løland, Ole Jacob & Kasahara, Yuri. (2021). "Bolsonaro og hans evangikale støttespillere i Brasil: Sekularisme under nytt press?". *Kirke og Kultur 128*(1). https://doi.org/10.18261/issn.1504-3002-2021-01-07

Manso, Bruno Paes. (2020). *A República das milícias: Dos esquadrões da morte à era Bolsonaro.* São Paulo, Brasil: Todavia

Medeiros Passos, Anaís. (2021). "Militares e política no governo de Jair Bolsonaro". *In* Leonardo Avritzer, Fábio Kerche & Majorie Marona (Org.), *Governo Bolsonaro: Retrocesso democrático e degradação política.* Belo Horizonte, Brasil: Autêntica.

Mello, Patrícia Campos. (2020). *A Máquina do Ódio: Notas de uma repórter sobre* fake news *e violência digital.* Rio de Janeiro, Brasil: Companhia das Letras.

Morais, Fernando. (2021). *Lula. Biografia.* Vol. I. São Paulo, Brasil: Companhia das Letras.

Moura, Maurício & Corbellini, Juliano. (2019). *A eleição disruptiva: Por que Bolsonaro venceu.* Rio de Janeiro, Brasil: Record.

Nordseth, Trond. (4/jan/2021). "Hypovolemi". *In Store norske leksikon.* Disponível em 23/mai/2022 em https://sml.snl.no/hypovolemi

Oyama, Thaís. (2020). *Tormenta: O governo Bolsonaro: crises, intrigas e segredos.* São Paulo, Brasil: Companhia das Letras.

Pistoleiros. (2021) [podcast]. Disponível em https://globoplay.globo.com/podcasts/pistoleiros/aede641a-599a-454d-8f92-7e3b65ccd7b7/

Pomerantsev, Peter. (2014). *Nothing Is True and Everything Is Possible: The Surreal Heart of the New Russia.* Nova York, EUA: PublicAffairs.

Rachman, Gideon. (2022). *The age of the strongman: How the cult of the leader threatens democracy around the world.* Londres, Inglaterra: The Bodley Head.

RAISG. (2020). *Amazonía bajo presión 2020.* São Paulo, Brasil: Instituto Socioambiental (ISA).

Ramos, Luciana de Oliveira et al. (2021). *Relatório ICJ Brasil* (relatório). São Paulo, Brasil: FGV Direito SP. Disponível em https://bibliotecadigital.fgv.br/dspace/handle/10438/30922

Rede TV. (2016). *Bolsonaro diz que não pagaria a mulheres o mesmo salário dos homens.* Disponível em 2/jun/2022 em https://www.redetv.uol.com.br/superpop/videos/ultimos-programas/bolsonaro-diz-que-nao-pagaria-a-mulheres-o-mesmo-salario-dos-homens

Retrato Narrado. Bolsonaro. (2020). [podcast]. Disponível em https://piaui.folha.uol.com.br/radio-piaui/retrato-narrado/

Ribeira, Ludmila & Oliveira, Valeria. (2021). "Eu quero que o povo se arme' ": a política de segurança pública de Bolsonaro". *In* Leonardo Avritzer, Fábio Kerche & Majorie Marona (Red.), *Governo Bolsonaro: Retrocesso democrático e degradação política.* Belo Horizonte, Brasil: Auténtica.

Rocha, João Cezar de Castro. (2021). *Guerra cultural e retórica do ódio: Crônicas de um Brasil pós-político.* Goiânia, Brasil: Caminhos.

Saint-Clair, Clóvis. (2018). *Bolsonaro: O homem que peitou o Exército e desafia a democracia.* Rio de Janeiro, Brasil: Máquina de Livros.

Schwarcz, Lila M. & Starling, Heloisa M. (2015). *Brasil: Uma biografia.* São Paulo, Brasil: Companhia das Letras.

Siverts, Henning, Buvollen, Hans Petter & Julsrud, Ottar. (11/mar/2021). "Sør-Amerikas historie". *In Store norske leksikon.* Consultado em 23/mai/2022 em https://snl.no/Sør-Amerikas_historie

Skjeseth, Heidi Taksdal. (2018). *Løgn: Hvorfor Trump lyver og hva det gjør med oss.* Oslo: Res Publica.

Sæbø, Sun Heidi. (2019). *Kina: Den nye supermakten. Jakten på Xi Jinping og det moderne Kina.* Oslo: Kagge.

Teitelbaum, Benjamin R. (2020). *War for Eternity: Inside Bannon's Far-Right Circle of Global Power Brokers*. Nova York, EUA: HarperCollins Publishers.

Thorsen, Dag Einar. (27/dez/2021). "Maktfordelingsprinsippet". *In Store norske leksikon*. Consultado em 2/jun/2022 em https://snl.no/maktfordelingsprinsippet

Tromp, Carline. (2022). *Kulturkrig: Det nye ytre høyre og normaliseringen av det ekstreme*. Oslo: Cappelen Damm.

TV Cultura. (2022). *Ministro diz priorizar amigos de pastor a pedido de Bolsonaro* [vídeo]. Disponível em https://www.youtube.com/watch?app=desktop&v=J3m35ecHWdA

V-Dem Institute. (2021). *Autocratization turns viral* (Democracy Report 2021). Disponível em https://www.v-dem.net/static/website/files/dr/dr_2021.pdf

V-Dem Institute. (2022). *Autocratization changing nature?* (Democracy Report 2022). Disponível em https://v-dem.net/media/publications/dr_2022.pdf

Viracasacas. (2021). *#253 Algoritmos, propaganda e o Twitter* [podcast]. Disponível em https://viracasacas.libsyn.com/253-algoritmos-propaganda-e-o-twitter-com-lorena-regattieri

Wink, Georg. (2021). *Brazil: Land of the Past. The ideological Roots of the New Right*. Cuernavaca, Morelos, México: Bibliotopía.

Fonte:
Georgia